WISSEN FÜR DIE PRAXIS

Weiterführend empfehlen wir:

Bayerisches Personalvertretungsgesetz
ISBN 978-3-8029-8097-8

CD-ROM Personalratswahl Bayern
ISBN 978-3-8029-9857-7

Betriebliches Eingliederungsmanagement
ISBN 978-3-8029-1589-5

TVöD Bund Kommentar 2020
ISBN 978-3-8029-7921-7

TVöD Kommunen Kommentar 2021
ISBN 978-3-8029-7919-4

TV-L Kommentar 2020
ISBN 978-3-8029-7922-4

Taschenlexikon Beihilferecht
ISBN 978-3-8029-1463-8

Weitere Titel unter: www.WALHALLA.de

E-Mail: WALHALLA@WALHALLA.de
http://www.WALHALLA.de

Walhalla Fachverlag · Haus an der Eisernen Brücke · 93042 Regensburg
Telefon 0941/56 84-0 · Telefax 0941/56 84-111

Bernd Wittmann

Praxis-Handbuch Personalvertretungsgesetz Bayern

Systematik – Rechtsgrundlagen – Umsetzung
Mit Lexikon, Gesetzestext, aktuellen Urteilen

3., aktualisierte Auflage

WALHALLA

Bibliografische Information der Deutschen Nationalbibliothek

Die Deutsche Nationalbibliothek verzeichnet diese Publikation in der Deutschen Nationalbibliografie; detaillierte bibliografische Daten sind im Internet über http://www.dnb.de abrufbar.

Zitiervorschlag:
Bernd Wittmann, Praxis-Handbuch Personalvertretungsgesetz Bayern
Walhalla Fachverlag, Regensburg 2020

Hinweis: Unsere Werke sind stets bemüht, Sie nach bestem Wissen zu informieren. Alle Angaben in diesem Buch sind sorgfältig zusammengetragen und geprüft. Durch Neuerungen in der Gesetzgebung, Rechtsprechung sowie durch den Zeitablauf ergeben sich zwangsläufig Änderungen. Bitte haben Sie deshalb Verständnis dafür, dass wir für die Vollständigkeit und Richtigkeit des Inhalts keine Haftung übernehmen.
Bearbeitungsstand: April 2020

3., aktualisierte Auflage

Produktion: Walhalla Fachverlag, 93042 Regensburg
Printed in Germany
ISBN 978-3-8029-8098-5

SBL-CPI-0520-11817-POD

Schnellübersicht

Das Bayerische Personalvertretungsgesetz für die Praxis

Seit vielen Jahren ist die Bayerische Verwaltungsschule (BVS) Bildungsdienstleister für die Personalratsmitglieder der öffentlichen Verwaltung. Der Autor dieses Leitfadens, Rechtsanwalt Bernd Wittmann, ist langjähriger, kompetenter und erfolgreicher Dozent unserer Personalvertretungsseminare. Ich freue mich sehr, dass er seine Erfahrungen aus den BVS-Seminaren in sein „Praxis-Handbuch Personalvertretungsgesetz Bayern" eingebracht hat.

Das Personalvertretungsrecht ist geprägt vom Grundsatz der vertrauensvollen Zusammenarbeit zwischen Dienststelle und Personalvertretung zum Wohl der Beschäftigten und zur Erfüllung der dienstlichen Aufgaben. Vertrauensvolle Zusammenarbeit ist allerdings nur möglich, wenn Gedankenaustausch und Diskussion auf gleicher Augenhöhe erfolgen. Die Personalratsmitglieder und die Dienststellen benötigen daher umfassendes Wissen über den gesetzlichen Rahmen für die Personalvertretungsaufgaben, die Beteiligungsrechte und Verfahrensfragen.

Bernd Wittmann versteht es hervorragend, den Gesetzeswortlaut systematisch darzustellen und dem Motto der BVS entsprechend – aus der Praxis für die Praxis – mit Beispielen und Praxis-Tipps anzureichern. Schemata und Übersichten veranschaulichen die Mitbestimmungs-, Mitwirkungs- und Informationsrechte sowie das Mitbestimmungs- und Mitwirkungsverfahren.

Der Lexikonteil erläutert alle wichtigen personalrechtlichen Begriffe von A wie Abordnung bis Z wie Zuweisung. Ein übersichtliches Handbuch mit hohem praktischem Nutzen für Personalvertretungen und Dienststellen.

Dr. Josef Ziegler
Ehemaliger Vorstand der
Bayerischen Verwaltungsschule (BVS)

Abkürzungen

Abs.	Absatz
AGG	Allgemeines Gleichbehandlungsgesetz
AGVwGO	Gesetz zur Ausführung der Verwaltungsgerichtsordnung
AltersteilzeitG	Altersteilzeitgesetz
ArbGG	Arbeitsgerichtsgesetz
ArbNErfG	Arbeitnehmererfindungsgesetz
ArbPlSchG	Gesetz über den Schutz des Arbeitsplatzes bei Einberufung zum Wehrdienst
ArbSchG	Arbeitsschutzgesetz
ASiG	Arbeitssicherheitsgesetz
ArbStättVO	Arbeitsstättenverordnung
ArbZG	Arbeitszeitgesetz
Art.	Artikel
Az.	Aktenzeichen
AzV	Arbeitszeitverordnung
BAG	Bundesarbeitsgericht
BAT	Bundesangestelltentarifvertrag
BayBesG	Bayerisches Besoldungsgesetz
BayBG	Bayerisches Beamtengesetz
BayBVAnpG	Bayerisches Gesetz zur Anpassung der Bezüge
BayDG	Bayerisches Disziplinargesetz
BayDSG	Bayerisches Datenschutzgesetz
BayGlG	Bayerisches Gleichstellungsgesetz
BayGO	Bayerische Gemeindeordnung
BayHSchPG	Bayerisches Hochschulpersonalgesetz
BayLlbG	Bayerisches Leistungslaufbahngesetz
BayLPZV	Bayerische Leistungsprämien- und Leistungszulagenverordnung
BayLSG	Bayerisches Landessozialgericht
BayNV	Bayerische Nebentätigkeitsverordnung

BayPVG	Bayerisches Personalvertretungsgesetz
BayUKG	Bayerisches Umzugskostengesetz
BayVwVBes	Bayerische Verwaltungsvorschriften zum Besoldungsrecht
BBiG	Berufsbildungsgesetz
BDatG	Beschäftigtendatenschutzgesetz
BDSG	Bundesdatenschutzgesetz
BeamtStG	Beamtenstatusgesetz
BeamtVG	Beamtenversorgungsgesetz
BEEG	Bundeselterngeld- und Elternzeitgesetz
BEM	Betriebliches Eingliederungsmanagement
BetrVG	Betriebsverfassungsgesetz
BezO	Bezirksordnung
BGB	Bürgerliches Gesetzbuch
BioStoffV	Biostoffverordnung
BImSchG	Bundes-Immissionsschutzgesetz
BPersVG	Bundespersonalvertretungsgesetz
BRRG	Beamtenrechtsrahmengesetz
Buchst.	Buchstabe
BUKG	Bundesumzugskostengesetz
BVerfG	Bundesverfassungsgericht
bzw.	beziehungsweise
DSGVO	Datenschutz-Grundverordnung
EzA	EzA-Schnelldienst – Zeitschrift
FPfZG	Familienpflegezeitgesetz
GdB	Grad der Behinderung
GenDiagnostikG	Gendiagnostikgesetz
GG	Grundgesetz
HePersVG	Hessisches Personalvertretungsgesetz
IuK	Informations- und Kommunikationssysteme
i. V. m.	in Verbindung mit

JArbSchG	Jugendarbeitsschutzgesetz
KSchG	Kündigungsschutzgesetz
LAG	Landesarbeitsgericht
LbV	Laufbahnverordnung
LG	Landgericht
LKrO	Landkreisordnung
LoB	Leistungsorientierte Bezahlung
MuSchG	Mutterschutzgesetz
MuschVG	Mutterschutzverordnung
NachwG	Nachweisgesetz
Nr.	Nummer
PflegeZG	Pflegezeitgesetz
RatSchTV	Tarifvertrag über den Rationalisierungsschutz für Angestellte
SGB II	Sozialgesetzbuch Zweites Buch – Grundsicherung für Arbeitsuchende
SGB III	Sozialgesetzbuch Drittes Buch – Arbeitsförderung
SGB IV	Sozialgesetzbuch Viertes Buch – Allgemeine Vorschriften für die Sozialversicherung
SGB VII	Sozialgesetzbuch Siebtes Buch – Gesetzliche Unfallversicherung
SGB VIII	Sozialgesetzbuch Achtes Buch – Kinder- und Jugendhilfe
SGB IX	Sozialgesetzbuch Neuntes Buch – Rehabilitation und Teilhabe für Menschen mit Behinderung
StPO	Strafprozessordnung
TV FlexAZ	Tarifvertrag zu flexiblen Arbeitszeitregelungen für ältere Beschäftigte
TVG	Tarifvertragsgesetz
TV-L	Tarifvertrag für den öffentlichen Dienst der Länder
TVöD	Tarifvertrag für den öffentlichen Dienst
TVÜ-L	Tarifvertrag zur Überleitung der Beschäftigten der Länder

TVÜ-VKA	Tarifvertrag zur Überleitung der Beschäftigten der kommunalen Arbeitgeber
TzBfG	Teilzeit- und Befristungsgesetz
VGemO	Verwaltungsgemeinschaftsordnung (Bayern)
VGH	Verwaltungsgerichtshof
VOB	Vergabe- und Vertragsordnung für Bauleistungen
VVBayBG	Verwaltungsvorschriften zum Bayerischen Beamtengesetz
VwGO	Verwaltungsgerichtsordnung
WO-BayPVG	Wahlordnung zum Bayerischen Personalvertretungsgesetz
ZustV-IM	Zustimmungsverordnung des Innenministeriums
ZPO	Zivilprozessordnung
z. B.	zum Beispiel

Methodik und Verfahren

Rechtliche Einordnung des Bayerischen Personalvertretungsgesetzes

1

Das Bayerische Personalvertretungsgesetz (BayPVG) ist systematisch wenig geglückt. Mit ein wenig Übung reichen im Bereich der Beteiligungsrechte etwa zehn Vorschriften aus, um alle wesentlichen Beteiligungs- und damit verbundene Verfahrensfragen in den Griff zu bekommen. Diese werden ab Seite 58 ausführlich dargestellt.

Das Bayerische Personalvertretungsgesetz ist das Ergebnis der Aufspaltung des Betriebsverfassungsrechts durch das Betriebsverfassungsgesetz des Bundes vom 11.10.1952. Dieses Gesetz enthielt in § 88 Abs. 1 einen Vorbehalt zugunsten einer besonderen gesetzlichen Regelung für den öffentlichen Dienst, was es bis dato nicht gegeben hatte. Für die private Wirtschaft war bereits seit 1920 die Arbeitnehmerbeteiligung durch das Betriebsrätegesetz vom 04.02.1920 kodifiziert. Die Nichtbeteiligung der Arbeitnehmer im öffentlichen Dienst war darauf zurückgegangen, dass das Verhältnis zwischen Arbeitern, Angestellten und Beamten sowie deren Dienstherren als „Vertragspartner" grundsätzlich hierarchisch strukturiert war, wohingegen in der privaten Wirtschaft das Gegenüber von Kapital und Arbeit vorherrschte.

Schon die Begründung des Personalvertretungsgesetzes des Bundes (PersVG) 1955 weist auf diesen Unterschied hin. Dort heißt es, dass in der öffentlichen Verwaltung und ihren Betrieben die Gefährdung des Arbeitsplatzes durch wirtschaftliche Fehlentscheidungen nicht in Betracht komme. Trotzdem sei aber das Verlangen der im öffentlichen Bereich Tätigen nach Beteiligung in bestimmten Entscheidungen gerechtfertigt, vor allem, „damit sie das Gefühl echter Mitarbeiterschaft haben". Damit stand und steht gleichzeitig fest, dass eine **echte** Beteiligung, die den Personalrat in die Lage versetzen würde, die endgültige Entscheidung des Dienstherrn tatsächlich zu „ersetzen", nicht gewollt ist.

Dem Bund obliegt die Rahmengesetzgebungskompetenz hinsichtlich des Personalvertretungsrechts. Hiervon hat er mit dem Bundespersonalvertretungsgesetz Gebrauch gemacht. Die Gesetzgebungskompetenz des Freistaats Bayern ergibt sich aus der Subsidiaritätsklausel des Art. 70 Abs. 1 GG.

Am 21.11.1958 wurde das Bayerische Personalvertretungsrecht durch das Bayerische Personalvertretungsgesetz (BayPVG) geregelt, welches weitgehend die Vorschriften des Bundespersonalvertretungsgesetzes 1955 übernahm. Das BayPVG wurde in der Vergangenheit vielfältig verändert und um zusätzliche Vorschriften ergänzt. Als Wichtigste sind zu nennen:

- die Wahlordnung zum Bayerischen Personalvertretungsgesetz (WO-BayPVG)
- das Gesetz zur Ausführung der Verwaltungsgerichtsordnung (AGVwGO)
- das Bayerische Gesetz zur Gleichstellung von Frauen und Männern

Die letzte große Änderung des BayPVG erfolgte mit Wirkung zum 01.05.2007. Sie beinhaltete neben klarstellenden Formulierungen vor allem die Umsetzung des Urteils des BVerfG zur Einschränkung der Befugnis der Einigungsstelle vom 24.05.1995 (Az. 2 BvF 1/92, BVerfGE 93, 37–85). Mit Wirkung zum 01.01.2011 wurde das BayPVG durch das Gesetz zum Neuen Dienstrecht in Bayern vom 05.08.2010 (GVBl. S. 410) ein weiteres Mal geändert. Erneut maßgeblich geändert wurde das BayPVG mit Wirkung zum 01.08.2013 durch das Gesetz zur Änderung des Bayerischen Personalvertretungsgesetzes und weiterer Rechtsvorschriften vom 24.07.2013, unter anderem wurde ein eigenes Mitbestimmungsrecht bei der Eingruppierung eingeführt.

Jüngste wesentliche Änderungen des BayPVG ergeben sich aus dem am 25.05.2018 in Kraft getretenen Gesetz zur Änderung personalaktenrechtlicher und weiterer dienstrechtlicher Vorschriften vom 18.05.2018 (GVBl. S. 286 – ÄnderungsG 2018). Zum 01.01.2020 ist das Gesetz zur besseren Vereinbarkeit von Familie und Beruf sowie zur Änderung weiterer dienstrechtlicher Vorschriften vom 23.12.2019 (GVBl. S. 724) in Kraft getreten, das in § 7 weitere Änderungen des Bayerischen Personalvertretungsgesetzes (BayPVG) vornimmt: alle Vorschriften erhielten amtliche Überschriften. Daneben wurden die Art. 13 (Wahlberechtigung), Art. 14 (Wählbarkeit), Art. 19 (Grundsätze des Wahlverfahrens), Art. 23 (Aufgaben des Wahlvorstands), Art. 27a (Um- und Neubildung von Dienststellen), Art. 73 (Dienstvereinbarungen), Art. 77 (Beteiligung bei Kündigungen und Entlassungen) und Art. 77a (Erörterung bei leistungsbezogenen Maßnahmen) inhaltlich geändert; Art. 85 (Bayerischer Jugendring, Bayerisches Rotes Kreuz) wurde um einen neuen Abs. 2 ergänzt.

Allgemeine Zuständigkeit des Personalrats

Allgemeine Aufgaben

Das BayPVG enthält keine Generalklausel, in der alle Aufgaben des Personalrats detailliert aufgezählt werden.

Ausgangsvorschrift für die Beteiligung des Personalrats ist Art. 69 Abs. 1 BayPVG. Den unter Buchstaben a bis h aufgeführten Katalogtatbeständen lassen sich die allgemeinen Aufgaben des Personalrats entnehmen. Alle weiteren Beteiligungsvorschriften sind lediglich eine Ausprägung der in Art. 69 Abs. 1 BayPVG enthaltenen Grundsätze, flankiert vom Grundsatz der vertrauensvollen Zusammenarbeit zwischen Dienststelle und Personalvertretung nach Art. 2 und Art. 67 Abs. 1 BayPVG.

Vergleicht man die Struktur der Beteiligungsrechte mit einem Baum, stellt Art. 2 BayPVG die „Wurzel" und Art. 69 Abs. 1 BayPVG den Haupt-„Stamm" der Beteiligungsrechte dar, aus dem dann die spezifischen Beteiligungsrechte (vgl. Art. 70a, 75, 75a, 76, 77 BayPVG) als stärkere oder schwächere Äste wachsen:

Struktur der Beteiligungsrechte

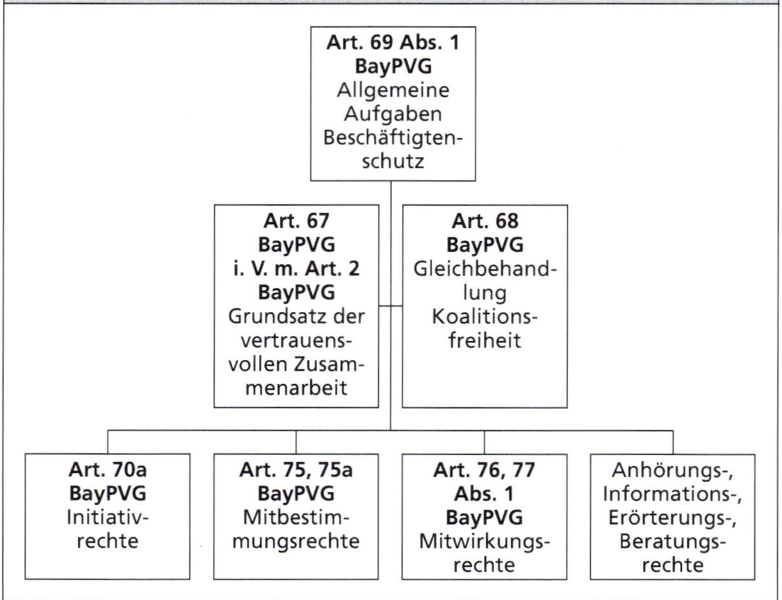

Die in Art. 69 Abs. 1 BayPVG aufgeführten Aufgaben dienen in erster Linie der Überwachung von Schutzrechten der Beschäftigten. Der Personalrat ist dabei aber nicht etwa ein der Dienststelle übergeordnetes Kontrollgremium, sondern er kontrolliert lediglich die Rechtmäßigkeit der innerdienstlichen Maßnahmen der Dienststellenleitung durch die Ausübung der ihm zugewiesenen Beteiligungsrechte. Der Personalrat entscheidet niemals anstelle des Dienststellenleiters, er ist kein Richter.

Grundsatzaufgaben nach Art. 69 Abs. 1 BayPVG

- Wahrung und Überwachung der Arbeitnehmerrechte einschließlich aller Schutzrechte, gleich aus welchem Rechtsgrund
- Mitwirkung und Mitbestimmung bei personellen, sozialen und organisatorischen Angelegenheiten
- Entgegennahme von Anregungen und Beschwerden der Beschäftigten, Verpflichtung, beim Dienststellenleiter auf Abhilfe hinzuwirken
- Wahrung der Rechte schwerbehinderter Beschäftigter und sonstiger schutzbedürftiger Beschäftigter
- Zusammenarbeit mit Jugend- und Auszubildendenvertretung zur Förderung der Belange der Beschäftigten
- Wahrung und Überwachung des Gleichbehandlungsgrundsatzes
- Förderung der Eingliederung ausländischer Beschäftigter

In der Praxis bereitet die Auslegung des Art. 69 Abs. 1 BayPVG Schwierigkeiten. Sowohl Personalräte als auch Dienststellenleiter neigen dazu, Kompetenzen zu schaffen, die ihnen nach Art. 69 Abs. 1 BayPVG gerade nicht zugewiesen sind.

Viele Personalräte verstehen sich nicht nur als Interessenvertreter der gesamten Belegschaft, sondern auch als Vertreter von Individualinteressen, das heißt der Anliegen einzelner Beschäftigter. Sie überschreiten damit teilweise ihren Aufgabenbereich nach Art. 69 Abs. 1 BayPVG.

Beispiel:

Ein Mitarbeiter beschwert sich bei einem Personalratsmitglied über „Mobbing“ (→ Mobbing). Dabei kann zunächst dahingestellt bleiben, ob tatsächlich Mobbing im Rechtssinne vorliegt. Hat der Personalrat hier einen Auftrag? Zunächst nein.

1

In solchen Fällen muss das Personalratsmitglied den Mitarbeiter befragen und ihn darüber aufklären, dass es als Personalratsmitglied allein keine Abhilfe schaffen kann, aber – wenn der Mitarbeiter dies wünscht – die Beschwerde ins Personalratsgremium einbringen kann. Denn dieses ist für die Behandlung von Beschwerden zuständig, nicht das einzelne Personalratsmitglied. Das Gremium entscheidet dann durch Beschluss darüber, mit dem Dienststellenleiter Kontakt aufzunehmen, um so auf Abhilfe der Probleme hinzuwirken. Das gilt aber nur, wenn der Personalrat die Beschwerde für berechtigt erachtet, was wiederum voraussetzt, dass der Mitarbeiter einen klaren Sachverhalt (nicht aber bloße Behauptungen) darstellt, der vom Personalrat überprüft werden kann. Dies lässt sich unmittelbar Art. 69 Abs. 1 Buchst. c BayPVG entnehmen. Zu mehr ist der Personalrat nicht berechtigt und verpflichtet. Insbesondere hat sich der Personalrat nach Recht und Gesetz daran zu halten, wenn der Beschäftigte, der Benachteiligungen befürchtet, sich auf sein allgemeines Persönlichkeitsrecht beruft und dem Personalrat verbietet, gegenüber Dritten einen gesamten Sachverhalt oder spezielle Details weiterzugeben.

Wichtig: Viele Personalräte begehen den Fehler, für den Beschäftigten „über Gebühr" aufzutreten. Davor ist ausdrücklich zu warnen. Der Personalrat ist nicht rechtlicher Berater oder gar Vertreter der Beschäftigten. Er darf auch nicht einseitig durch „korrigierende" Weisungen an die Beschäftigten in den Dienstbetrieb eingreifen, falls er meint, dass die Dienststellenleitug diesen gegenüber rechtsfehlerhaft handelt. Der Einsatz des Personalrats darf nur so weit gehen, wie der Aufgabenkatalog des Art. 69 Abs. 1 BayPVG es erlaubt. Die dort aufgezählten Aufgaben sind abschließend.

Beschäftigtenschutz

Schutzrechte, auf die der Personalrat zu achten hat, können sich z. B. aus folgenden Normen ergeben:

- *Schutzrechte der Arbeitnehmer*
  ArbZG, AGG, ArbPlSchG, LeistungszulagenVO, NachwG, Prinzip der Bestenauslese Art. 33 Abs. 2 GG, TV-L, TVöD, RatSchTV
- *Schutzrechte der Beamten*
  BUKG, § 48 BRRG, Prinzip der Bestenauslese Art. 33 Abs. 2 GG
- *Schutzrechte aller Beschäftigten*
  DSGVO, BayDSG, SGB IX, Gleichbehandlung Art. 3 Abs. 3 GG

Gleichbehandlung (→ Gleichbehandlung, Gleichstellung)

1

Art. 69 Abs. 1 BayPVG wird flankiert von Art. 67 und Art. 68 BayPVG. Art. 68 BayPVG ergänzt insbesondere Art. 69 Abs. 1 Buchst. h BayPVG. Er enthält das Gebot der Gleichbehandlung sowie das Verbot für Personalrat und Dienststellenleitung, sich parteipolitisch zu betätigen. Unberührt davon bleiben Tarif-, Besoldungs- und Sozialangelegenheiten. Ist ein Personalratsmitglied Gewerkschaftsmitglied, hat es sich in der Dienststelle so zu verhalten, dass das Vertrauen der „Verwaltungsangehörigen" – das heißt der Beschäftigten – in die Objektivität und Neutralität seiner Amtsführung nicht beeinträchtigt wird (vgl. Art. 68 Abs. 2 BayPVG). Außerdem hat sich der Personalrat gemäß Art. 68 Abs. 3 BayPVG für die Koalitionsfreiheit einzusetzen.

Das Gebot der Gleichbehandlung leitet sich aus dem allgemeinen Gleichheitssatz nach Art. 3 Abs. 3 GG ab. Danach dürfen wesentlich gleiche Sachverhalte nicht ohne sachlichen Grund ungleich behandelt werden. Umgekehrt dürfen ungleiche Sachverhalte nicht ohne sachlichen Grund gleich behandelt werden (Willkürverbot).

Art. 68 BayPVG ist nicht abschließend. Die dort aufgeführten unzulässigen Differenzierungsmerkmale sind nur beispielhaft (Gesetzeswortlaut „insbesondere"). Eine Gleichbehandlung im „Unrecht" verbietet Art. 68 BayPVG nicht. Sanktioniert beispielsweise ein Arbeitgeber einen Arbeitnehmer wegen eines arbeitsvertraglichen Pflichtenverstoßes, ist er nicht verpflichtet, einen anderen Arbeitnehmer wegen eines gleichen Verstoßes ebenfalls zu sanktionieren (z. B. Abmahnung wegen unentschuldigten Fernbleibens von der Arbeit). Zahlt der Arbeitgeber einem Arbeitnehmer eine Vergütung auf Basis einer Vergütungs- oder Entgeltgruppe, deren Voraussetzungen auf die Tätigkeit des Arbeitnehmers gar nicht zutreffen, ist der Arbeitgeber nicht zu einer Rückgruppierung oder zur Höhergruppierung eines anderen Arbeitnehmers verpflichtet.

Besondere Bedeutung gewinnt der allgemeine Gleichheitssatz beim von der Rechtsprechung entwickelten arbeitsrechtlichen Gleichbehandlungsgrundsatz (vgl. BAG vom 23.04.1997 und 03.12.1997, EzA § 242 BGB Gleichbehandlung Nr. 72, 73).

1

Beispiel:

Der Arbeitgeber zahlt eine übertarifliche Gratifikation einheitlich an Beschäftigte mit einer bestimmten Dauer der Betriebszugehörigkeit. Er weicht ohne sachlichen Grund bei einem einzelnen Arbeitnehmer von diesem Grundsatz ab, z. B. weil sich der Arbeitnehmer in Elternzeit befindet. Dann entsteht ein Anspruch auf Zahlung dieser Gratifikation auch für den ausgenommenen Arbeitnehmer, weil das Arbeitsverhältnis durch Inanspruchnahme der Elternzeit nicht beendet wird. Etwas anderes würde gelten, wenn der Arbeitgeber die Gratifikation nur für den Fall bezahlt, dass der Arbeitnehmer tatsächlich gearbeitet hat; dann kann er einen Arbeitnehmer in Elternzeit von der Zahlung ausnehmen (denn er hat tatsächlich nicht gearbeitet, die Rechte und Pflichten aus dem Arbeitsverhältnis waren suspendiert).

Besonders zu beachten ist in diesem Zusammenhang das am 18.08.2006 in Kraft getretene (Allgemeine Gleichbehandlungsgesetz (AGG). Das AGG enthält abschließend Diskriminierungstatbestände, die Art. 68 BayPVG ergänzen. Individualrechtliche Ansprüche nach dem AGG können sich aber nur ergeben, wenn die in §§ 1, 3, 7 AGG genannten Diskriminierungstatbestände erfüllt sind.

Vertrauensvolle Zusammenarbeit

Die weitere, Art. 69 Abs. 1 BayPVG unmittelbar flankierende Vorschrift ist Art. 67 BayPVG. Art. 67 Abs. 1 BayPVG definiert den Grundsatz der vertrauensvollen Zusammenarbeit nach Art. 2 Abs. 1 BayPVG, näher. Art. 2 Abs. 1 BayPVG besagt, dass Dienststelle und Personalvertretung im Rahmen der Gesetze und Tarifverträge vertrauensvoll und im Zusammenwirken mit den in der Dienststelle vertretenen Gewerkschaften und Arbeitgebervereinigungen zum Wohl der Beschäftigten und zur Erfüllung der dienstlichen Aufgaben zusammenarbeiten.

Art. 67 Abs. 1 BayPVG schreibt vor, dass der Leiter der Dienststelle und die Personalvertretung einmal im Monat – bei Bedarf auch öfter – zu gemeinschaftlichen Besprechungen (sog. Monatsgespräche) zusammentreten sollen. Entgegen des missverständlichen Wortlauts („sollen") sind Dienststellenleitung und Personalvertretung zur Durchführung eines Monatsgesprächs verpflichtet. Am Monatsgespräch müssen (und dürfen) alle Personalratsmitglieder teilnehmen. Ist ein

Personalratsmitglied verhindert, muss es durch ein Ersatzmitglied vertreten werden. Die Vertretung der Dienststellenleitung richtet sich nach den Vorgaben des Art. 7 BayPVG. Inhalt des Monatsgesprächs kann die Gestaltung des Dienstbetriebs sein sowie alle Vorgänge, die die Beschäftigten wesentlich berühren. Entscheidend ist, dass gemäß Art. 67 Abs. 1 Satz 3 BayPVG beide Parteien über strittige Fragen mit dem ernsten Willen zur Einigung zu verhandeln und Vorschläge für die Beilegung von Meinungsverschiedenheiten zu unterbreiten haben. Der Personalrat muss die Schwerbehindertenvertretung und – soweit Angelegenheiten besprochen werden, die Jugendliche unnd Auszubildende im Sinne des BayPVG betreffen – die Jugend- und Auszubildendenvertretung hinzuzuziehen. Gleichstellungsbeauftragte nehmen nach Art. 16 Abs. 2 Satz 2 BayGlG ebenfalls an den Monatsgesprächen teil; da Gleichstellungsbeauftragte der Dienststellenleitung unterstellt sind, sollte in der Regel auch die Dienststellenleitung die Gleichstellungsbeauftragten zu den Monatsgesprächen einladen.

Praxis-Tipp:

Es wird empfohlen, Monatsgespräche nicht durch übermäßige Formalien zu bürokratisieren oder künstlich aufzublähen. Das Monatsgespräch ist keine Personalratssitzung, sondern ein Instrument der vertrauensvollen Zusammenarbeit. So ist es z. B. nicht notwendig, förmlich (z. B. schriftlich) zu Monatsgesprächen unter Mitteilung von Tagesordnungspunkten einzuladen oder festzulegen, wer die Initiative für die Einladung ergreifen muss. Hilfreich ist es, sich im Vorfeld jeweils wechselseitig konkrete Punkte mitzuteilen (das geht z. B. sehr gut per E-Mail) und nicht zu kurzfristig einzuladen, damit sich die Parteien auf das Monatsgespräch vorbereiten können und die Besprechung effizient durchgeführt werden kann. Auch sollten die Monatsgespräche stichwortartig protokolliert werden, wobei man sich sinnvollerweise auf ein gemeinsames Protokoll einigen sollte. Soweit die Dienststellenleitung eine weitere sachkundige Person aus der Dienststelle (z. B. Personalleiter) zum Monatsgespräch hinzuziehen möchte, sollte die Personalvertretung dem grundsätzlich offen gegenüberstehen: Oftmals verfügt die Dienststellenleitung nicht über das notwendige Detailwissen und/oder die ausführliche Fachkenntnis, so dass mit Hinzuziehung von sachkundigen Personen die gemeinsame Besprechung und Lösungsfindung beschleunigt sowie Missverständnisse vermieden werden können.

Art. 67 Abs. 2 BayPVG enthält die Friedenspflicht. Sowohl Dienststellen- als auch Personalvertretung haben alles zu unterlassen, was geeignet ist, die Arbeit und den Frieden der Dienststelle zu gefährden. Art. 2 Abs. 1 BayPVG i. V. m. Art. 67 Abs. 1 Satz 3 BayPVG ist nicht nur ein Programmsatz, sondern unmittelbar geltendes und zwingendes Recht, und bildet eine Generalklausel, die die Dienststellen und der Personalrat bei allen personalvertretungsrechtlichen Tätigkeiten zu berücksichtigen haben und die diese binden.

Beispiele: Verstoß gegen die Friedenspflicht

Ein Personalrat ruft aktiv zu einem Streik auf.

Der Personalrat initiiert selbst ungerechtfertigte Angriffe auf die Dienststellenleitung oder duldet solche (z. B. auf einer Personalversammlung).

Ein Personalratsmitglied verschickt an die Rechtsaufsichtsbehörde einen offenen Brief, der von weiteren Beschäftigten unterzeichnet ist. Darin fordert er die Ablösung des Dienststellenleiters wegen „fachlicher und menschlicher Inkompetenz" und unterbreitet zugleich einen Vorschlag für eine konkrete Person als neuen Dienststellenleiter.

Zuständigkeit der Dienststelle und Funktion des Dienststellenleiters

Die Aufgaben des Dienststellenleiters ergeben sich unmittelbar aus dem BayPVG. Ausgangsvorschriften sind die Art. 67 bis 69 BayPVG i. V. m. dem Grundsatz der vertrauensvollen Zusammenarbeit, Art. 2 Abs. 1 BayPVG.

Häufig ist in der Praxis zwischen den Betriebsparteien streitig, wer für die Dienststelle (→ Dienststelle) rechtsverbindlich handeln kann. Die Antwort für den **staatlichen** Bereich enthält Art. 7 Abs. 1 BayPVG: Verbindlich handelt grundsätzlich der Leiter der Dienststelle.

Der Dienststellenleiter kann sich bei Verhinderungsfällen (z. B. Urlaub, Krankheit, wichtige Dienstgeschäfte) durch seinen ständigen Vertreter vertreten lassen. Ständig bedeutet „laufend". Ständiger Vertreter ist somit, wer zum einen nicht nur punktuell mit der Vertretung der Dienststelle beauftragt und zum anderen kraft Gesetzes dazu berufen ist.

Bei Hochschulen ist Vertreter der leitende Beamte der Hochschulverwaltung, bei Mittelbehörden der Leiter der Verwaltungs- bzw. Personalverwaltung, bei obersten Dienstbehörden der Ministerialdirektor. Für die meisten Dienststellen in Bayern ist aber diese Vertretungsregel (Art. 7 Abs. 1 Satz 2 BayPVG) nicht einschlägig, da sie nur für staatliche Dienststellen gilt.

Für die **nichtstaatlichen** Dienststellen richtet sich die Vertretungsregelung nach Art. 7 Abs. 2 BayPVG. Danach vertritt bei Gemeinden, Gemeindeverbänden und sonstigen Körperschaften, Anstalten und Stiftungen des öffentlichen Rechts derjenige, der nach den hierfür geltenden Vorschriften vorgesehen ist. In Gemeinden etwa richtet sich die Vertretung nach der Gemeindeordnung. Grundsätzlich ist der erste Bürgermeister bzw. der Oberbürgermeister Ansprechpartner. Er kann sich nach Art. 39 BayGO durch die weiteren Bürgermeister, Gemeinderatsmitglieder und Gemeindebedienstete vertreten lassen, so dass etwa auch der Leiter des Hauptamts als Vertreter auftreten kann und zwar unabhängig davon, ob ein Verhinderungsfall vorliegt oder nicht. Ein Anspruch des Personalrats, z. B. das Monatsgespräch immer mit dem Oberbürgermeister oder dem ersten Bürgermeister abzuhalten, kann somit nicht konstruiert werden. Andererseits kann sich der Dienststellenleiter nicht dadurch seinen Verpflichtungen aus dem BayPVG entziehen, dass er einen gesonderten Generalbeauftragten für personalvertretungsrechtliche Angelegenheiten bestellt.

Bei den Gemeindeverbänden und Gebietskörperschaften handelt der Gemeinschaftsvorsitzende, der Kreistags- oder der Bezirkstagsvorsitzende; die Vertretung richtet sich jeweils nach Art. 6 Abs. 4 VGemO, Art. 32, 36 LKrO bzw. Art. 30, 31 BezO. Ähnlich wie bei Gemeinden ist z. B. bei Landkreisen eine Delegation personalvertretungsrechtlicher Aufgaben durch Kreistag und/oder Landrat auf Beschäftigte des Landkreises möglich. Bei sonstigen Körperschaften, Anstalten und Stiftungen des öffentlichen Rechts richtet sich die Vertretung nach der jeweiligen für diese geltende Satzung respektive Grundordnung oder Verfassung, ggf. auch nach spezialgesetzlicher

Regelung. Es lohnt sich in jedem Fall für den Personalrat, aber auch für den Dienststellenleiter, die Satzung seiner Dienststelle einzusehen: Möglicherweise müssen dort Vertretungsregelungen neu geschaffen oder unklare Vertretungsregeln konkretisiert werden, um Rechtssicherheit herzustellen.

Eine Besonderheit besteht bei den Trägern der Sozialversicherung, z. B. den öffentlich-rechtlich organisierten (Betriebs-)Krankenkassen oder den ehemaligen Landesversicherungsanstalten (jetzt z. B. Deutsche Rentenversicherung Niederbayern-Oberpfalz). Landesunmittelbare Sozialversicherungsträger im Sinne des § 90 Abs. 2 SGB IV vertritt der Geschäftsführer, nicht der Vorstand. Gleiches gilt für die sonstigen in diesem Zusammenhang gebildeten Körperschaften, denn der Geschäftsführer – nicht der Vorstand – führt die laufenden Geschäfte (§ 36 Abs. 1 SGB IV).

Beispiel:

Auszug aus einer Bekanntmachung eines Zweckverbandsvorsitzenden über die Betriebssatzung für den Eigenbetrieb des Zweckverbands:

§ 4 Die Werkleitung
1. Die Werkleitung besteht aus dem Werkleiter. Für ihn wird ein Stellvertreter bestellt.
(...).
4. Die Werkleitung ist zuständig für Personalangelegenheiten, insbesondere Einstellung, Höhergruppierung, Abordnung, Versetzung, Ruhestandsversetzung, Entlassung und Nebentätigkeitsgenehmigung (...).

Daraus folgt, dass der Werkleiter Dienststellenleiter im Sinne des Art. 7 BayPVG ist und nicht der Zweckverbandsvorsitzende.

Geschäftsführung und Willensbildung im Personalrat

Geschäftsführung

Der neu gewählte Personalrat bildet aus seiner Mitte einen Vorstand, aus dem wiederum der Vorsitzende gewählt wird (Art. 32 Abs. 1 und 2 BayPVG).

Der Vorsitzende führt die laufenden Geschäfte (Art. 32 Abs. 3 BayPVG).

Der Begriff der „laufenden Geschäfte“ ist nicht definiert. Generell handelt es sich hierbei um Tätigkeiten, die nicht dem gesamten Personalrat als Gremium übertragen sind. Einigkeit besteht darüber, dass es sich bei laufenden Geschäften um Angelegenheiten handelt, die die technische, organisatorische und büromäßige Vorbereitung sowie die geschäftsmäßige Durchführung der Beschlüsse des Personalrats betreffen. Die Wahrnehmung eines laufenden Geschäfts bedarf demnach keiner vorherigen Beschlussfassung.

Beispiele: Laufende Geschäfte

Kurze Auskünfte des Personalrats an Beschäftigte

Einholung von Auskünften, z. B. bei der Gewerkschaft

Informationsbeschaffung bei der Dienststelle

Anberaumung von Personalratssitzungen und Sprechstunden

Klärung von Rechtsfragen durch Recherche in Fachzeitschriften oder Kommentaren

Wichtig: Sämtliche Mitbestimmungsangelegenheiten zählen grundsätzlich nicht zu den laufenden Geschäften.

Der Personalratsvorsitzende vertritt den Personalrat als Gremium gegenüber der Dienststelle im Rahmen der vom Personalrat gefassten Beschlüsse (Art. 32 Abs. 3 BayPVG). Er vollzieht diese Beschlüsse gegenüber der Dienststellenleitung. Seine Stellung ist dabei der eines ersten Bürgermeisters nach der BayGO vergleichbar. Voraussetzung für eine wirksame Ausübung von Personalratsrechten gegenüber der Dienststelle ist somit, dass die Erklärung des Personalratsvorsitzenden bzw. seines Stellvertreters durch einen entsprechenden Personalratsbeschluss gedeckt ist. Dies ist, wie die Praxis zeigt, nicht immer der Fall, was zu erheblichen Konsequenzen für den Personalratsvorsitzenden führen kann (z. B. Abwahl, Ausschluss des Personalratsvorsitzenden aus dem Personalrat gemäß Art. 28 Abs. 1 BayPVG).

Sämtliche Beschlüsse des Personalrats werden in nicht öffentlichen Personalratssitzungen gefasst, die gemäß Art. 34 Abs. 3 und Art. 35 BayPVG in der Regel während der Arbeitszeit stattfinden. Der Personalrat muss bei der Anberaumung der Sitzungen auf die dienstlichen Erfordernisse Rücksicht nehmen (Art. 35 Satz 2 BayPVG). Er hat den Dienststellenleiter rechtzeitig vorher hierüber zu informieren

(Art. 35 Satz 3 BayPVG). Eine Genehmigungspflicht besteht nicht. Ausnahmen, die die Anberaumung einer Sitzung außerhalb der Arbeitszeiten rechtfertigen, sind z. B. denkbar, wenn im Schichtbetrieb gearbeitet wird oder die Dienststelle oder einzelne Dienststellenteile während der Parteiverkehrszeiten vorübergehend geschlossen werden müssten.

Arbeitszeit im Sinne von Art. 35 BayPVG meint die allgemeine, in der Dienststelle geltende Arbeitszeit. Strittig ist, ob die Personalratssitzung gegen Ende der Arbeitszeit anberaumt werden muss. Dafür spricht Art. 35 Satz 2 BayPVG (Rücksichtnahmepflicht). Nach Auffassung des Autors muss im Zweifel jedoch eine Anberaumung zu einem anderen Zeitpunkt möglich sein, soweit der Dienstablauf dadurch nicht erheblich beeinträchtigt wird, da Art. 35 Satz 2 BayPVG eine individuelle, auf den konkreten Dienstbetrieb im Einzelfall orientierte Betrachtungsweise erfordert.

Aufgaben des Vorstands und des Personalratsvorsitzenden

Vorstand (abschließend)

- Entscheidungsbefugnis in übertragenen Angelegenheiten (Art. 32 Abs. 4 BayPVG) im Einvernehmen mit dem Vorsitzenden; in Gruppenangelegenheiten ggf. nur unter Beteiligung des jeweils für die Gruppe zuständigen Vorstandsmitglieds
- Alleinige Mitbestimmung bei der Gewährung von Unterstützungen, Vorschüssen, Darlehen und entsprechenden sozialen Zuwendungen, wenn der Beschäftigte es beantragt, Art. 75 Abs. 3 Satz 1 Nr. 1 BayPVG

Vorsitzender

- Vertretung des Personalrats in gemeinsamen Angelegenheiten
- Vertretung des Personalrats in Gruppenangelegenheiten im Benehmen mit dem jeweiligen Vorstandsmitglied
- Führung der laufenden Geschäfte
- Anberaumung, Ladung und Durchführung der Personalratssitzung
- Kommunikation mit der Dienststellenleitung

Der Vorsitzende hat zu den Sitzungen gemäß Art. 34 Abs. 2 Satz 1 BayPVG unter Festsetzung der Tagesordnung zu laden und diese einzuberufen. Er ist verpflichtet, eine Personalratssitzung anzuberaumen, wenn ein Viertel der Mitglieder des Personalrats, die Mehrheit der Vertreter einer Gruppe, der Dienststellenleiter, der Schwerbehindertenvertreter in Angelegenheiten, die insbesondere Schwerbehinderte betreffen, oder die Mehrheit der Mitglieder der Jugendauszubildendenvertretung in Angelegenheiten, die insbesondere Beschäftigte im Sinne von Art. 58 Abs. 1 BayPVG betreffen, dies beantragen. Er muss in diesen Fällen den für die Sitzung beantragten Punkt auf die Tagesordnung setzen.

Willensbildung

Die Willensbildung des Personalrats erfolgt in Personalratssitzungen. Diese sind nicht öffentlich (Art. 34 BayPVG). Im Hinblick auf die Unterscheidung zwischen Beamten und sonstigen Beschäftigten (Art. 5 BayPVG) ist bei der Willensbildung innerhalb des Personalrats nach dem Gruppenprinzip zu unterscheiden.

Gruppenangelegenheiten betreffen nur Angehörige einer Gruppe, das heißt Arbeitnehmer oder nur Beamte, z. B. bei einer beteiligungspflichtigen Personalangelegenheit wie der Einstellung nach Art. 75 Abs. 1 Nr. 1 BayPVG. Gemeinsame Angelegenheiten betreffen Arbeitnehmer und Beamte, z. B. bei mitwirkungspflichtigen Angelegenheiten gemäß Art. 76 Abs. 1 Nr. 2 BayPVG, das heißt Fragen der Regelung, der Ordnung und des Verhaltens im Betrieb (z. B. ob private Radio- oder mobile Endgeräte am Arbeitsplatz benutzt werden dürfen). Bei gemeinsamen Angelegenheiten wird gemäß Art. 38 Abs. 1 BayPVG durch den Personalrat gemeinsam beraten und auch der Beschluss gefasst.

Bei Gruppenangelegenheiten erfolgt die Willensbildung im Personalrat über Art. 38 Abs. 2 BayPVG nur durch Vertreter dieser Gruppe, es sei denn, die gemeinsame Beratung wird beschlossen; in der Personalangelegenheit eines einzelnen Beschäftigten ggf. nach dessen Anhörung (Art. 36 Abs. 2 BayPVG). Die Beschlussfassung über Art. 37 BayPVG erfolgt dann nur durch Vertreter dieser Gruppe.

Die Vertretung des Personalrats gegenüber der Dienststelle erfolgt in Gruppenangelegenheiten über Art. 32 Abs. 3 Satz 2 BayPVG durch das Vorstandsmitglied dieser Gruppe im Benehmen (das heißt nicht unbedingt im Einverständnis) mit dem Personalratsvorsitzenden und bei gemeinsamen Angelegenheiten gemäß Art. 32 Abs. 3 Satz 1 BayPVG durch den Personalratsvorsitzenden.

In Gruppenangelegenheiten wird der Personalrat nicht durch den Vorsitzenden, sondern durch ein der Gruppe angehöriges Vorstandsmitglied im „Benehmen“ mit dem Vorsitzenden vertreten (Art. 32 Abs. 2 Satz 2 BayPVG). Sind Angehörige zweier Gruppen gleichermaßen betroffen, vertritt der Vorsitzende allein.

In Bayern gilt die Besonderheit, dass gemäß Art. 32 Abs. 4 BayPVG durch einstimmigen Beschluss aller Personalratsmitglieder unter anderem im Beteiligungsverfahren (Art. 75 bis 80 BayPVG) allgemein oder im Einzelfall dem Vorsitzenden die Entscheidungsbefugnis im Einvernehmen mit dem Vorstand übertragen werden kann. Ziel dieser Regelung ist eine Verfahrensvereinfachung sowie eine Ökonomisierung der Beteiligungsrechte. Es ist anzuraten, in der Praxis tatsächlich von dieser Regelung Gebrauch zu machen. Laut Art. 32 Abs. 4 Satz 1 BayPVG sind im Beschluss die übertragenen Angelegenheiten zu bestimmen, um Missverständnisse zu vermeiden. Außerdem hat der Vorsitzende die Personalratsmitglieder regelmäßig über die getroffenen Entscheidungen zu unterrichten (Art. 32 Abs. 4 Satz 4 BayPVG). Sobald ein Personalratsmitglied einem Übertragungsbeschluss widerspricht, gilt dieser als aufgehoben (Art. 32 Abs. 4 Satz 5 BayPVG). Damit werden die Rechte des Personalrats als Gremium gestärkt; „einsamen“ Entscheidungen von Personalratsvorsitzenden wird damit vorgebeugt.

Beschlussfassung

Beschlüsse des Personalrats werden mit einfacher Stimmenmehrheit der anwesenden Mitglieder gefasst (Art. 37 Abs. 1 BayPVG). Der Personalrat ist allerdings nur dann beschlussfähig, wenn mindestens die Hälfte seiner Mitglieder anwesend ist, wobei eine Stellvertretung durch Ersatzmitglieder zulässig ist (Art. 37 Abs. 2 BayPVG). Beschlussfähigkeit heißt zusätzlich, dass die Mitglieder des Personalrats rechtzeitig unter Mitteilung der vollständigen Tagesordnung geladen wurden. Art. 37 Abs. 2 BayPVG schreibt dies zwar nicht ausdrücklich vor, die ordnungsgemäße Ladung aller Personalratsmitglieder – und im Verhinderungsfall der entsprechenden Ersatzmitglieder – ist aber Wirksamkeitsvoraussetzung für die Beschlussfähigkeit.

Art. 37 Abs. 2 BayPVG ist eine unverzichtbare Verfahrensvorschrift. Den Personalratsmitgliedern muss Gelegenheit gegeben werden, sich rechtzeitig ein Bild über die in der Personalratssitzung zu treffenden Entscheidungen zu machen. Zudem müssen sie sich rechtzeitig auf die Beratung der einzelnen Tagesordnungspunkte ordnungsgemäß vorbereiten können. Ein Verstoß gegen diese Grundsätze kann nur geheilt werden, wenn alle Personalratsmitglieder vollzählig versammelt sind und einstimmig eine veränderte Tagesordnung beschließen. Dasselbe gilt, wenn unter dem Tagesordnungspunkt „Verschiedenes" eine bestimmte Angelegenheit beschlossen werden soll.

Ist ein Personalratsmitglied befangen, weil über eine dieses unmittelbar betreffende Angelegenheit (z. B. Beförderung oder Kündigung) beraten oder abgestimmt wird, darf es nicht anwesend sein (Art. 37 Abs. 4 Satz 1 BayPVG). Stattdessen ist gemäß Art. 31 Abs. 1 Satz 2 BayPVG ein Ersatzmitglied zu laden. Gleiches gilt bei Interessenkollision eines Personalratsmitglieds aufgrund einer Doppelfunktion, wenn es aufseiten der Dienststelle mitgewirkt hat (Art. 37 Abs. 4 Satz 2 BayPVG) oder Angelegenheiten von Angehörigen des Personalratsmitglieds mit Zeugnisverweigerungsrecht betroffen sind (§ 383 Abs. 1 Nr. 1 bis 3 ZPO). Angehörige sind z. B. Verlobte, Ehegatten (auch nach Scheidung), Lebenspartner, in gerader Linie Verwandte oder Verschwägerte (Kinder und Schwiegerkinder), in der Seitenlinie bis zum dritten Grad Verwandte und die bis zum zweiten Grad Verschwägerten (Geschwister, Neffen/Nichten, Onkel/Tanten).

Personalratssitzungen

Der Dienststellenleiter hat kein allgemeines Recht, an Personalratssitzungen teilzunehmen, Art. 34 Abs. 4 BayPVG. Ein Teilnahmerecht besteht nur, wenn eine Personalratssitzung auf Verlangen des Dienststellenleiters anberaumt oder er zu einer Sitzung ausdrücklich eingeladen wurde. In diesen Fällen kann der Dienststellenleiter auch einen Vertreter des Arbeitgeberverbands zu der Personalratssitzung hinzuziehen.

Gewerkschaftsvertreter haben ebenfalls ein Teilnahmerecht. Gemäß Art. 40 Abs. 1 BayPVG sollen ein Vertreter der Jugend- und Auszubildendenvertretung, der von dieser benannt wird, und die Schwerbehindertenvertretung regelmäßig an allen Sitzungen des Personalrats beratend teilnehmen.

Es gilt der Grundsatz: Sitzungen sind immer Sitzungen des anberaumenden Personalrats. Eine Verquickung, z. B. von Personalratssitzungen örtlicher Personalräte mit Sitzungen des Gesamtpersonalrats, verbietet sich. Dagegen spricht bereits das Gebot der Schweigepflicht gemäß Art. 10 Abs. 1 BayPVG.

1

Teilnehmer an Personalratssitzungen

Grundsätzlich

- Mitglieder des Personalrats (kann → muss!)
- der Dienststellenleiter, wenn er eine Sitzung verlangt (muss!) oder er ausdrücklich eingeladen wurde (kann!) (Art. 34 Abs. 4 Satz 1 BayPVG)
- ein Mitglied der Jugend- und Auszubildendenvertretung (kann!), auch ohne unmittelbare Betroffenheit (Art. 40 Abs. 1 BayPVG)
- die gesamte Jugend- und Auszubildendenvertretung, wenn Angelegenheiten behandelt werden, die Beschäftigte betreffen, für die die Jugend- und Auszubildendenvertretung zuständig ist (Art. 40 Abs. 1 Satz 2 BayPVG) (kann!); mit Stimmrecht, wenn Personen betroffen sind, für die die Jugend- und Auszubildendenvertretung zuständig ist (Art. 40 Abs. 2 BayPVG i. V. m. Art. 58 Abs. 1 BayPVG)
- die Schwerbehindertenvertretung (kann!), auch ohne unmittelbare Betroffenheit (Art. 40 Abs. 1 Satz 1 BayPVG, § 178 Abs. 4 Satz 1 SGB IX); mit Stimmrecht, wenn Personen betroffen sind, für die die Schwerbehindertenvertretung zuständig ist (Art. 40 Abs. 2 BayPVG i. V. m. § 178 SGB IX)
- die Vertrauensperson der Bundesfreiwilligendienstleistenden nur, wenn Angelegenheiten behandelt werden, die Bundesfreiwilligendienstleistende betreffen (kann!) (Art. 40 Abs. 1 Satz 3 BayPVG), mit lediglich beratender Stimme
- der Vertreter einer für die Dienststelle zuständigen Arbeitgebervereinigung, wenn der Dienststellenleiter an einer Sitzung teilnimmt (kann!) (Art. 34 Abs. 4 Satz 2 BayPVG)
- der Vertreter einer Gewerkschaft, die unter den Personalratsmitgliedern vertreten ist, wenn ein Vertreter der für die Dienststelle zuständigen Arbeitgebervereinigung teilnimmt (kann!) oder der Personalrat dies für den Einzelfall beschließt (Art. 36 Abs. 1 BayPVG)
- je ein Mitglied der Stufenvertretung, die bei den übergeordneten Dienststellen besteht oder eines Mitglieds des zugeordneten Gesamtpersonalrates (Art. 36 Abs. 1 BayPVG), wenn der Personalrat dies für den Einzelfall beschließt (kann!)

Ausnahmsweise

- betroffene Beschäftigte, wegen Art. 10 BayPVG jedoch nur zu dem sie betreffenden Tagesordnungspunkt, vgl. Art. 36 Abs. 2 Satz 1 BayPVG

- Sachbearbeiter auf Initiative der Dienststelle oder des Personalrats, jedoch nur mit ausdrücklicher wechselseitiger Zustimmung, wegen Art. 10 BayPVG jedoch nur zu allgemeinen Fragen oder zu konkreten, den Sachbearbeitern bereits offenkundigen Tagesordnungspunkten
- Sachverständige (z. B. Gewerkschaftssekretäre oder Rechtsanwälte) auch ohne Zustimmung der Dienststelle, wegen Art. 10 BayPVG jedoch nur zu allgemeinen Fragen oder zu einzelnen konkreten Tagesordnungspunkten (z. B. Rechtsberatung zur Frage der Beteiligung bei einer Einstellungsmaßnahme)

Über jede Verhandlung des Personalrats ist eine Niederschrift anzufertigen, die nach Art. 41 Abs. 1 BayPVG mindestens den Wortlaut der Beschlüsse und das Stimmenverhältnis, mit dem sie gefasst sind, enthalten muss. Wenn der Dienststellenleiter, Gewerkschaftsbeauftragte oder Beauftragte von Arbeitgebervereinigungen, Mitglieder von Jugend- und Auszubildendenvertretung oder die Schwerbehindertenvertretung an einer Sitzung teilgenommen haben, ist diesen der entsprechende Teil der Niederschrift in Abdruck zuzuleiten, Art. 41 Abs. 2 BayPVG. Art. 41 Abs. 1 BayPVG ist eine reine Ordnungsvorschrift, deren Verletzung keine Auswirkung auf die Wirksamkeit der gefassten Beschlüsse hat. Weitere Bestimmungen, die die Rechte und Pflichten des Personalrats nach dem BayPVG ergänzen und insbesondere die interne Willensbildung im Personalrat begleiten, können im Rahmen einer Geschäftsordnung aufgenommen werden (Art. 42 BayPVG), wobei diese allerdings mit der Mehrheit der Mitglieder beschlossen werden muss.

Wirksamkeit von Personalratsbeschlüssen

Personalratsbeschlüsse können an inhaltlichen Mängeln oder Verfahrensmängeln leiden. In beiden Fällen sind sie unwirksam.

Ohne Anspruch auf Vollständigkeit kommen folgende Mängel in Betracht:

- inhaltliche Mängel
  - Verstoß gegen Gesetz oder gute Sitten
  - willkürliche oder widersprüchliche Beschlusspunkte

- Verfahrensmängel
  - unzuständiger Personalrat
  - unzuständiges Organ
  - Beschluss außerhalb einer Personalratssitzung
  - keine ordnungsgemäße Ladung
  - mangelnde Beschlussfähigkeit
  - Beschluss ohne Mehrheit der Mitglieder
  - Teilnahme befangener Mitglieder
  - Verstoß gegen den Grundsatz der Nichtöffentlichkeit
  - Teilnahme nicht berufener Ersatzmitglieder

Mängel können durch einen neuen Mehrheitsbeschluss geheilt werden, solange noch keine Rechtswirkung und (bei Beteiligungsangelegenheiten) keine Außenwirkung entfaltet ist.

Beispiel:

Gerlinde Gutglaub soll zum 01.01.2021 höhergruppiert werden. Sie ist Personalratsmitglied und beschließt ihre Zustimmung zur Höhergruppierung in der maßgeblichen Personalratssitzung, die auf Wunsch des Dienststellenleiters anberaumt wurde und an der dieser teilnimmt, fröhlich mit. Da in der Sitzung auch die Sektkorken knallen, wird vor Freude die Niederschrift des Beschlusses vergessen.

Der Personalratsbeschluss ist unwirksam, weil mit Frau Gutglaub ein „befangenes" Personalratsmitglied teilgenommen hat, Art. 37 Abs. 4 BayPVG. Da auch der Dienststellenleiter teilgenommen hat und sich bei ihm Zweifel an der Legitimität dieser Teilnahme hätten aufdrängen müssen, ist der Beschluss nicht nur intern unwirksam, sondern auch gegenüber der Dienststelle. Die vergessene Niederschrift ist ohne Belang, weil Art. 41 BayPVG eine bloße Ordnungsvorschrift ist.

BVerwG vom 18.10.2007, Az. 1 WB 20.07, PersV 2008, 419

Der Dienststellenleiter muss nicht generell die Ordnungsmäßigkeit der Beschlussfassung des Personalrats überprüfen, wohl aber, ob ein nach außen, das heißt an ihn gerichtetes Schreiben den formalen Anforderungen, z. B. hinsichtlich der Vertretung in Gruppenangelegenheiten, genügt; die Missachtung der Vertretungsbefugnis in Gruppenangelegenheiten macht die Erklärung des Personalrats unwirksam.

Sprechstunden

Gemäß Art. 43 Abs. 1 BayPVG kann der Personalrat während der Arbeitszeit Sprechstunden einrichten, deren zeitliche Lage und deren Ort mit dem Arbeitgeber vereinbart werden müssen. Falls Beschäftigte die so vereinbarten Sprechstunden aufsuchen, erhalten sie nach dem Lohnausfallprinzip ihr normales Gehalt weiter gezahlt (Art. 43 Abs. 3 BayPVG).

Achtung: Falls sich Personalrat und Dienststelle nicht über Ort und Zeitpunkt der Sprechstunden einigen, ist der Personalrat nicht berechtigt, Sprechstunden eigenmächtig festzusetzen. Er muss vielmehr beim zuständigen Verwaltungsgericht die Einrichtung der Sprechstunden beantragen.

Rechte und Pflichten des Personalrats und der Personalratsmitglieder

Soweit es um allgemeine Rechte und Pflichten außerhalb der Beteiligungsrechte des BayPVG geht, ist zwischen Rechten und Pflichten der Personalratsmitglieder und Rechten und Pflichten des Personalrats (als Gremium) zu unterscheiden.

Rechte der Personalratsmitglieder

Freistellungsanspruch für laufende Tätigkeit

Art. 46 Abs. 2 BayPVG enthält eines der wichtigsten Rechte für das einzelne Personalratsmitglied, nämlich den in der Praxis sogenannten „Freistellungsanspruch“ für die laufende Tätigkeit. Der Personalratstätigkeit wird durch diese Vorschrift Vorrang vor der Arbeitsleistung eingeräumt. Genau genommen enthält Art. 46 Abs. 2 BayPVG keinen Freistellungsanspruch, sondern einen Anspruch auf Erhaltung der Vergütung für die Zeit, die vom Personalratsmitglied versäumt wird, wenn und soweit diese Zeit zur ordnungsgemäßen Durchführung der Aufgaben des Personalrats erforderlich ist.

Für Arbeitnehmer ist dies eine Ausnahme vom Grundsatz „ohne Arbeit kein Lohn“, für Beamte ein Sonderfall der Dienstbefreiung außerhalb des Art. 93 BayBG. Die Vergütung ist nach dem Lohnausfallprinzip zu zahlen. Das Personalratsmitglied ist so zu stellen, wie es ohne Personalratstätigkeit stehen würde. Bezüglich der Personalratstätigkeit muss sich das Personalratsmitglied bei der Dienststelle grundsätzlich an- und abmelden, sonst läuft es Gefahr, entweder arbeitsrechtlichen (z. B. Abmahnung) oder disziplinarrechtlichen Sanktionen (bzw. einer missbilligenden Äußerung) ausgesetzt zu werden. In der Durchführung nicht gerechtfertigter Personalratstätigkeit liegt nämlich gleichzeitig ein objektiver Pflichtenverstoß gegen arbeitsvertragliche oder dienstrechtliche Pflichten.

Verkennt das Personalratsmitglied die Voraussetzungen des Art. 46 Abs. 2 Satz 1 BayPVG, ist der Dienststellenleiter berechtigt, die Dienstbezüge oder das Gehalt des Personalratsmitglieds für den Zeitraum zu kürzen, für den personalratsfremde Tätigkeiten ausgeübt werden.

Der eigentliche „Freistellungsanspruch" – oder besser „Freizeitausgleichsanspruch" – ist in Art. 46 Abs. 2 Satz 2 BayPVG enthalten. Werden Personalratsmitglieder durch die Erfüllung ihrer Aufgaben über die regelmäßige Arbeitszeit hinaus erheblich mehr beansprucht, ist ihnen Dienstbefreiung in entsprechender Anwendung des Art. 87 Abs. 2 Satz 2 BayBG zu gewähren. Gleiches gilt für Reisen, die zur Erfüllung der personalvertretungsrechtlichen Aufgaben notwendig sind.

Wichtig: Personalratsmitglieder erhalten Freizeitausgleich entsprechend den für Beamte geltenden Regelungen. In der Praxis bedeutet das, dass erst bei einer Mehrarbeit ab fünf Stunden pro Monat Freizeitausgleich gewährt wird, dann aber für alle Stunden, nicht nur für über fünf Stunden hinausgehende Stunden. Es ist immer die individuelle für das Personalratsmitglied geltende Arbeitszeit maßgeblich, nicht die betriebsübliche Arbeitszeit.

Der Anspruch auf Freizeitausgleich setzt weiter voraus, dass das Personalratsmitglied der Dienststellenleitung vorher angezeigt hat, dass es überobligatorische Personalratstätigkeit außerhalb seiner individuellen Arbeitszeit leisten muss und wie lange diese Arbeit voraussichtlich dauern wird. Überobligatorische Mehrarbeit als Personalrat fließt nicht auf ein ggf. bestehendes Ampel- oder Gleitzeitkonto. Das Personalratsmitglied hat für solche Mehrarbeit auch keinen Anspruch auf Zuschläge oder sonstiges zusätzliches Entgelt oder Besoldung.

Beispiele:

Erhebliche Mehrarbeit liegt z. B. vor, wenn ein Personalratsmitglied bei der Vorbereitung einer Personalratssitzung über seine individuelle Arbeitszeit hinaus tätig wird, um das Fristenregime des Art. 70 Abs. 2 BayPVG einhalten zu können.

Versäumnis von Arbeitszeit: Drei nicht generell freigestellte Personalratsmitglieder fahren zusammen zu einem anwaltlichen Informationsgespräch, ohne sich vorher bei der Dienststellenleitung abzumelden. Abgesehen davon, dass ein Informationsgespräch auch telefonisch durchgeführt werden kann, ist die Teilnahme des gesamten Personalrats weder notwendig noch erforderlich und auch nicht verhältnismäßig. Die Information hätte auch gegenüber dem Vorsitzenden allein erfolgen können.

Versäumnis von Arbeitszeit, die zur Durchführung der Personalratstätigkeit notwendig ist: Vorbereitung von Personalratssitzungen, Erstellung der Ladung und der Tagesordnung, Durchführung von Sprechstunden, Teilnahme an einer Sitzung der Jugend- und Auszubildendenvertretung, zusammen mit einem Beschäftigten Einsichtnahme in dessen Personalakten etc.

Besonderer Kündigungsschutz

Ist das Personalratsmitglied Arbeitnehmer, genießt es erhöhten Bestandsschutz gemäß Art. 47 Abs. 1 BayPVG i. V. m. § 15 KSchG.

Nach § 15 Abs. 2 KSchG ist die Kündigung eines Mitglieds einer Personalvertretung unzulässig, es sei denn, es liegen Tatsachen vor, die den Arbeitgeber zur Kündigung aus wichtigem Grund ohne Einhaltung einer Kündigungsfrist berechtigen und die nach dem Personalvertretungsrecht erforderliche Zustimmung erteilt oder durch gerichtliche Entscheidung ersetzt ist. Personalräte sind somit ordentlich unkündbar. Sie können nur fristlos aus wichtigem Grund gekündigt werden. Eine außerordentliche Kündigung mit sozialer Auslauffrist ist unzulässig. Es gilt der Grundsatz: „Wenn fristlos, dann fristlos."

Wichtige Gründe für eine außerordentlich fristlose Kündigung können z. B. Straftaten, Selbstbeurlaubung oder grobe Ehrverletzungen gegenüber Kollegen oder dem Dienstherrn sein.

VGH München vom 22.04.2013, Az. 17 P 12/1862

Das Zeigen des „Stinkefingers" gegenüber Vorgesetzten stellt eine grobe Beleidigung der Betroffenen und einen erheblichen Verstoß des Arbeitnehmers gegen seine Pflichten aus dem Arbeitsverhältnis dar und kann an sich eine außerordentliche Kündigung – hier eines Personalratsmitglieds – rechtfertigen.

Die außerordentliche Kündigung eines Personalratsmitglieds bedarf nach § 15 Abs. 2 KSchG der Zustimmung des Personalrats (Art. 47 Abs. 2 BayPVG, § 108 BPersVG). Verweigert der Personalrat seine Zustimmung oder äußert er sich nicht innerhalb der Wartefrist des Art. 47 Abs. 2 Satz 2 BayPVG von drei Tagen (damit sind drei Arbeitstage gemeint; vgl. insoweit den unmittelbar geltenden § 108 BPersVG) nach Eingang des Antrags, kann das Verwaltungsgericht die Zustimmung auf Antrag des Dienststellenleiters ersetzen, wenn die außerordentliche Kündigung unter Berücksichtigung aller Umstände gerechtfertigt ist. Im Verfahren vor dem Verwaltungsgericht ist der betroffene Arbeitnehmer Beteiligter. Die Kosten für die Vertretung des Personalrats in einem solchen verwaltungsgerichtlichen Beschlussverfahren trägt die Dienststelle (vgl. Art. 44 BayPVG). Die Kosten des Beteiligten (vgl. Art. 47 Abs. 2 Satz 3 BayPVG) – das heißt des zu Kündigenden – trägt immer der Beteiligte, nie die Dienststelle.

Nach Beendigung des Personalratsamts ist die Kündigung eines Personalratsmitglieds nur innerhalb eines Jahres vom Zeitpunkt der Beendigung der Amtszeit an gerechnet unzulässig, außer es bestehen nach § 15 Abs. 2 Satz 2 KSchG Tatsachen, die den Arbeitgeber zur Kündigung aus wichtigem Grund ohne Einhaltung einer Kündigungsfrist berechtigen. Somit ist auch für diesen Personenkreis eine ordentliche Kündigung ausgeschlossen. Möglich bleibt nur die außerordentliche Kündigung aus wichtigem Grund. Ausgenommen sind die Fälle, in denen die Beendigung der Mitgliedschaft im Personalrat auf einer gerichtlichen Entscheidung beruht.

Entgegen der Grundsätze für die Privatwirtschaft und die dort geltende Mitarbeiter- bzw. Interessenvertretung sind Beschäftigte, die zu einer Personalratswahl aufrufen, nicht geschützt. Dies ist dem eindeutigen Wortlaut des § 15 Abs. 3a KSchG zu entnehmen.

Eine Ausnahme von der Zustimmungsverpflichtung nach Art. 47 Abs. 2 BayPVG i. V. m. § 15 Abs. 2 KSchG ist nur möglich, wenn der ganze Betrieb (der Betrieb der Dienststelle) oder ein Betriebs- bzw. Dienststellenteil stillgelegt wird (z. B. bei durch Outsourcing bedingter

Schließung der technischen Abteilung in einem Hallenbad). Im ersten Fall ist die Kündigung eines Personalratsmitglieds frühestens zum Zeitpunkt der Stilllegung zulässig, es sei denn, die Kündigung ist zu einem früheren Zeitpunkt durch zwingende betriebliche Erfordernisse bedingt, § 15 Abs. 4 KSchG. Im zweiten Fall ist das Personalratsmitglied in eine andere Betriebsabteilung zu übernehmen, § 15 Abs. 5 KSchG. Nur wenn dies aus betrieblichen Gründen nicht möglich ist, findet die Vorschrift des § 15 Abs. 4 KSchG über die Kündigung bei Stilllegung des Betriebs auf die Kündigung sinngemäß Anwendung.

Wichtig: Danach kann das Personalratsmitglied auch ohne Zustimmung des Personalratsgremiums gemäß Art. 47 Abs. 1 BayPVG und ohne Einleitung eines Zustimmungsersetzungsverfahrens vor dem Verwaltungsgericht gekündigt werden.

Die Betriebs- oder Betriebsteilstilllegung ermöglicht somit im Ergebnis die „ordentliche" Kündigung eines Personalratsmitglieds, ohne das gesonderte Zustimmungs- bzw. Zustimmungsersetzungsverfahren des Art. 47 BayPVG durchlaufen zu müssen. Die Dienststelle muss in diesem Fall aber das Mitwirkungsverfahren gemäß Art. 77 Abs. 1 BayPVG i. V. m. Art. 72 BayPVG durchführen.

Besonderer Tätigkeitsschutz

Gemäß Art. 47 Abs. 3 BayPVG ist ein Personalratsmitglied nicht nur vor Kündigung, sondern auch in seiner konkreten Tätigkeit geschützt. Diese Vorschrift gilt – anders als § 47 Abs. 2 BayPVG – auch für Beamte. Mitglieder des Personalrats dürfen gegen ihren Willen nur versetzt oder abgeordnet werden, wenn dies auch unter Berücksichtigung der Mitgliedschaft im Personalrat aus wichtigen dienstlichen Gründen unvermeidbar ist. Als Versetzung in diesem Sinne gilt auch die mit einem Wechsel des Dienstorts verbundene Umsetzung in derselben Dienststelle. Das Einzugsgebiet im Sinne des Umzugskostenrechts gehört zum Dienstort, nach BayUKG betrifft dies eine räumliche Entfernung von bis zu 30 Kilometern. Darüber hinaus bedarf eine solche Versetzung oder eine Abordnung der Zustimmung des Personalrats.

Das Verwaltungsgericht kann für den Fall einer Zustimmungsverweigerung des Personalrats auf Antrag des Dienststellenleiters die Zustimmung ersetzen, wenn die Versetzung oder die Abordnung

1

unter Berücksichtigung aller Umstände gerechtfertigt ist, Art. 47 Abs. 3 Satz 3 BayPVG. Auch hier ist im Verfahren vor dem Verwaltungsgericht der betroffene Beschäftigte Beteiligter. Für die Verfahrenskosten gilt das zur Kündigung Gesagte entsprechend. Eine Zustimmungsfiktion ist für diesen Fall ebenfalls vorgesehen, allerdings nicht innerhalb der Frist von drei Tagen nach Eingang des Antrags, sondern innerhalb der Wartefrist von zwei Wochen nach Eingang des Antrags.

Weiterer Geltungsbereich des Art. 47 BayPVG

Die vorgenannten Absätze des Art. 47 BayPVG gelten nicht für Dienstanfänger, Beamte im Vorbereitungsdienst oder Beschäftigte in entsprechender Berufsausbildung. Weitere Ausnahmen regelt Art. 47 Abs. 4 Satz 2 und 3 BayPVG.

Für Wahlbewerber und Wahlvorstände gilt Art. 47 Abs. 3 BayPVG eingeschränkt mit der Maßgabe, dass eine Versetzung oder Abordnung nicht der Zustimmung des Personalrats bedarf, jedoch nicht gegen den Willen des Wahlbewerbers bzw. -vorstands erfolgen darf. Ersatzmitglieder unterliegen dem Schutz des Art. 47 BayPVG, solange und soweit sie tatsächlich Aufgaben als Ersatzmitglieder wahrnehmen.

Art. 47 BayPVG gilt auch für:

- Mitglieder der Jugend- und Auszubildendenvertretung, Art. 62 Satz 1 und 2 BayPVG
- Mitglieder der Stufenvertretung, Art. 54 Abs. 1 Satz 1 BayPVG
- Mitglieder des Gesamtpersonalrats, Art. 56, 54 Abs. 1 Satz 1 BayPVG

Die Schwerbehindertenvertretung erwirbt über § 179 Abs. 3 Satz 1 SGB IX „die gleiche persönliche Rechtsstellung“ wie ein Personalratsmitglied, also den vollen Schutz des Art. 47 BayPVG.

Benachteiligungsverbot

Ein weiterer Tätigkeitsschutz für Personalratsmitglieder folgt aus Art. 8 BayPVG. Danach dürfen Personen, die Aufgaben oder Befugnisse nach dem BayPVG wahrnehmen, darin nicht behindert und wegen ihrer Tätigkeit auch nicht benachteiligt oder begünstigt werden. Dies gilt auch für deren berufliche Entwicklung. Für freigestellte Personalratsmitglieder ergibt sich dies zusätzlich aus Art. 46 Abs. 3 Satz 5 BayPVG.

Beispiel:

Eine mit 25 Stunden teilzeitbeschäftigte Arbeitnehmerin wird nach Art. 46 Abs. 3 und 4 BayPVG als Personalratsvorsitzende freigestellt. Während ihrer Freistellung macht sie einen Arbeitszeitverlängerungsanspruch nach § 9 TzBfG auf tarifliche Vollzeit geltend. Der Arbeitnehmerin steht der Verlängerungsanspruch – bei Vorliegen der übrigen Voraussetzungen des § 9 TzBfG – zu, weil sie als Personalratsmitglied nicht in ihrer beruflichen Entwicklung benachteiligt werden darf. Das Benachteiligungsverbot des Art. 8 BayPVG verpflichtet den Arbeitgeber dazu, den beruflichen Werdegang des freigestellten Personalratsmitglieds fiktiv nachzuzeichnen und ihn wie den eines vergleichbaren Arbeitnehmers zu behandeln (vgl. für Betriebsratsmitglieder LAG Düsseldorf vom 03.08.2007, Az. 10 Sa 112/07, Rn. 68 f., LAGE TzBfG § 9 Nr. 2).

Fortbildungsanspruch (→ Schulungen)

Jedes Personalratsmitglied hat gemäß Art. 46 Abs. 5 BayPVG ein Recht auf Fortbildung. Voraussetzung ist ein ordnungsgemäßer Entsendebeschluss des Personalratsgremiums. Liegt dieser vor, entsteht ein persönlicher Freistellungsanspruch für die – ausgewählten – Mitglieder des Personalrats sowie für das jeweilige erste Ersatzmitglied unter Aufrechterhaltung der Bezüge zur Teilnahme an Schulungs- und Bildungsveranstaltungen, soweit diese Kenntnisse vermitteln, die unmittelbar für die Tätigkeit im Personalrat erforderlich sind. Ein gesonderter Freizeitausgleich findet nicht statt. Bei der Teilnahme an diesen Schulungen sind die dienstlichen Interessen angemessen zu berücksichtigen. Die Kosten der Schulungsveranstaltung müssen sich ebenso wie die Inhalte und der Umfang der Schulungsveranstaltung selbst im Rahmen der unmittelbaren Notwendigkeit, der Erforderlichkeit und der Angemessenheit bewegen. Dies folgt nicht aus Art. 46 Abs. 5 BayPVG, sondern aus Art. 44 BayPVG (vgl. Seite 139 bzw. 157).

Die Formulierung „in der Regel" in Art. 46 Abs. 5 Satz 2 BayPVG stellt klar, dass

1 1. die Freistellung erstmals in den Personalrat gewählter Mitglieder grundsätzlich fünf Kalendertage betragen muss (Grundschulung), aber auch mehr als fünf Kalendertage betragen kann.

2. Darüber hinaus können bis zu fünf Kalendertage für Mitglieder des Personalrats bewilligt werden, wenn ihnen innerhalb ihrer Personalvertretung besondere in der Schulung zu behandelnde Aufgaben zugewiesen sind (Spezialschulung).

Beispiel:

Gemäß § 18 Abs. 2 TVöD-VKA ist zwingend ein Leistungsentgelt einzuführen. Hierzu ist gemäß § 18 Abs. 6 TVöD-VKA eine Dienstvereinbarung abzuschließen. Die Teilnahme an einer dreitägigen Schulung mit dem Titel „Den Einstieg in die leistungsorientierte Bezahlung erfolgreich gestalten" ist daher für Personalratsmitglieder zum Erwerb von Spezialkenntnissen grundsätzlich notwendig (vgl. VG Köln vom 16.01.2001, Az. 33 K 5020/99.PVB).

Eine Spezialschulung zum Thema „Mediation" ist hingegen grundsätzlich nicht notwendig (vgl. OVG Berlin vom 23.09.1998, Az. OVG 60 PV 11.97).

Weiterbeschäftigung Auszubildender

Gemäß Art. 9 Abs. 1 BayPVG hat der Dienststellenleiter bei Auszubildenden nach dem BBiG, dem Krankenpflegegesetz, dem Altenpflegegesetz, dem MTA-Gesetz oder dem Hebammengesetz spätestens drei Monate vor Beendigung des Ausbildungsverhältnisses dem betroffenen Beschäftigten mitzuteilen, ob dieser in ein Arbeitsverhältnis auf unbestimmte Zeit übernommen wird. Die Unterlassung dieser Mitteilungspflicht führt nicht dazu, dass ein Arbeitsverhältnis fingiert wird.

Gemäß Art. 9 Abs. 2 BayPVG kann ein Auszubildender innerhalb der letzten drei Monate vor Beendigung des Berufsausbildungsverhältnisses schriftlich vom Arbeitgeber seine Weiterbeschäftigung verlangen. Tut er dies, wird in unmittelbarem Anschluss an das erfolgreich abgeschlossene Berufsausbildungsverhältnis ein Arbeitsverhältnis auf unbestimmte Zeit fingiert.

Will die Dienststellenleitung dem entgegentreten, kann sie gemäß Art. 9 Abs. 4 BayPVG nur spätestens bis zum Ablauf von zwei Wochen nach Beendigung des Berufsausbildungsverhältnisses beim Verwaltungsgericht die Feststellung beantragen, dass ein Arbeitsverhältnis nicht begründet wird bzw. ein bereits begründetes Arbeitsverhältnis wieder aufgelöst wird. Gleiches gilt, wenn das Berufsausbildungsverhältnis vor Ablauf eines Jahres nach Beendigung der Amtszeit der Personalvertretung erfolgreich endet. Ein gerichtlicher Feststellungsantrag setzt voraus, dass Tatsachen vorliegen, aufgrund derer dem Arbeitgeber unter Berücksichtigung aller Umstände die Weiterbeschäftigung nicht zugemutet werden kann.

Solche Gründe können sein:

- Fehlen einer entsprechenden freien und besetzbaren Planstelle
- gesetzliche oder tarifliche Einstellungshindernisse
- wichtige Gründe in der Person oder im Verhalten des betroffenen Beschäftigten, z. B. arbeitsvertragliche Pflichtverstöße oder Verstöße nach dem BayPVG, wie etwa gegen die Friedenspflicht
- Fehlen der nach dem Prinzip der Bestenauslese erforderlichen fachlichen und persönlichen Eignung gemäß Art. 33 Abs. 2 GG

Als Maßstab gelten die Grundsätze, die die Rechtsprechung zum Ausspruch einer personenbedingten Kündigung aus wichtigem Grund gemäß § 626 BGB entwickelt hat, allerdings sind dringende betriebliche Gründe ebenfalls zulässig (z. B. Stellenbesetzungssperre). Im Verfahren vor dem Verwaltungsgericht ist der betroffene Beschäftigte Beteiligter.

Unfallfürsorgepflicht

Verbeamtete Personalratsmitglieder sind geschützt nach Art. 11 BayBG bei der Wahrnehmung ihrer Personalratstätigkeit im Sinne der beamtenrechtlichen Unfallfürsorgevorschriften des § 30 ff. BeamtVG, Arbeitnehmer nach den allgemeinen sozialversicherungsrechtlichen Vorschriften bei Arbeitsunfällen (§ 104 ff. SGB VII) bei der Ausübung ihres Personalratsmandats.

1

Pflichten der Personalratsmitglieder

Ehrenamt

Das Personalratsamt ist nach Art. 46 Abs. 1 BayPVG ein Ehrenamt. Das Ehrenamt ist unentgeltlich auszuüben. Dies sichert die Unabhängigkeit der Personalratsmitglieder von möglichen Zuwendungsgebern, gleichgültig, in welcher Form eine Zuwendung erfolgt. Art. 46 Abs. 1 BayPVG korrespondiert mit Art. 8 und 45 BayPVG: Der Personalrat darf nicht nur nicht begünstigt werden, sondern er darf auch von Beschäftigten für seine Zwecke keine Beiträge erheben und annehmen. Über die äußere Unabhängigkeit und das Umlageverbot wird die innere Unabhängigkeit mitgesichert. Der Personalrat steht außerhalb jeglicher Hierarchie. Personalratstätigkeit geht grundsätzlich vor, es sei denn, dass die dienstlichen Belange dies nicht rechtfertigen (vgl. Art. 46 Abs. 2 BayPVG).

Beispiel:

Ein Personalratsmitglied ist nicht generell freigestellt. Es unternimmt während seiner individuellen Arbeitszeit regelmäßige vormittägliche Rundgänge auf dem weitläufigen Betriebsgelände. Dabei sucht es ohne konkreten Anlass eine Vielzahl von Beschäftigten während deren Arbeitszeit an deren Arbeitsplatz auf, um sich nach deren Befinden zu erkundigen und zu fragen, „wo der arbeitsrechtliche Schuh drückt". Das Verhalten des Personalratsmitglieds ist unzulässig, weil solche „Begehungen" einseitig in das Dienstverhältnis zwischen den Beschäftigten und der Dienststelle eingreifen und geeignet sind, den Dienstbetrieb zu gefährden (vgl. VGH Baden-Württemberg vom 08.09.1992, Az. 15 S 130/92; HessVGH vom 20.10.1984, Az. HPV L 29/83).

Schweigepflicht (→ Datenschutz)

Eine der wichtigsten Pflichten der Personalratsmitglieder ist die Schweige- und Geheimhaltungspflicht nach Art. 10 BayPVG. Diese Schweigepflicht gilt nicht nur für Personalratsmitglieder, sondern für alle Personen, die Aufgaben oder Befugnisse nach dem BayPVG wahrgenommen haben oder wahrnehmen (vgl. Art. 10 Abs. 1 Satz 1 BayPVG), z. B. auch für Schreibpersonal, welches dem Personalrat gemäß Art. 44 Abs. 2 BayPVG fallweise zur Verfügung gestellt wird. Einer gesonderten Verpflichtung dieser Personen auf die Verschwiegenheitspflicht bedarf es nicht.

Die Schweigepflicht gilt nicht:

- für Personalratsmitglieder und Mitglieder der Jugend- und Auszubildendenvertretung gegenüber den übrigen Mitgliedern der jeweiligen Vertretung (auch für neu gewählte)
- zwischen Personalratsmitgliedern und Dienststellenleitung oder Beauftragten der Gewerkschaft. Hier sind offene Gespräche möglich. Art. 10 Abs. 1 Satz 2 Nr. 2 BayPVG wird in diesem Zusammenhang oft missverstanden
- für Personalräte gegenüber der vorgesetzten Dienststelle, der dort gebildeten Stufenvertretung sowie gegenüber dem Gesamtpersonalrat, sofern der Personalrat im Rahmen seiner Befugnisse nach dem BayPVG tätig ist
- zwischen örtlichem Personalrat und Stufenvertretung bzw. Gesamtpersonalrat, wenn eine beteiligungspflichtige Angelegenheit vorliegt, in der dem örtlichen Personalrat Gelegenheit zur Äußerung gegeben wird (vgl. Art. 80 Abs. 2 Satz 2 bzw. Art. 80 Abs. 3 Satz 3 BayPVG)
- für die Anrufung der Einigungsstelle

Außerdem besteht die Schweigepflicht nicht für Angelegenheiten oder Tatsachen, die offenkundig sind, ihrer Bedeutung nach keiner Geheimhaltung bedürfen oder wenn der Leiter der Dienststelle in begründeten Einzelfällen von der Einhaltung der Schweigepflicht entbindet (Art. 10 Abs. 2 BayPVG). Art. 10 Abs. 2 2. Halbsatz BayPVG soll dem Umstand Rechnung tragen, dass sich Personalräte unterschiedlicher Dienststellen bei gleich gelagerten Fragen miteinander austauschen können.

Art. 10 Abs. 1 BayPVG begründet für die betroffenen Personen ein Aussageverbot gemäß § 376 Abs. 1 ZPO und § 54 Abs. 1 StPO. Danach gelten die beamtenrechtlichen Vorschriften Art. 6 Abs. 3 BayBG, Art. 37 Abs. 3 BeamtStG und § 16 ZustV-IM. Nur der Dienstherr und der Personalrat gemeinsam können die erforderliche Aussagegenehmigung in diesem Zusammenhang erklären. Die Weitergabe von personenbezogenen Daten unterliegt nicht der Geheimhaltungspflicht, da der Dienststellenleiter nicht Dritter im Sinne von Art. 4 Nr. 10 DSGVO ist.

Neutralitätspflicht

Art. 68 Abs. 2 BayPVG verbietet die gleichzeitige Interessenvertretung für die Beschäftigten im Rahmen des Personalratsmandats und die Betätigung als Vertreter einer Gewerkschaft. Personalratsmitglieder müssen sich so verhalten, dass das Vertrauen der Verwaltungsangehörigen in die Objektivität und Neutralität ihrer Amtsführung nicht beeinträchtigt wird. Die Neutralitätspflicht gilt auch gegenüber der Dienststellenleitung. Personalratsmitglieder dürfen in dieser Eigenschaft nicht zum Arbeitskampf aufrufen oder an diesem teilnehmen. Sind sie aufgrund ihrer persönlichen Rechtsstellung (Arbeitnehmer, nicht Beamte) arbeitskampfberechtigt, bleibt dies unberührt.

Zur Neutralitätspflicht gehört insbesondere, dass Personalratsmitglieder nicht für Gewerkschaften durch wiederholtes und dauerhaftes Einwirken auf die Beschäftigten werben dürfen. Dazu kann auch gehören, dass gewerkschaftliches Werbe- und Informationsmaterial vom Personalrat offensiv in den dem Personalrat zugewiesenen Räumen öffentlich ausgelegt wird, allerdings kommt es auf die Umstände des Einzelfalles an.

Unberührt bleibt die Koalitionsfreiheit nach Art. 9 Abs. 3 GG. Danach darf ein Personalratsmitglied weiter Mitglied einer Gewerkschaft sein und in Ausübung seiner gewerkschaftlichen Betätigung nicht beeinträchtigt werden. Für die Praxis bedeutet dies, dass Gewerkschaften öffentlich in der Dienststelle für ihre Zwecke werben dürfen und ihnen Zugang zur Dienststelle gewährt werden muss. Die Gewerkschaften müssen dabei das Gebot der vertrauensvollen Zusammenarbeit gemäß Art. 2 Abs. 1 BayPVG mit der Dienststelle beachten. Die Dienststellenleitung kann nur bei unumgänglichen Notwendigkeiten des Dienstablaufs, zwingenden Sicherheitsvorschriften oder unter Berücksichtigung des Schutzes des Dienstgeheimnisses den Zugang einer Gewerkschaft zur Dienststelle untersagen. Begehrt eine Gewerkschaft Zugang zur Dienststelle, hat sie dies gegenüber dem Dienststellenleiter im Vorfeld anzuzeigen.

Auch im Hinblick auf die Personalratswahl sind den Gewerkschaften besondere Befugnisse zugewiesen. Die Gewerkschaft kann die Einberufung einer Personalversammlung zur Bildung eines Wahlvorstandes beantragen, Vorschläge unterbreiten oder eine Personalratswahl anfechten (Art. 25 Abs. 1 BayPVG).

Friedenspflicht

Nach Art. 67 Abs. 2 BayPVG haben sowohl Dienststelle als auch Personalvertretung alles zu unterlassen, was die Arbeit und den Frieden der Dienststelle gefährden könnte. Insbesondere dürfen Dienststelle und Personalvertretung keine Maßnahmen des Arbeitskampfes gegeneinander durchführen.

Die Friedenspflicht steht in engem Zusammenhang mit dem Neutralitätsgebot des Art. 68 Abs. 2 BayPVG. Zur Friedenspflicht gehört auch, dass Personalratsmitglieder und Dienststellenleitung sich in der Dienststelle nicht parteipolitisch betätigen. Gemäß Art. 74 Abs. 2 BayPVG darf der Personalrat auch nicht durch einseitige Handlungen in den Dienstbetrieb eingreifen. Insbesondere stehen den Personalratsmitgliedern keine Weisungs- oder Anordnungsrechte gegenüber den Beschäftigten zu. Personalräte dürfen Mitarbeiter nicht anweisen, einseitige Weisungen des Dienstherrn – ungeachtet der Frage, ob diese rechtmäßig sind oder nicht – nicht zu befolgen. Die Erhebung formloser Rechtsbehelfe bleibt hiervon unberührt (z. B. Dienstaufsichtsbeschwerde).

Rechtsfolgen bei Pflichtverletzungen

Bei Pflichtverletzungen von Personalratsmitgliedern ist danach zu differenzieren, ob es sich um Pflichtverletzungen handelt, die nur auf der Ebene zwischen Personalrat und Dienststellenleitung vorliegen oder ob sich die Pflichtverletzungen nur im Arbeitsverhältnis bzw. im Beamtenverhältnis niederschlagen. Handelt es sich um eine doppelte Pflichtverletzung (also sowohl auf der personalvertretungsrechtlichen als auch auf der arbeits- bzw. beamtenrechtlichen Ebene), kommen sowohl arbeits- bzw. disziplinarrechtliche als auch personalvertretungsrechtliche Folgen in Betracht.

Das Personalvertretungsrecht sieht keine Sanktion für einfache oder niederschwelligere Pflichtverletzungen vor. Insbesondere kennt das Personalvertretungsrecht keine personalvertretungsrechtliche Abmahnung oder missbilligende Äußerung. Bei groben Pflichtverletzungen gilt: Gemäß Art. 28 Abs. 1 BayPVG können ein Viertel der Wahlberechtigten, der Leiter der Dienststelle oder eine in der Dienststelle vertretene Gewerkschaft sowie der Personalrat als Gremium selbst den Ausschluss eines Mitglieds aus dem Personalrat beantragen. Bis auf Letzteren können die vorgenannten Personen bzw. Personengruppen auch die Auflösung des Personalrats beschließen.

Verletzt der Dienststellenleiter seine Pflichten nach dem BayPVG, bleibt dem Personalrat nur die Möglichkeit, nach dem Versuch einer vorherigen dienststelleninternen Einigung das zuständige Verwaltungsgericht anzurufen und dort die Pflichtverletzung des Dienststellenleiters feststellen zu lassen bzw. ihm ein bestimmtes Handeln untersagen oder ein bestimmtes Tun auferlegen zu lassen.

Beispiele: Grobe Pflichtverletzungen (Art. 28 BayPVG)

Vorteilsannahme entgegen Art. 8 BayPVG (Stichwort: „Lustreisen")

mehrfaches unentschuldigtes Fehlen bei Personalratssitzungen

Annahme von „Belohnungen" für bestimmtes Abstimmungsverhalten im Personalrat

Verstöße gegen die Verschwiegenheitspflicht des Art. 10 BayPVG (z. B. Weitergabe von Höhergruppierungs- oder Beförderungsabsichten der Dienststelle an Dritte)

Weigerung, Personalratswahlen einzuleiten und durchzuführen

Nichtabhalten von Personalversammlungen

„Schneiden" bestimmter Personalratsmitglieder, z. B. durch bewusste Nichteinladung zu Personalratssitzungen

Manipulation von Informationen durch den Personalratsvorsitzenden gegenüber dem Personalrat als Gremium

Steuerung der Entscheidungen des Personalrats durch gezielte Desinformation oder Falschbehauptung

Verstoß gegen das Gebot der Nichtöffentlichkeit von Personalratssitzungen

Anfertigung von Tonbandaufzeichnungen bei Personalratssitzungen, Personalversammlungen oder Monatsgesprächen

unberechtigte und/oder unverhältnismäßige Angriffe auf den Dienststellenleiter oder andere Beschäftigte der Dienststelle (z. B. die Bezeichnung als „Heuschrecke", „Ausbeuter", Mobbingvorwürfe etc.), gleich in welcher Form, schriftlich oder mündlich

Missbrauch des Personalratsamts zur Durchsetzung persönlicher Interessen (z. B. unsachliches oder unwahres Schreiben an Personalräte anderer Dienststellen, um Öffentlichkeit in einem Kündigungsschutzprozess zu erreichen)

Verstoß gegen die gewerkschaftliche Neutralitätspflicht, insbesondere durch hartnäckiges und nachhaltiges Werben für bestimmte Gewerkschaften

Verstoß gegen Gesetzes- bzw. Tarifvorrang des Art. 73 Abs. 1 BayPVG (jedoch nur, wenn sich dem Personalrat der Verstoß aufdrängen muss, nicht bei schwierigen Rechtsfragen)

Wesentliche Rechte des Personalratsgremiums

Die Rechte des Personalrats als Gremium sind von den individuellen Rechten der Personalratsmitglieder zu unterscheiden. Denn diese Rechte stehen nicht dem einzelnen Personalratsmitglied selbst zu, sondern werden in Ausübung und Wahrnehmung der Personalratsaufgaben gesondert durch das Gremium beschlossen und auf ein einzelnes Personalratsmitglied übertragen (Kollektivanspruch).

Freistellungsanspruch

Ein solcher aus dem Kollektivanspruch abgeleiteter Individualanspruch ist der Freistellungsanspruch nach Art. 46 Abs. 3 und 4 BayPVG. Danach sind Mitglieder des Personalrats auf Antrag des Personalrats von ihrer dienstlichen Tätigkeit freizustellen, wenn und soweit dies nach Art und Umfang der Dienststelle zur ordnungsgemäßen Durchführung ihrer Aufgaben erforderlich ist.

Bei der Auswahl der freizustellenden Mitglieder genießen die Mitglieder des Vorstands Priorität nach Art. 46 Abs. 3 Satz 2 und Art. 32 Abs. 2 BayPVG. Der Personalrat muss zunächst intern konkret den Umfang der Personalratstätigkeit ermitteln und die Auswahlentscheidung treffen. Über die Tätigkeiten des Personalrats ist daher genau Buch zu führen und zwar von jedem einzelnen Personalratsmitglied. Die Auswahl der freizustellenden Personalratsmitglieder richtet sich nach Art. 46 Abs. 3 Satz 2 bis 4 BayPVG. In der Regel wird der Personalratsvorsitzende freigestellt. Wenn dem Antrag durch die Dienststellenleitung entsprochen wird, ist das betroffene Personalratsmitglied im genehmigten Umfang von der Dienst- bzw. Arbeitsleistung unter Fortzahlung der Dienstbezüge bzw. des Entgelts befreit. Der Umfang der Freistellung hängt von Größe und Art der Dienststelle und dem damit regelmäßig verbundenen Geschäftsanfall ab.

Soweit es um weitere Freistellungen gehen sollte, sind die im Personalrat vertretenen Wahlvorschlagslisten nach den Grundsätzen der Verhältniswahl zu berücksichtigen, Art. 46 Abs. 3 Satz 3 BayPVG. Die bereits auf jede Wahlvorschlagsliste im Hinblick auf die freigestellten Vorstandsmitglieder entfallenden Freistellungen sind dann abzurechnen. Die Freistellung darf nicht zur Beeinträchtigung des beruflichen Werdegangs führen (vgl. Art. 46 Abs. 3 Satz 5 BayPVG i. V. m. Art. 8 BayPVG).

Ein Freistellungsanspruch nach Art. 46 Abs. 3 BayPVG entsteht nach herrschender Meinung auch unterhalb der Mindestzahlen des Art. 46 Abs. 4 BayPVG. Art. 46 Abs. 4 BayPVG regelt lediglich die zwingende Zahl der freizustellenden Personalratsmitglieder ab 400 Beschäftigten. Gemäß dem Rundschreiben des Bayerischen Staatsministeriums der Finanzen zum Vollzug des BayPVG vom 17.11.1998 (IMBek. vom 01.03.1999, Nr. I Z – 0382.1 – 61, AllMBL. S. 183) sind folgende Richtlinien aufgestellt:

Zahl der Beschäftigten in der Dienststelle	Umfang der Freistellung in Prozent der wöchentlichen Arbeitszeit
bis 99	20
100 bis 199	40
200 bis 299	60
300 bis 399	80

Wichtig: Diese Richtwerte gelten grundsätzlich nur für den staatlichen Bereich. Sie sind rechtlich nicht verbindlich und dürfen in der Praxis nicht „sklavisch" angewendet werden. Eine Abweichung ist sowohl nach unten als auch nach oben möglich, bei Vorliegen besonderer Voraussetzungen, z. B. weit voneinander entfernte Nebenstellen von Behörden und dadurch erhöhter Zeitaufwand des Personalrats durch Reisetätigkeiten etc. Es reicht in einem auf pauschale Freistellung eines Personalratsmitglieds gerichteten verwaltungsgerichtlichen Verfahren unterhalb der Mindeststaffeln des Art. 46 Abs. 4 BayPVG nicht aus, sich nur auf diese Richtlinien zu berufen, vor allem nicht im nichtstaatlichen Bereich. Vielmehr muss der Personalrat – und nicht das freizustellende Personalratsmitglied – genau vortragen und unter Beweis stellen, welchen Umfang seine

Tätigkeiten tatsächlich einnehmen. Dazu müssen alle Personalräte „Buch führen" über Art, Umfang und Dauer ihrer jeweiligen Personalratstätigkeit und zwar über einen repräsentativen Zeitraum (mindestens ein halbes, besser ein ganzes Jahr).

Kosten- und Sachmittelbeteiligung

Ein weiteres Recht des Personalratsgremiums ist die Kostenbeteiligung gemäß Art. 44 BayPVG. Art. 44 Abs. 1 Satz 1 BayPVG lautet:

§ **Art. 44 Abs. 1 Satz 1 BayPVG**

Die durch die Tätigkeit des Personalrats entstehenden Kosten trägt die Dienststelle.

Ungeschriebene Tatbestandsmerkmale des Art. 44 Abs. 1 Satz 1 BayPVG sind die Notwendigkeit der Personalratstätigkeit sowie die Erforderlichkeit und die Angemessenheit der durch die Personalratstätigkeit verursachten Aufwendungen. Da es sich hierbei um unbestimmte Rechtsbegriffe handelt, ist für jeden konkreten Einzelfall gesondert zu entscheiden, ob ein Kostenerstattungsanspruch gegen die Dienststelle besteht (→ Kosten).

Gemäß Art. 44 Abs. 2 BayPVG hat die Dienststelle für die Sitzungen, die Sprechstunden und die laufende Geschäftsführung des Personalrats die erforderlichen Räume, den Geschäftsbedarf und – soweit erforderlich – das Büropersonal zur Verfügung zu stellen. Hierbei handelt es sich nicht um einen Generalanspruch des Personalrats. Der Personalrat hat z. B. keinen Anspruch darauf, dass ihm grundsätzlich auf Dauer ein Raum zur Ausübung seiner Tätigkeit und zur Abhaltung von Personalratssitzungen zur Verfügung gestellt wird. Es kann ausreichen, dass dem Personalrat zeitweise die Nutzung eines abschließbaren Raums eingeräumt wird. Sicherzustellen ist, dass zumindest die Personalratsunterlagen in einem verschlossenen Schrank aufbewahrt werden können (→ Geschäftsbedarf). Der Personalrat hat grundsätzlich auch keinen Anspruch auf dauerhafte Beibehaltung eines Personalratsbüros.

1

Beispiel:

Der Personalrat einer Sparkasse beantragt beim Dienststellenleiter die Zuweisung eines Raums für die Abhaltung von Sprechstunden nach Art. 43 BayPVG. Der Dienststellenleiter weist dem Personalrat ein Besprechungszimmer zu, das auf drei Seiten verglast ist. Die Zuweisung eines solchen Raums ist unzulässig, weil er optisch und akustisch nicht abgeschirmt und die Vertraulichkeit der Vorgänge innerhalb des Personalrats und der Kontakte zu den Beschäftigten nicht mehr gewährleistet ist. Der Raum kann von Dritten ohne besonderen Aufwand eingesehen werden.

Rechtsprechung: Vergleiche den Fall, bei dem der Zugang zu einem Besprechungszimmer unter anderem durch eine Videokamera überwacht wird, LAG Schleswig-Holstein vom 19.09.2007, Az. 6 TaBV 14/07.

Organe der Personalvertretung

Die Organe der Personalvertretung sind Einzelpersonen oder Gremien, die sich aus den gewählten Vertretern der Beschäftigten zusammensetzen. Sie sind teilrechtsfähige dienststelleninterne Einrichtungen.

Wahlvorstand, Vorstand und Personalrat

Das wichtigste Organ der Personalvertretung ist der Personalrat selbst, Art. 1, Art. 12, Art. 38 BayPVG. Art. 12 BayPVG regelt die Grundvoraussetzungen für die Bildung des örtlichen Personalrats. Für den Personalrat handeln der Vorstand als eigenes Organ und dessen Mitglieder als weitere Organe der Personalvertretung (Art. 75 Abs. 3 Satz 2, Art. 32 Abs. 3 Satz 2, Abs. 4 BayPVG, vgl. Seite 24 f.). Der Personalratsvorsitzende ist ebenfalls eigenes Organ der Personalvertretung nach Art. 32 Abs. 2 BayPVG (vgl. Seite 26).

Soll ein Personalrat gewählt werden, ist gemäß Art. 20 bis 23 BayPVG ein Wahlvorstand zu bilden. Der Wahlvorstand ist ebenfalls Organ der Personalvertretung. Besteht bereits ein Personalrat, ist der Wahlvorstand gemäß Art. 20 Abs. 1 Satz 1 BayPVG spätestens fünf Monate vor Ablauf der Amtszeit des bestehenden Personalrats auf Initiative des Personalrats zu bilden. Wird auf diese Weise kein Wahlvorstand gebildet, initiiert der Dienststellenleiter auf Antrag dreier (wahlberechtigter) Beschäftigter eine Personalversammlung zur Bildung des Wahlvorstands, Art. 20 Abs. 2 Satz 1 BayPVG. In personalratslosen Dienststellen kann der Wahlvorstand entweder auf Initiative des Dienststellenleiters (Art. 21 BayPVG), auf Initiative dreier Wahlberechtigter oder einer in der Dienststelle vertretenen Gewerkschaft (Art. 22 BayPVG) gebildet werden. Entgegen dem Wortlaut des Art. 12 Abs. 1 BayPVG ist die Bildung eines Personalrats keine gesetzliche Pflicht. Dort, wo die Belegschaft erkennbar „wahlmüde" ist, muss auch die Dienststellenleitung die Einleitung einer Personalratswahl nicht forcieren. Der Personalrat selbst entsteht mit der ersten konstituierenden Sitzung nach Art. 32 Abs. 1 BayPVG.

Personalversammlung

Weiteres Organ der Personalvertretung ist die Personalversammlung nach Art. 48 ff. BayPVG. Die Personalversammlung ist Instrument der Willensbildung der Beschäftigten, hat jedoch nach Art. 51 BayPVG keine Entscheidungshoheit. Während ordentliche Personalversammlungen nach Art. 49 Abs. 1 BayPVG einmal pro Kalenderhalbjahr, insbesondere zur Abgabe eines Tätigkeitsberichts des Personalrats, stattfinden müssen, sind (zusätzliche) außerordentliche Personalversammlungen auf Initiative des Personalrats nach dessen pflichtgemäßem Ermessen sowie auf Wunsch des Dienststellenleiters oder eines Viertels der wahlberechtigten Beschäftigten einzuberufen, Art. 49 Abs. 2 BayPVG.

Personalversammlungen sind nicht öffentlich (Art. 48 Abs. 1 Satz 3 BayPVG) und finden als ordentliche Personalversammlungen grundsätzlich während der Arbeitszeit statt (Art. 50 Abs. 1 Satz 1 BayPVG). Unter Arbeitszeit ist hier die generelle in der Dienststelle geltende Arbeitszeit maßgeblich, das heißt die betriebs- oder dienststellenübliche Arbeitszeit zu verstehen.

Außerordentliche Personalversammlungen finden außerhalb der Arbeitszeit statt, es sei denn, der Dienststellenleiter stimmt einer Abhaltung während der Arbeitszeit zu (Art. 50 Abs. 2 BayPVG). Teilpersonalversammlungen sind unter den Voraussetzungen des Art. 48 Abs. 2 Satz 1 BayPVG möglich, wenn sich eine Dienststelle aus mehreren, räumlich weit vone nander entfernten Nebenstellen zusammensetzt, oder bei Schichtbetrieb (z. B. in Krankenhäusern, wo zusätzlich auch ein öffentliches Interesse an der Aufrechterhaltung des Dienstbetriebs besteht).

Teilnehmer einer Personalversammlung

Grundsätzlich:

- die Beschäftigten der Dienststelle (Art. 48 Abs. 1 Satz 1 BayPVG), auch wenn sie beurlaubt sind oder sich in Elternzeit befinden (kann!)
- die Mitglieder des Personalrats (kann!)
- der Vorsitzende des Personalrats als Leiter der Personalversammlung, Art. 48 Abs. 1 Satz 2 BayPVG (muss!)
- der Dienststellenleiter (Art. 52 Abs. 2 BayPVG bei ordentlichen Personalversammlungen → kann!; Art. 52 Abs. 2 Satz 2 BayPVG bei außerordentlichen Personalversammlungen, die auf seinen Wunsch einberufen wurden → muss!)
- die Schwerbehindertenvertretung mit ausdrücklichem Rederecht, § 178 Abs. 4 SGB IX

Zusätzlich nach Beschluss des Personalrats oder der Personalversammlung:

- ein Beauftragter der in der Dienststelle vertretenen Gewerkschaft
- ein Beauftragter der zuständigen Arbeitgebervereinigung
- ein Mitglied der zugeordneten Stufenvertretung oder ein Mitglied des zugeordneten Gesamtpersonalrats

Jeweils mit beratender Stimme:

- eine dienststellenfremde Auskunftsperson zu konkreten Themen im Rahmen des Art. 51 Satz 2 BayPVG, die der Personalrat selbst mangels Sachkunde nicht darstellen oder erörtern kann (z. B. ein Fachanwalt für Arbeitsrecht zur Frage der Umsetzung des AGG in der Dienststelle); jedoch nur für die Dauer der Beratung über das Thema

Einberufen vom Dienststellenleiter:

- ein Vertreter der zuständigen Arbeitgebervereinigung; in diesem Fall kann auch ein Vertreter der in der Dienststelle vertretenen Gewerkschaften teilnehmen

Bei Stufenvertretungen und im Bereich des Gesamtpersonalrats gibt es keine Personalversammlung, weil die Verweisungsvorschriften der Art. 54 Abs. 1 und Art. 56 BayPVG die Vorschriften über die Personalversammlung nach Art. 48 bis Art. 52 BayPVG aussparen.

Stufenvertretungen und Gesamtpersonalrat

Stufenvertretungen

Bei mehrstufigen staatlichen Verwaltungen werden gemäß Art. 53 ff. BayPVG entweder der Bezirkspersonalrat oder der Hauptpersonalrat gebildet. Diese Stufenvertretungen sind ebenfalls Organe der Personalvertretung. 1

Der Bezirkspersonalrat wird für den Geschäftsbereich einer Mittelbehörde gebildet, z. B. bei den sieben Bezirksregierungen, den Polizeipräsidien und den Oberforstdirektionen.

Der Hauptpersonalrat wird für den Geschäftsbereich einer obersten Dienstbehörde gebildet, z. B. bei den Staatsministerien.

Diese Stufenvertretungen sind nicht dem Personalrat übergeordnete Gremien.

Sie werden beteiligt, wenn

- sie originär für Angelegenheiten zuständig sind, in denen die Dienststelle zur Entscheidung berufen ist, bei der sie gebildet sind, Art. 80 Abs. 1 und 2 BayPVG
- ein Personalrat oder Gesamtpersonalrat zeitweilig an der Wahrnehmung der Beteiligungsrechte verhindert ist, Art. 80 Abs. 6 BayPVG
- der örtliche Personalrat im Beteiligungsverfahren keine Einigung mit „seiner" Dienststelle erzielen kann und deshalb den Bezirks- oder Hauptpersonalrat anruft, um eine Einigung zu erreichen (vgl. Seite 74 bzw. 81 f.)

Gesamtpersonalrat

Im einstufigen Verwaltungsaufbau ist der Gesamtpersonalrat gemäß Art. 55 BayPVG weiteres Organ der Personalvertretung.

Der Gesamtpersonalrat wird dort gebildet, wo selbstständige oder verselbstständigte Nebenstellen und Dienststellenteile im Sinne des Art. 6 Abs. 3 und 5 Satz 2 und 3 BayPVG bestehen. Im staatlichen Bereich bestimmt sich die Frage nach der Selbstständigkeit einer Nebenstelle oder eines Dienststellenteils danach, ob diese räumlich weit von der staatlichen Dienststelle entfernt liegen (Faustformel: über 20 Kilometer) oder ob sie durch Aufgabenbereich und Organisation eigenständig sind. Letzteres ist gegeben, wenn ihnen aufgrund

1

von Rechts- oder Verwaltungsvorschriften die Erfüllung eigener Aufgaben und Zuständigkeiten zugewiesen ist und sie aufgrund ihrer personellen und sachlichen Ausstattung in der Lage sind, die ihnen obliegenden Aufgaben im Wesentlichen selbst zu erfüllen. Die Verselbstständigung bedarf eines Beschlusses der Mehrheit der in der zu verselbstständigenden Dienststelle wahlberechtigten Beschäftigten, Art. 6 Abs. 3 Satz 1 2. Halbsatz BayPVG.

Im nichtstaatlichen Bereich ist ein solcher Verselbstständigungsbeschluss ebenfalls möglich, jedoch mit der Maßgabe, dass der Beschluss auch durch das nach der Verfassung der Dienststelle vorgesehene oberste Organ getroffen werden kann (z. B. Gemeinderat) und die räumlich weite Entfernung einer Nebenstelle oder eines Dienststellenteils kein Kriterium für die Selbstständigkeit ist. Der Begriff der Eigenständigkeit nach Art. 6 Abs. 5 Satz 2 BayPVG ist weiter als der des Art. 6 Abs. 3 Satz 1 BayPVG. Eigenständig können z. B. auch kommunale Schulen, Eigenbetriebe und Regiebetriebe sein.

Die Beteiligung des Gesamtpersonalrats ist in Art. 80 Abs. 3 BayPVG geregelt. Der Gesamtpersonalrat ist keine Stufenvertretung, sondern ein Personalrat auf gleicher Ebene neben den anderen Personalräten in der jeweiligen Dienststelle (vgl. Art. 80 Abs. 3 BayPVG). Die Zuständigkeitsabgrenzung für den staatlichen und nichtstaatlichen Bereich erfolgt in derselben Weise wie zwischen örtlichen Personalräten und Stufenvertretungen, das heißt, dass immer die Personalvertretung beteiligt wird, auf deren Ebene die Dienststelle entscheidet (Art. 80 Abs. 2 Satz 1 BayPVG).

Neben der bezeichneten Zuständigkeitsregelung besteht die Möglichkeit, dass die örtlichen Personalräte Angelegenheiten, die in ihren Zuständigkeitsbereich fallen, allgemein oder für den Einzelfall dem Gesamtpersonalrat übertragen, der den betreffenden örtlichen Personalräten dann vor jedem Beschluss Gelegenheit gibt, sich zu äußern (Art. 80 Abs. 3 Satz 2 und 3 BayPVG). Diese Zuständigkeitsregelung und die Übertragungsmöglichkeit haben z. B. im kommunalen Bereich wegen der dem obersten Organ bzw. dem Bürgermeister nach der BayGO zustehenden Entscheidungsbefugnis in personellen Angelegenheiten in der Praxis oft zur Folge, dass die bei den verselbstständigten Teilen bestehenden örtlichen Personalräte kein eigentliches Beteiligungsrecht, sondern nur ein Anhörungsrecht in diesen Fällen haben. Die Mitbestimmung erfolgt hier durch den Gesamtpersonalrat.

Eine Sonderstellung nimmt insoweit allerdings der Personalrat der Stammdienststelle – „Rathauspersonalrat" – ein. Er ist in den Personalangelegenheiten der bei ihm Beschäftigten anstelle des Gesamtpersonalrats zu beteiligen, gleichgültig, ob die Entscheidung durch den Bürgermeister, den Stadtrat oder den Personalausschuss erfolgt.

Beispiele:

Bei der Stadt Regensburg ist für das Gartenamt sowie für die Ämter 60–66 (Hochbauamt, Stadtplanungsamt, Städtebauförderungsamt, Bauordnungsamt, Tiefbauamt und Amt für Stadtentwicklung) ein eigener örtlicher Personalrat gebildet. Auch beim Amt für Brand- und Zivilschutz ist ein örtlicher Personalrat eingesetzt, die weiteren Ämter fallen unter die Zuständigkeit des Personalrats der inneren Verwaltung. Zusätzlich ist bei der Dienststellenleitung ein Gesamtpersonalrat gebildet.

Das Wasserwirtschaftsamt Weiden besteht aus einer Stammdienststelle sowie den Nebenstellen Amberg, Kümmersbruck und Nabburg. In den Nebenstellen sind örtliche Personalräte gebildet, ebenso bei der Stammdienststelle. Neben diesen örtlichen Personalräten besteht ein Gesamtpersonalrat. Da es sich beim Wasserwirtschaftsamt aber um eine staatliche Stelle handelt, ist zugleich eine Stufenvertretung, der Bezirkspersonalrat bei der Regierung der Oberpfalz, vorhanden. Für die Regierung ist ebenfalls eine Stufenvertretung gebildet, nämlich beim Ministerium der Hauptpersonalrat.

Einigungsstelle

Art. 71 BayPVG regelt die Einigungsstelle als personalvertretungsrechtliche Einrichtung besonderer Art. Sie ist kein Organ der Personalvertretung. Die Einigungsstelle wird nur von Fall zu Fall gemäß Art. 71 Abs. 1 BayPVG gebildet und zwar immer dann, wenn entweder die Dienststelle oder der Personalrat dies beantragt.

Die Bedeutung der Einigungsstelle ist durch die Änderung des BayPVG zum 01.05.2007 massiv eingeschränkt worden. Bis dahin galt, dass der Beschluss der Einigungsstelle für alle Personalangelegenheiten nach Art. 75 Abs. 1 BayPVG und bei allen organisatorischen und sozialen Angelegenheiten nach Art. 75 Abs. 3 und 4 BayPVG bindend war. Empfehlenden Charakter hatten die Beschlüsse der Einigungsstelle nur bei Beamtinnen und Beamten nach Art. 70 Abs. 6 BayPVG und bei Organisationsmaßnahmen nach Art. 75a Abs. 1 BayPVG.

Art. 70 Abs. 5 und 6 BayPVG enthalten zwei Grundsätze:

1. Beschlüsse der Einigungsstelle sind unabhängig von der arbeits- oder dienstrechtlichen Stellung der betroffenen Beschäftigten nur noch **verbindlich** bei der Mitbestimmung in sozialen und organisatorischen Angelegenheiten nach Art. 75 Abs. 3 und 4 Satz 1 Nr. 1 bis 6, 8, 9, 12 BayPVG und **empfehlend** in allen anderen Angelegenheiten, das heißt bei Art. 75 Abs. 1 und 4 Satz 1 Nr. 7, 10, 11, 13 und Art. 75a Abs. 1 BayPVG.

2. Auch **verbindliche** Beschlüsse können durch die oberste Dienstbehörde innerhalb von vier Wochen nach Zugang mit schriftlicher Begründung aufgehoben werden, wenn der Beschluss „wegen seiner Auswirkungen auf das Gemeinwesen wesentlicher Bestandteil der Regierungsgewalt ist". Die oberste Dienstbehörde entscheidet dann endgültig, Art. 70 Abs. 5 Satz 3 BayPVG.

Die oberste Dienstbehörde kann nach Art. 70 Abs. 6 Satz 2 BayPVG ohne weitere Begründung von bloß empfehlenden Beschlüssen abweichen.

Die Gesetzesänderung folgt den Vorgaben des Bundesverfassungsgerichts. Nach dessen Urteil vom 24.05.1995 (Az. 2 BVF 1/92, BVerfGE 93, 37–85) leiten sich die Grenzen der Mitbestimmung aus dem Demokratieprinzip ab. Danach müssen Entscheidungen, die im Einzelfall wegen ihrer Auswirkungen auf das Gemeinwohl wesentlicher Bestandteil der Regierungsgewalt sind, einem parlamentarisch verantwortlichen Amtsträger vorbehalten bleiben. Diese Vorgabe ist in Gestalt eines sogenannten Evokationsrechts nach Art. 70 Abs. 5 Satz 3 BayPVG erfüllt.

Oberste Dienstbehörde ist die oberste Behörde des Dienstherrn in dem Dienstbereich, in dem der Beamte ein Amt bekleidet (Art. 4 Abs. 1 Satz 1 BayBG) bzw. der Beschäftigte tätig ist. Gemeint ist aber nicht etwa eine Aufsichtsbehörde, sondern immer die Dienststelle, auf deren Ebene eine Stufenvertretung oder ein Gesamtpersonalrat gebildet ist. Bei einstufigem Verwaltungsaufbau liegt die Entscheidung somit immer bei der ursprünglichen Dienststellenleitung.

Praxis-Tipp:

Das Einigungsstellenverfahren ist kein Gerichtsverfahren. Es kann formlos mündlich eingeleitet und durchgeführt werden (was das Verfahren erheblich beschleunigen kann). In Einzelfällen kann es ratsam sein, das Einigungsstellenverfahren schriftlich einzuleiten, wobei diese Schriftsätze bereits bestimmte Anträge enthalten sollten, insbesondere dann, wenn das Verhältnis zwischen Personalvertretung und Dienststelle erheblich konfliktbelastet ist.

Ist eine bestimmte Person als Einigungsstellenvorsitzender gewünscht, sollte zuvor zur Vermeidung von Verzögerungen durch telefonische Kontaktaufnahme geklärt werden, ob diese Person auch tatsächlich für ein Einigungsstellenverfahren zur Verfügung steht. Sodann kann der gewünschte Vorsitzende der jeweils anderen Partei vorgeschlagen werden. Dies sollte mit einer kurzen Fristsetzung zur Äußerung des Einverständnisses verbunden sein, um bei einer Nichteinigung nach Fristablauf gemäß Art. 71 Abs. 1 Satz 8 BayPVG den Einigungsstellenvorsitzenden durch den Präsidenten des BayVGH vorschlagen lassen zu können.

Besondere Organe der Personalvertretung

Weitere besondere Organe der Personalvertretung sind die örtliche Jugend- und Auszubildendenvertretung, Art. 57 ff. BayPVG sowie gemäß § 176 ff. SGB IX die örtliche Schwerbehindertenvertretung.

Jugend- und Auszubildendenvertretung

Wie beim Personalrat wird bei mehrstufigen staatlichen Verwaltungen für den Geschäftsbereich einer Mittelbehörde bei den Jugend- und Auszubildendenvertretungen die Stufenjugend- und Auszubildendenvertretung gebildet (Bezirksjugend- und Auszubildendenvertretung) sowie für den Geschäftsbereich einer obersten Dienstbehörde die Hauptjugend- und Auszubildendenvertretung, Art. 64 Abs. 1 BayPVG.

Gemäß Art. 64 Abs. 2 BayPVG ist für den einstufigen Verwaltungsaufbau die Bildung einer Gesamt-Jugend- und Auszubildendenvertretung vorgesehen. Die allgemeinen Aufgaben der örtlichen Jugend- und Auszubildendenvertretungen sind in Art. 57 Abs. 2 BayPVG geregelt. Die Jugend- und Auszubildendenvertretung ist unselbstständig und nimmt Aufgaben größtenteils nur im Zusammenwirken mit dem Personalrat wahr, z. B. Art. 57 Abs. 3, Art. 40, Art. 67 Abs. 1 Satz 4 Nr. 2 und Art. 69 Abs. 1 Buchst. g BayPVG. Die Rechtsstellung der Mitglieder der örtlichen Jugend- und Auszubildendenvertretung richtet sich weitgehend nach denen der Mitglieder des Personalrats (Art. 62 BayPVG).

Schwerbehindertenvertretung

Bei der Schwerbehindertenvertretung ist gemäß § 180 Abs. 3 SGB IX ebenso wie beim Personalrat und der Jugend- und Auszubildendenvertretung bei mehrstufigem Verwaltungsaufbau eine Stufenschwerbehindertenvertretung zu bilden, für den Geschäftsbereich einer Mittelbehörde die Bezirksschwerbehindertenvertretung und für den Geschäftsbereich einer obersten Dienstbehörde die Hauptschwerbehindertenvertretung. Die Gesamtschwerbehindertenvertretung wird nach den für den Gesamtpersonalrat geltenden Grundsätzen gebildet, § 180 Abs. 1 SGB IX.

Die allgemeinen Aufgaben der örtlichen Schwerbehindertenvertretungen regelt § 178 Abs. 1 SGB IX. Sie sind wie die örtliche Jugend- und Auszubildendenvertretung unselbstständig, die weiteren Aufgaben bestimmen sich nach § 178 Abs. 4 und 5 SGB IX, Art. 67 Abs. 1 Satz 4 Nr. 1 und Art. 69 Abs. 1 Buchst. d und e BayPVG. Die Schwerbehindertenvertretung ist unmittelbar über § 178 Abs. 2 SGB IX zu beteiligen.

Die Rechtsstellung der Mitglieder der Schwerbehindertenvertretung bestimmt sich nach § 179 SGB IX und ist weitgehend jener der Mitglieder des Personalrats nachgebildet.

Auch die Schwerbehinderten- sowie die Jugend- und Auszubildendenvertretung haben die Pflicht zur Abhaltung einer Versammlung ihrer Mitglieder nach § 179 Abs. 6 SGB IX bzw. Art. 63 BayPVG.

Beteiligungsrechte des Personalrats: Form und Verfahren der Beteiligung

Allgemeines

Beteiligungsrechte im Überblick

Form und Verfahren der Beteiligung des Personalrats sind abgestuft ausgestaltet nach den Beteiligungsrechten, die dem Personalrat zustehen.

Grob lassen sich die Rechte des Personalrats, nach denen sich dann Form und Verfahren der Beteiligung richten, in vier Gruppen einteilen – absteigend von den stärksten zu den schwächsten Beteiligungsrechten:

- Initiativrechte
- Mitbestimmungsrechte
- Mitwirkungsrechte
- Anhörungsrechte und Erörterungsrechte

Von den echten Initiativrechten zu unterscheiden ist das allgemeine Recht des Personalrats, der Dienststelle und den Beschäftigten dienende „Maßnahmen“ zu beantragen, Art. 69 Abs. 1 Buchst. a und h BayPVG. Der Personalrat kann solche Maßnahmen nicht mittels eines besonderen verfahrensrechtlichen Instrumentariums durchsetzen. Der Dienststellenleiter soll aber zu allgemeinen Anträgen innerhalb von vier Wochen Stellung nehmen und – soweit er einem Antrag des Personalrats nicht entspricht – seine **Ablehnung** schriftlich begründen, Art. 69 Abs. 3 BayPVG. Unterlässt er dies, verstößt er gegen den Grundsatz der vertrauensvollen Zusammenarbeit gemäß Art. 2 BayPVG. Es wird empfohlen, dem Personalrat eine kurze Zwischenmitteilung zu geben, wenn die Dienststellenleitung innerhalb der Vier-Wochen-Frist noch keine Entscheidung treffen konnte. Diese Mitteilung kann auch mündlich erfolgen, z. B. in einem Monatsgespräch.

Die Beteiligungsrechte des Personalrats sind umso stärker ausgestaltet, als der Dienststellenleiter Maßnahmen im kollektivrechtlichen Bereich ergreift, und umso schwächer, als individualrechtliche Angelegenheiten betroffen sind. Dieser Grundsatz folgt der Rechtsstellung des Personalrats, der nicht der Durchsetzung von Partikular- oder Einzelinteressen zu dienen hat, sondern „Parlament“ der Beschäftigten der Dienststelle ist. Der Personalrat wacht vor dem Hintergrund seiner ihm nach dem BayPVG allgemein und besonders zugewiesenen Aufgaben darüber, dass die zum Schutze der Beschäftigten geltenden Vorschriften eingehalten werden. Dies folgt bereits aus dem allgemeinen Aufgabenkatalog des Art. 69 Abs. 1 BayPVG. Die „Macht“ des Personalrats ist umso größer, die Gleichberechtigung gegenüber dem Dienststellenleiter umso stärker ausgeprägt, als der Schutz aller Beschäftigter dies erfordert. Der Personalrat ist hingegen nicht Rechtsberater oder gar Rechtsvertreter von Beschäftigten.

Materielle Beteiligung

Die Mitbestimmungs- und Mitwirkungsrechte sind in wenigen Vorschriften des BayPVG abschließend geregelt. Die Mitbestimmungsrechte finden sich in Art. 75 Abs. 1, 3 und 4 sowie in Art. 75a Abs. 1 BayPVG, die Mitwirkungsrechte in Art. 76 sowie Art. 77 Abs. 1 BayPVG. Schließlich regelt eine weitere Zentralnorm, Art. 70a BayPVG, die Initiativrechte des Personalrats.

Formelle Beteiligung

Das formelle Beteiligungsverfahren ist in nur zwei Verfahrensvorschriften geregelt, nämlich Art. 70 BayPVG und Art. 72 BayPVG.

Am Anfang eines jeden formellen Verfahrens steht das umfassende Informationsrecht gemäß Art. 69 Abs. 2 BayPVG (→ Informationsrechte).

Soweit das BayPVG ein Anhörungsrecht (z. B. Art. 77 Abs. 3 BayPVG) vorsieht, ist die Dienststelle nach erfolgter Information verpflichtet, innerhalb einer bestimmten Frist die Äußerung des Personalrats abzuwarten und diese bei ihrer abschließenden Entscheidung in die Überlegungen einzubeziehen.

Bei einem Beratungsrecht (Erörterungsrecht) muss die Dienststelle darüber hinaus die Angelegenheit mit dem Personalrat gemeinsam erörtern. In diesem Fall kann der Personalrat zwar auf die Entscheidung der Dienststelle Einfluss nehmen, das Letztentscheidungsrecht liegt aber nach wie vor bei der Dienststelle.

Dagegen kann die Dienststelle im Fall eines Mitbestimmungsrechts Entscheidungen nur mit Zustimmung des Personalrats treffen. Hier ist zu unterscheiden zwischen unechten Mitbestimmungsrechten, bei denen der Personalrat seine Zustimmung nur bei Vorliegen bestimmter im Gesetz genannter Gründe verweigern kann, und echten Mitbestimmungsrechten, bei denen der Personalrat seine Zustimmung aus freiem Ermessen verweigern kann. Die gleiche Unterscheidung ist bei Mitwirkungsrechten zu treffen: Echten Mitwirkungsrechten, bei denen der Personalrat aus freien Stücken Einwendungen erheben kann, stehen unechte Mitwirkungsrechte gegenüber, bei denen der Personalrat Einwände nur auf bestimmte Gründe stützen kann (Art. 77 Abs. 1 Satz 2, Art. 76 Abs. 1 Nr. 6 i. V. m. Art. 75 Abs. 2 BayPVG).

Praxisfehler

Wesentliche Fehler in der Praxis
■ Dienststelle und/oder Personalrat verkennen, dass überhaupt ein Beteiligungsrecht besteht. ■ Für den Fall, dass ein Beteiligungsrecht besteht, wird unzureichend informiert. ■ Es wird übersehen, dass neben einem Beteiligungsrecht noch weitere Beteiligungsrechte vorliegen können; dann sind auch mehrere Verfahren einzuleiten. ■ Es wird das „falsche" Beteiligungsverfahren gewählt, das heißt in Mitbestimmungsfragen fälschlicherweise das Mitwirkungsverfahren, in Mitwirkungsfragen fälschlicherweise das Mitbestimmungsverfahren. ■ Der Personalrat übersieht, dass er ein Mitbestimmungsrecht hat, das möglicherweise sogar zu einem Initiativrecht führt, ihn somit dazu berechtigt, bestimmte Maßnahmen gegenüber der Dienststelle „durchzusetzen". ■ Der Personalrat lehnt mit untauglichen bzw. unbeachtlichen Begründungen eine Maßnahme ab, weil er meint, er müsse Umstände außerhalb der ihm nach dem BayPVG zugewiesenen Begründungsmöglichkeiten berücksichtigen. ■ Das Verfahren wird nur teilweise oder unvollständig durchgeführt. ■ Der Dienststellenleiter übersieht Informationspflichten außerhalb des BayPVG (→ Informationsrechte).

Wichtig: Diese Fehler lassen sich vermeiden, wenn die nachfolgende Systematik der Beteiligungsrechte und -verfahren beachtet wird.

Mitbestimmungsrechte und Mitbestimmungsverfahren

Mitbestimmungsrechte

Die Mitbestimmungsrechte sind in Art. 75 und Art. 75a Abs. 1 BayPVG abschließend dargestellt.

Art. 75 Abs. 1 BayPVG regelt die Mitbestimmung bei individuellen Maßnahmen, Art. 75 Abs. 4 und Art. 75a Abs. 1 BayPVG die Mitbestimmung bei kollektiven Maßnahmen. Art. 75 Abs. 3 BayPVG normiert Mitbestimmungsrechte bei sozialen Maßnahmen.

1

Die Mitbestimmung in individuellen Angelegenheiten nach Art. 75 Abs. 1 BayPVG erfolgt im Gegensatz zu Art. 75 Abs. 4 BayPVG nicht auf „gleicher Augenhöhe" mit dem Dienststellenleiter. Der Personalrat kann nämlich über Art. 75 Abs. 2 BayPVG nur aus bestimmten Gründen, die abschließend in Art. 75 Abs. 2 BayPVG aufgezählt sind, die Zustimmung zu beabsichtigten Maßnahmen verweigern. Er kann sich nur berufen

- auf die Verletzung von Rechtsvorschriften oder den Verstoß gegen eine gerichtliche Entscheidung, Art. 75 Abs. 2 Nr. 1 BayPVG,
- auf die durch Tatsachen begründete Besorgnis, dass durch die Maßnahme der Beschäftigte selbst oder andere Beschäftigte ohne sachlichen Grund benachteiligt werden (Art. 75 Abs. 2 Nr. 2 BayPVG) sowie
- auf die durch Tatsachen begründete Besorgnis, dass der Frieden in der Dienststelle durch den Beschäftigten bzw. den Bewerber nachhaltig gestört wird (Art. 75 Abs. 2 Nr. 3 BayPVG).

Mit den in Art. 75 Abs. 2 Nr. 1 BayPVG aufgezählten Rechtsvorschriften sind alle Rechtsnormen im materiellen Sinn gemeint, jedoch keine Verfahrensvorschriften nach dem BayPVG. Rügt der Personalrat z. B. die Verletzung der Informationspflicht nach Art. 69 Abs. 1 BayPVG, ist dies unbeachtlich.

In der Praxis scheitert eine beachtliche Zustimmungsverweigerung meist daran, dass der Personalrat eben gerade keine konkreten Verstöße gegen Rechtsvorschriften im Sinne der Nr. 1 oder keine konkreten Tatsachen im Sinne der Nr. 2 und 3 vortragen kann. Bloße Mutmaßungen, Behauptungen oder Meinungen („es ist ungerecht, dass …") ermöglichen keine Zustimmungsverweigerung.

§

OVG Münster vom 17.10.2017, Az. 20 A 1739/16.PVB – übertragbar auf Art. 70 Abs. 2 BayPVG i. V. m. Art. 75 Abs. 2 BayPVG

Wegen drohender Benachteiligung anderer Beschäftigter kann der Personalrat seine Zustimmung zur Einstellung von Beschäftigten nur dann verweigern, wenn er den Verlust eines Rechts, einer Anwartschaft innerhalb eines Dienst- oder Arbeitsverhältnisses oder anderer rechtlich erheblicher Positionen der vorhandenen Beschäftigten geltend macht.

Beruft sich der Personalrat zur Begründung seiner Zustimmungsverweigerung ausdrücklich auf einen der in § 77 Abs. 2 BPersVG genannten Verweigerungsgründe, gibt er damit zu erkennen, dass er seine Zustimmung zu der beabsichtigten Maßnahme nur unter dem damit bezeichneten rechtlichen Blickwinkel verweigert, aus anderen Verweigerungsgründen aber keine Bedenken gegen die Maßnahme herleiten will.

Eine echte Tatsachenbehauptung liegt nur vor, wenn sie auch dem Beweis zugänglich ist; diese Tatsachenbehauptung muss Benachteiligungen befürchten lassen („Besorgnis"). Störungen des Betriebsfriedens oder unsoziales Verhalten sind nicht allein dadurch zu begründen, dass etwa eine Vorstrafe vorliegt. Vielmehr müssen konkrete Anhaltspunkte genannt werden, aus denen sich eine Gefährdung ergibt, z. B. bei nachweisbarem Denunziantentum oder weiteren Verleumdungen (z. B. der Kämmerer könne mit Geld nicht umgehen o. Ä.).

Beispiele:

Der Betroffene selbst wird benachteiligt: „Herr XY erfährt durch die Übertragung der neuen Stelle eine rechtliche Minderung seines Status, weil diese nicht mehr mit der Entgeltgruppe 15 TVöD, sondern mit der Entgeltgruppe 14 TVöD bewertet ist."

Andere Betroffene werden benachteiligt: „Durch die Zuweisung der zusätzlichen Wach- und Schließtätigkeit des Hausmeisters XY am Wochenende an der Turnhalle der Schule A (die drei Kilometer von seiner Einsatzschule B entfernt liegt) besteht die Besorgnis, dass die Hausmeister E und B, die XY bisher im Urlaubs- und Krankheitsfall vertreten haben und keine Wochenendarbeit leisten mussten, künftig ebenfalls am Wochenende arbeiten müssen, weil die Vertretungspläne nicht geändert wurden."

Der Personalrat verweigert seine Zustimmung zur befristeten Einstellung eines geringfügig Beschäftigten (450-Euro-Job) mit der Begründung, dass für die anderen Beschäftigten Nachteile entstehen, weil billigere Arbeitskräfte Funktionen wegnehmen und damit unbefristete Arbeitsplätze langfristig in befristete Arbeitsplätze bzw. Vollzeitarbeits- in Teilzeitarbeitsplätze umgewandelt werden (Benachteiligungsrüge nach Art. 75 Abs. 2 Nr. 2 BayPVG). Diese Zustimmungsverweigerung ist unbeachtlich, weil keine konkreten Tatsachen vorgetragen werden, die die Besorgnis einer Benachteiligung rechtfertigen könnten. Zudem wären die befürchteten Auswirkungen für die übrigen Beschäftigten nicht Folge der Einstellung, sondern der vertraglichen Ausgestaltung des Arbeitsverhältnisses.

Der Personalrat beruft sich im zuvor genannten Fall darauf, dass kein Befristungsgrund nach § 14 Abs. 1 TzBfG vorliegt (Rüge des Gesetzesverstoßes, Art. 75 Abs. 2 Nr. 1 BayPVG). Auch diese Zustimmungsverweigerung ist unbeachtlich, weil eine unwirksame Befristung nur den Arbeitsvertrag selbst betrifft, nicht aber die Personalmaßnahme „Einstellung".

1

Der Personalrat beruft sich im gleichen Fall zusätzlich darauf, dass ihm entgegen Art. 69 Abs. 2 Satz 3 BayPVG nicht die Bewerbungsunterlagen aller Bewerber vorgelegt wurden, und rügt einen Verstoß nach Art. 75 Abs. 2 Nr. 1 BayPVG. Die Zustimmungsverweigerung ist unbeachtlich, weil Verfahrensvorschriften des BayPVG keine Vorschriften im Sinne des Art. 75 Abs. 2 Satz 1 BayPVG sind.

Während die Mitbestimmung bei Individualmaßnahmen (Art. 75 Abs. 1 BayPVG) nicht davon abhängt, ob bereits eine gesetzliche oder tarifliche Regelung zur konkret beabsichtigten Maßnahme besteht, ist eine Mitbestimmung des Personalrats in kollektiven Angelegenheiten (Art. 75 Abs. 4, Art. 75a Abs. 1 BayPVG) nur eröffnet, soweit keine gesetzliche oder tarifliche Regelung existiert. Dieser Gesetzes- und Tarifvorrang wird oft übersehen.

Beispiel:

In den Tarifverträgen des öffentlichen Dienstes sind die Vergütungen durch Entgeltgruppen und Entgeltstufen abschließend geregelt. Das Mitbestimmungsrecht des Personalrats nach Art. 75 Abs. 4 Nr. 4 BayPVG (Fragen der Lohngestaltung innerhalb der Dienststelle, insbesondere die Aufstellung von Entlohnungsgrundsätzen, die Einführung und Anwendung von Entlohnungsmethoden und deren Änderung sowie die Festsetzung der Akkord- und Prämiensätze und vergleichbarer leistungsbezogener Entgelte, einschließlich der Geldfaktoren) läuft deshalb weitgehend leer. Eine Ausnahme findet sich in den §§ 17, 18 TVöD, die eine Öffnungsklausel für die Mitbestimmung bei der leistungsorientierten Bezahlung vorsehen.

Soweit nach Art. 73 Abs. 1 BayPVG bei Fehlen einer gesetzlichen Regelung der Abschluss einer Dienstvereinbarung zulässig ist, ist zusätzlich zu beachten, dass alle materiellen Arbeitsbedingungen, die auch nur üblicherweise tariflich geregelt werden, nicht Gegenstand einer Dienstvereinbarung sein können (Art. 73 Abs. 1 Satz 2 BayPVG). Dies hat zur Folge, dass selbst dort, wo kein Tarifvertrag auf die Beschäftigungsverhältnisse Anwendung findet, die Ausübung von Mitbestimmungsrechten durch Dienstvereinbarungen gesperrt wäre, wenn in der Vergangenheit für den betroffenen Bereich bzw. die betroffene Branche Tarifverträge abgeschlossen wurden.

Soweit eine Dienstvereinbarung über eine Frage abgeschlossen werden soll, die nach Art. 75 Abs. 4, Art. 75a Abs. 1 BayPVG der echten Mitbestimmung unterliegt, stellt sich die Frage, ob auch hier Art. 73 Abs. 1 BayPVG vollständig gilt. Denn die Mitbestimmungsrechte der Art. 75 Abs. 4, Art. 75a Abs. 1 BayPVG sind nach deren Einleitungssätzen nur dann ausgeschlossen, wenn die entsprechende Frage tatsächlich tariflich geregelt ist. Stellenweise wird vertreten, dass sowohl die Einleitungssätze der Art. 75 Abs. 4, Art. 75a Abs. 1 BayPVG, als auch Art. 73 Abs. 1 BayPVG eine Schranke für den Abschluss einer Dienstvereinbarung darstellen (sog. Zwei-Schranken-Theorie). Die herrschende Meinung vertritt dagegen die sogenannte Vorrangtheorie, nach der im Bereich der Regelungsgegenstände der echten Mitbestimmung die Einleitungssätze der Art. 75 Abs. 4 und Art. 75a Abs. 1 BayPVG gegenüber Art. 73 Abs. 1 BayPVG Vorrang haben und diesen verdrängen.

Für die zuletzt genannte Ansicht spricht, dass der Gesetzgeber den Betriebspartnern gerade im Bereich der Tatbestände Art. 75 Abs. 4, Art. 75a Abs. 1 BayPVG das Instrument der Dienstvereinbarung zur Verfügung stellen wollte, weshalb es konsequent erscheint, dieses Instrument nur unter den genannten Voraussetzungen auszuschließen.

Beispiel:

Eine rechtlich unselbstständige Betriebskrankenkasse (Betriebsteil), für deren Beschäftigte Tarifvorschriften der Metallbranche Anwendung fanden, wird in eine Körperschaft des öffentlichen Rechts „ausgegliedert". Die alten Tarifverträge enthalten eine Vorschrift, wonach am 24.12. eines jeden Jahres dienstfrei ist. Die alten Tarifverträge enden. Trotz der Möglichkeit des § 4 Abs. 5 TVG, wonach nach Beendigung eines Tarifvertrags neue, abweichende (auch verschlechternde) Vereinbarungen mit den Beschäftigten getroffen werden können, könnte bei Anwendung der Zwei-Schranken-Theorie durch eine Dienstvereinbarung mit dem bei der Körperschaft des öffentlichen Rechts gebildeten Personalrat nicht vereinbart werden, dass am 24.12. eines jeden Jahres ab sofort Dienst zu leisten ist, weil auch bei Fehlen einer tariflichen Regelung im vorliegenden Fall üblicherweise Tarifverträge geschlossen werden (Doppelschranke des Art. 75 Abs. 4 Satz 1 BayPVG – Tarifvorrang, und des Art. 73 Abs. 1 Satz 2 BayPVG – Tarifüblichkeit).

Kein Tarifvorrang besteht bei der Mitbestimmung in sozialen Angelegenheiten nach Art. 75 Abs. 3 BayPVG. Dort ist der Personalrat auch nicht auf bestimmte Zustimmungsverweigerungsgründe nach Art. 75 Abs. 2 BayPVG beschränkt. Um zügig festzustellen, für welche Beschäftigtengruppe welche Ziffer gilt, sind im nachfolgenden Abdruck des **Art. 75 BayPVG** die jeweiligen Ziffern um die Kürzel „AN" (Arbeitnehmer) und „B" (Beamte) ergänzt.

Art. 75 Abs. 1 Satz 1 BayPVG

(1) [1]Der Personalrat hat mitzubestimmen in Personalangelegenheiten bei,

AN **B**	1.	Einstellung – mit Ausnahme der Fälle, in denen das Beamtenverhältnis nach Ablegung der Qualifikationsprüfung auf Grund von Rechtsvorschriften endet (§ 22 Abs. 4 des Beamtenstatusgesetzes – BeamtStG –, Art. 29 Abs. 1 LlbG) und der Vorbereitungsdienst eine allgemeine Ausbildungsstätte im Sinn des Art. 12 Abs. 1 Satz 1 des Grundgesetzes ist –, Ablehnung der Ernennung zum Beamten auf Lebenszeit;
B	2.	Beförderung im Sinn des Art. 2 Abs. 2 LlbG, Übertragung eines Amtes im Wege der Ausbildungsqualifizierung (Art. 37 LlbG);
B	3.	Übertragung der Dienstaufgaben eines anderen Amtes mit höherem oder niedrigerem Endgrundgehalt oder höherer oder niedrigerer Amtszulage für eine Dauer von mehr als sechs Monaten, Zulassung zur Ausbildungsqualifizierung (Art. 37 LlbG), Teilnahme an der modularen Qualifizierung (Art. 20 LlbG);
AN	3.a	Eingruppierung;
AN	4.	Höhergruppierung, Übertragung einer höher zu bewertenden Tätigkeit für eine Dauer von mehr als sechs Monaten;
AN	5.	Rückgruppierung, Übertragung einer niedriger zu bewertenden Tätigkeit für eine Dauer von mehr als sechs Monaten;
AN **B**	6.	Versetzung, Umsetzung innerhalb der Dienststelle, wenn sie mit einem Wechsel des Dienstorts verbunden ist (das Einzugsgebiet im Sinn des Umzugskostenrechts gehört zum Dienstort);
AN **B**	7.	Abordnung für eine Dauer von mehr als drei Monaten, es sei denn, daß der Beschäftigte mit der Abordnung einverstanden ist;

B	8.	Hinausschiebung des Eintritts in den Ruhestand wegen Erreichens der Altersgrenze;
AN	9.	Weiterbeschäftigung von Arbeitnehmern über die Altersgrenze hinaus;
AN **B**	10.	Anordnungen, welche die Freiheit in der Wahl der Wohnung beschränken;
AN **B**	11.	Versagung oder Widerruf der Genehmigung einer Nebentätigkeit, soweit es sich nicht um Beschäftigte handelt, bei deren Einstellung das Mitbestimmungsrecht des Personalrats nach Nummer 1 ausgeschlossen ist;
AN **B**	12.	Ablehnung eines Antrags auf Teilzeitbeschäftigung, Ermäßigung der Arbeitszeit oder Urlaub oder Widerruf einer genehmigten Teilzeitbeschäftigung;
AN **B**	13.	Geltendmachung von Ersatzansprüchen gegen einen Beschäftigten; [2]bei der Geltendmachung von Ersatzansprüchen gegen einen Beschäftigten (Satz 1 Nr. 13) wird der Personalrat nur auf Antrag des Beschäftigten beteiligt; dieser ist von der beabsichtigten Maßnahme rechtzeitig vorher in Kenntnis zu setzen.
B **AN**	14.	Zuweisung nach § 20 des Beamtenstatusgesetzes (BeamtStG) oder einer entsprechenden tariflichen Regelung für eine Dauer von mehr als drei Monaten.

AN = Arbeitnehmer, B = Beamte

Mitbestimmungsverfahren

Sowohl die unechte Mitbestimmung bei Individualmaßnahmen (Art. 75 Abs. 1 BayPVG) als auch die echte Mitbestimmung bei Kollektivmaßnahmen (Art. 75a Abs. 1, Art. 75 Abs. 4 BayPVG) und die echte Mitbestimmung bei sozialen Maßnahmen (Art. 75 Abs. 3 BayPVG) folgen ausschließlich der Verfahrensvorschrift des Art. 70 BayPVG. In der Praxis lässt sich leicht ermitteln, ob man sich im richtigen Verfahren befindet, da Art. 70 Abs. 1 BayPVG in einer Klammer auf Art. 75 sowie Art. 75a Abs. 1 BayPVG verweist.

Mitbestimmungsrechte

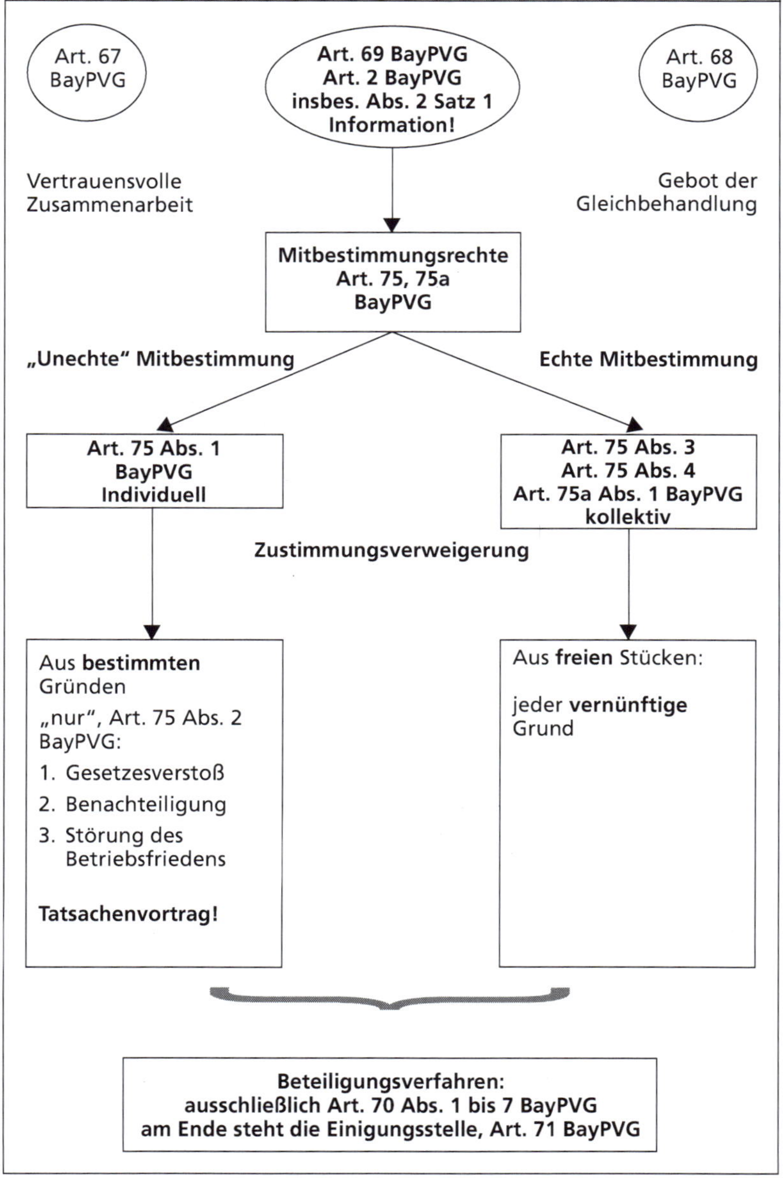

Das Verfahren nach Art. 70 BayPVG beginnt in der Regel mit der Unterrichtung des Personalrats durch den Leiter der Dienststelle über die beabsichtigte Maßnahme und der Beantragung der Zustimmung (Art. 70 Abs. 2 BayPVG); beides auf einem dauerhaften Datenträger. Auf Antrag des Personalrats ist aber die beabsichtigte Maßnahme vor der Durchführung – somit ggf. auch vor Antragstellung durch den Dienststellenleiter – mit dem Ziel einer Verständigung eingehend zu erörtern (vgl. Art. 70 Abs. 1 Satz 3 BayPVG). Diese Erörterungspflicht besteht auch nach der Unterrichtung durch den Dienststellenleiter.

Auf die vollständige, rechtzeitige und umfassende Unterrichtung des Personalrats ist im Interesse der Dienststellenleitung zu Beginn eines jeden Beteiligungsverfahrens größten Wert zu legen. Anhaltspunkte für Art und Umfang der Unterrichtung liefert die Zentralvorschrift des Art. 69 Abs. 2 BayPVG (→ Informationsrechte). Nach dessen Satz 1 hat die Unterrichtung rechtzeitig und umfassend von Amts wegen zu erfolgen.

Die Unterrichtung gilt nur dann als rechtzeitig, wenn der Personalrat so frühzeitig von der beabsichtigten Maßnahme in Kenntnis gesetzt wird, dass im Gremium eine Willensbildung erfolgen und ein Ergebnis herbeigeführt werden kann. In der Regel ist der frühestmögliche Zeitpunkt der Informationspflicht der Abschluss der Willensbildung in der Dienststelle.

Umfassend ist die Unterrichtung, wenn dem Personalrat alle wesentlichen Informationen über die tragenden Gründe des Dienststellenleiters für die beabsichtigte Maßnahme erteilt wurden. Gemäß Art. 69 Abs. 2 Satz 2 BayPVG sind dem Personalrat auch die hierfür erforderlichen Unterlagen zur Verfügung zu stellen, sprich die Unterlagen, die die tragenden Gründe für die beabsichtigte Maßnahme widerspiegeln (→ Unterlagen).

Beispiel:

Eine Gemeinde überträgt die Leitung eines Kinderhorts mithilfe eines Dienstvertrags auf eine gemeinnützige GmbH, die für die Leitung eigenes Personal, den Geschäftsführer der GmbH, einsetzt. Der Personalrat ist der Auffassung, bei dieser Maßnahme handle es sich um eine Einstellung gemäß Art. 75 Abs. 1 Nr. 1 BayPVG und fordert die Vorlage des Dienstvertrags. Unabhängig von der Frage, ob tatsächlich eine Einstellung vorliegt oder

> nicht, ist die Gemeinde nicht verpflichtet, den Dienstvertrag zur Verfügung zu stellen. Es reicht aus, dem Personalrat die wesentlichen Umstände des Vertrags (Beginn, Laufzeit, Vertragspartner, Übertragung des Direktionsrechts) darzulegen.

Unter „Zurverfügungstellen“ ist nicht immer die Überlassung der Unterlagen zu verstehen, sondern lediglich die Vorlage der Unterlagen. Art. 69 Abs. 2 Satz 3 BayPVG stellt klar, dass dem Personalrat bei Einstellung, Beförderung und Übertragung der Dienstaufgaben eines anderen Amts mit höherem Endgrundgehalt oder höherer Amtszulage für eine Dauer von mehr als sechs Monaten auf Verlangen auch Bewerbungsunterlagen – vollumfänglich von allen Bewerbern – vorzulegen sind.

Die Vorlagepflicht und der Informationsanspruch sind begrenzt bei:

- dienstlichen Beurteilungen (Art. 69 Abs. 2 Satz 4 BayPVG)
- Personalakten (Art. 69 Abs. 2 Satz 6 BayPVG), Verschlusssachen (Art. 88, 86 BayPVG), dem Verhältnismäßigkeitsgrundsatz (z. B. übermäßig hoher Verwaltungsaufwand)
- Berufung auf das allgemeine Persönlichkeitsrecht (z. B. bei Schwangeren und Schwerbehinderten deren Recht auf informationelle Selbstbestimmung)
- Offenkundigkeit
- Verzicht des Personalrats

§

BAG vom 09.04.2019, Az. 1 ABR 51/17 – übertragbar auf Art. 69 Abs. 2 BayPVG

Umfasst ein allgemeiner Auskunftsanspruch des Betriebsrats nach § 80 Abs. 2 Satz 1 BetrVG eine besondere Kategorie personenbezogener Daten (sensitive Daten im datenschutzrechtlichen Sinn), ist Anspruchsvoraussetzung, dass der Betriebsrat zur Wahrung der Interessen der von der Datenverarbeitung betroffenen Arbeitnehmer angemessene und spezifische Schutzmaßnahmen trifft.

Diese Begrenzungen können nach Art. 70 Abs. 2 Satz 2 BayPVG zum Wegfall oder zur Einschränkung der Begründungspflicht einer mitbestimmungspflichtigen Maßnahme führen.

Beispiel:

Eine Beschäftigte soll versetzt werden, weil sie sexuell belästigt wurde. Hier kann die Beschäftigte dem Dienststellenleiter signalisieren, dass sie nicht möchte, dass dem Personalrat Details über die Tat der sexuellen Belästigung oder die näheren Umstände übermittelt werden. Der Unterrichtungsanspruch ist durch das Recht der Beschäftigten auf informationelle Selbstbestimmung, Art. 1 Abs. 1 und Art. 2 Abs. 1 GG, insofern rechtlich begrenzt.

Von einer Berufung auf eine „Offenkundigkeit" von Gründen ist dringend abzuraten, denn Art. 70 Abs. 2 BayPVG setzt als Grundinformationsvorschrift unter gleichzeitiger Einbeziehung des Art. 69 Abs. 2 BayPVG die vollständige Information des Personalrats voraus, um die Fristen nach Art. 70 BayPVG überhaupt in Gang zu setzen. In der Praxis wird häufig der Fehler begangen, nach dem ersten dürftigen Anschreiben an den Personalrat zwei Wochen abzuwarten und – wenn der Personalrat sich nicht geäußert hat – die Maßnahme durchzuführen, weil fälschlicherweise vom Eintritt der Zustimmungsfiktion nach Art. 70 Abs. 2 Satz 5 BayPVG ausgegangen wird. Dabei wird übersehen, dass die Information nicht in ausreichender Weise erteilt wurde und der Personalrat damit seine Mitbestimmung nicht auf „gleicher Augenhöhe" ausüben kann.

Praxis-Tipp:

Es ist dringend davon abzuraten, geläufige Musteranhörungs- oder -beteiligungsschreiben zu verwenden. Zum einen werden diese den teilweise umfangreichen Sachverhalten nicht gerecht, zum anderen besteht die Gefahr, die Mitteilung bestimmter Informationen zu vergessen. Anhörungs- und Informationsschreiben sollten immer individuell und so ausführlich wie möglich gefertigt werden.

Im nichtstaatlichen Bereich entscheidet meist der Stadtrat, der Gemeinderat oder ein anderes Organ über die mitbestimmungspflichtigen Maßnahmen, bevor der Personalrat eingeschaltet wird. Das Gesetz fordert aber nach Art. 70 Abs. 1 Satz 4 BayPVG bei Gemeinden und Gemeindeverbänden, sonstigen Körperschaften, Anstalten und Stiftungen des öffentlichen Rechts die Beteiligung des Personalrats, bevor das zuständige Organ endgültig entscheidet; der Beschluss des Personalrats ist dem zuständigen Organ zur Kenntnis zu bringen. Allerdings führt ein Verstoß gegen diese Vorschrift nicht zur Unwirksamkeit des Beteiligungsverfahrens.

Der Beschluss des Personalrats über die beantragte Zustimmung ist gemäß Art. 70 Abs. 2 Satz 3 BayPVG dem Leiter der Dienststelle innerhalb von zwei Wochen mitzuteilen (bei einem nicht als Mittelbehörde gebildeten Polizeipräsidium innerhalb von drei Wochen). In dringenden Fällen kann der Dienststellenleiter gemäß Art. 70 Abs. 2 Satz 4 BayPVG diese Frist auf eine Woche abkürzen. Eine Abkürzung kommt nur in Betracht, wenn die Dienststelle nicht von der vorläufigen Durchführung der Maßnahme als Eilmaßnahme nach Art. 70 Abs. 7 BayPVG Gebrauch macht und wichtige dienstliche Belange gefährdet werden. Ein dringender Fall kann z. B. vorliegen, wenn ein befristetes Arbeitsverhältnis aus nicht vorhersehbaren Gründen verlängert werden muss, um eine Projektarbeit zu beenden. Ein unaufschiebbarer Fall im Sinne des Art. 70 Abs. 7 BayPVG kann z. B. vorliegen, wenn aufgrund einer akuten Notlage (z. B. Hochwasser, Schneekatastrophe) kurzfristig Personal eingestellt oder die Verteilung der Arbeitszeit neu geregelt werden muss. Ein weiterer Fall des Art. 70 Abs. 7 BayPVG liegt vor, wenn die Dienststelle gezwungen ist, gegenüber einem Beschäftigten bestimmte gesetzliche Fristen einzuhalten, z. B. hinsichtlich der Ablehnung eines Antrags auf Verringerung der Arbeitszeit gemäß § 8 Abs. 5 Satz 1 TzBfG. Macht die Dienststelle von Art. 70 Abs. 7 BayPVG Gebrauch, muss gleichzeitig zwingend das Verfahren nach Art. 70 Abs. 2 sowie ggf. Abs. 4 und 5 BayPVG eingeleitet werden.

Ist das Mitbestimmungsverfahren gegenüber einer Stufenvertretung oder einem Gesamtpersonalrat eingeleitet worden, ist die Frist des Art. 70 Abs. 2 BayPVG gemäß Art. 80 Abs. 2 und 3 BayPVG um eine weitere Woche zu verlängern, also um die Frist, nach der dem örtlichen Personalrat Gelegenheit zur Äußerung in Beteiligungsangelegenheiten gegenüber den Stufenvertretungen oder dem Gesamtpersonalrat zu geben ist. Entscheidend sind daher die Information, die Unterrichtung und die Antragstellung gegenüber dem „richtigen", zuständigen Personalrat.

Wichtig: Nur die Eröffnung des Verfahrens nach Art. 70 Abs. 2 BayPVG gegenüber der jeweils zuständigen Personalvertretung setzt den

Fristenlauf in Gang. Wird der unzuständige Personalrat informiert, ist dieser zwar verpflichtet, den Dienststellenleiter darauf hinzuweisen bzw. die Information an den zuständigen Personalrat weiterzuleiten, jedoch können damit erhebliche Verzögerungen verbunden sein, die zulasten der Dienststellenleitung gehen.

Eine Verlängerung der Fristen kommt grundsätzlich nicht in Betracht. Ebenso wenig ist mangels entsprechender gesetzlicher Regelung eine Wiedereinsetzung in den vorigen Stand möglich. Der Dienststellenleiter kann zwar Gründe und Informationen nachschieben, dies hat aber zur Folge, dass die Frist erst mit den nachgeschobenen Informationen und Gründen zu laufen beginnt.

Die Fristenberechnung folgt den §§ 186 bis 193 BGB, insbesondere §§ 187 Abs. 1, 188 Abs. 2 BGB.

Beispiel:

Der Dienststellenleiter informiert den Personalrat am Donnerstag, den 19.03.2020 (Fristbeginn, § 187 Abs. 1 BGB); die Zwei-Wochen-Frist läuft dann am Donnerstag, den 02.04 2020 ab (Fristende, § 188 Abs. 2 BGB).

Nur wenn der Personalrat nicht innerhalb der Frist die Zustimmung unter Angabe der Gründe auf einem dauerhaften Datenträger verweigert, gilt die Maßnahme (Zustimmungsfiktion) gemäß Art. 70 Abs. 2 Satz 5 BayPVG als gebilligt. Soweit der Personalrat dabei Beschwerden oder Behauptungen tatsächlicher Art vorträgt, die für einen Beschäftigten ungünstig sind oder ihm nachteilig werden können, hat der Dienststellenleiter diese dem Beschäftigten mitzuteilen. Ihm ist Gelegenheit zur Äußerung zu geben und die Äußerung des Beschäftigten aktenkundig zu machen (vgl. Art. 70 Abs. 2 Satz 6 BayPVG).

Generell hat der Personalrat nach Art. 70 Abs. 2 BayPVG drei Reaktionsmöglichkeiten:

1

Reaktionsmöglichkeiten des Personalrats

1. Der Personalrat stimmt zu; der Dienststellenleiter darf die Maßnahme endgültig durchführen. Führt der Dienststellenleiter die Maßnahme trotz Zustimmung des Personalrats doch nicht durch, teilt er dies dem Personalrat auf einem dauerhaften Datenträger mit (Art. 70 Abs. 3 BayPVG).
2. Der Personalrat schweigt; das Schweigen gilt nach Ablauf der Zwei-Wochen- (respektive Drei-Wochen-) Frist als Zustimmung, mit der Folge, dass der Dienststellenleiter die Maßnahme ebenfalls endgültig durchführen darf (Zustimmungsfiktion). Führt der Dienststellenleiter die Maßnahme trotz Zustimmung des Personalrats nicht durch, teilt er dies dem Personalrat auf einem dauerhaften Datenträger mit (Art. 70 Abs. 3 BayPVG).
3. Der Personalrat stimmt der Maßnahme mit – im Fall des Art. 75 Abs. 1 BayPVG nach Art. 75 Abs. 2 BayPVG beachtlichen – Zustimmungsverweigerungsgründen auf einem dauerhaften Datenträger nicht zu. Dann ist der Dienststellenleiter mangels Einigung zwischen den Parteien gemäß Art. 70 Abs. 4 BayPVG gehalten, ein Stufenverfahren einzuleiten, wenn er die Maßnahme durchsetzen möchte: Er kann die Angelegenheit binnen zweier Wochen auf dem Dienstweg den übergeordneten Dienststellen, bei denen Stufenvertretungen bestehen, vorlegen. Dasselbe Recht steht dem Personalrat zu. Im Zweifel muss die Dienststellenleitung das Stufenverfahren einleiten, wenn sie die Maßnahme umsetzen möchte.

Bei Gemeinden und Gemeindeverbänden, sonstigen Körperschaften, Anstalten und Stiftungen des öffentlichen Rechts mit einem Gesamtpersonalrat ist die Angelegenheit der Dienststelle vorzulegen, bei der der Gesamtpersonalrat besteht. Beide Vorlegende sind wechselseitig verpflichtet, die Vorlage jeweils der anderen Seite mitzuteilen (Art. 70 Abs. 4 Satz 5 und 6 BayPVG). Nur, wenn sich zwischen der „obersten Dienstbehörde" und der bei ihr bestehenden zuständigen Personalvertretung keine Einigung ergibt, entscheidet die Einigungsstelle (Art. 70 Abs. 5 BayPVG).

Der Begriff der obersten Dienstbehörde im Sinne des Art. 70 Abs. 5 BayPVG führt in der Praxis immer wieder zu erheblichen Verunsicherungen. Eine oberste Dienstbehörde gibt es natürlich nur, wenn tatsächlich Stufenvertretungen bestehen. Ist ein Gesamtpersonalrat gebildet, passt der Begriff der obersten Dienstbehörde, insbesondere im nichtstaatlichen Bereich, nicht. Unter dem Begriff der obersten Dienstbehörde ist dann die jeweilige Dienststelle bzw. Dienststellenleitung zu verstehen. Bei einer Gemeinde ist „oberste Dienstbehörde" im personalvertretungsrechtlichen Sinn also immer die Gemeinde selbst und der erste Bürgermeister als Dienststellenleitung zuständig.

Ergibt sich zwischen der obersten Dienstbehörde und der bei dieser gebildeten Personalvertretung keine Einigung, entscheidet die Einigungsstelle gemäß Art. 70 Abs. 5 BayPVG. Die Einigungsstelle wird für diesen Fall extra gebildet, Art. 71 BayPVG (vgl. Seite 55).

Die Einigungsstelle entscheidet durch Beschluss. Der Beschluss der Einigungsstelle, der wegen seiner Auswirkungen auf das Gemeinwesen wesentlicher Bestandteil der Regierungsgewalt ist, kann innerhalb von vier Wochen durch die oberste Dienstbehörde nach dessen Zugang aufgehoben werden; die oberste Dienstbehörde kann dann endgültig entscheiden, Art. 70 Abs. 5 Satz 3 BayPVG (Evokationsvorbehalt). Die Aufhebung ist den Beteiligten bekanntzugeben und schriftlich zu begründen, Art. 70 Abs. 5 Satz 4 BayPVG.

In den individualrechtlichen Mitbestimmungsangelegenheiten, das heißt in allen Fällen des Art. 75 Abs. 1 BayPVG, und in den kollektivrechtlichen Maßnahmen mit individualrechtlichem Einschlag (bei der Bestellung und Abberufung von Vertrauens- und Betriebsärzten, Fachkräften für Arbeitssicherheit und Sicherheitsbeauftragten, beim Inhalt von Personalfragebögen, bei der Aufstellung von Beurteilungsrichtlinien und beim Erlass von Richtlinien über die personelle Auswahl bei Einstellungen, Versetzungen, Umgruppierungen und Kündigungen sowie bei der Einführung, Anwendung und erheblichen Änderung technischer Einrichtungen zur Überwachung des Verhaltens oder der Leistung der Beschäftigten, und der Einführung, Anwendung und erheblichen Änderung von automatisierten Verfahren zur Personalverwaltung), hat der Beschluss der Einigungsstelle nur empfehlende Wirkung für die oberste Dienstbehörde, es sei denn, die Einigungsstelle schließt sich der Auffassung der obersten Dienstbehörde an. Eine Unterscheidung zwischen der Gruppe der Beamten und der Gruppe der Angestellten findet nicht statt. Die oberste Dienstbehörde (bzw. die Dienststellenleitung) entscheidet abschließend, Art. 70 Abs. 6 Satz 2 BayPVG.

Mitbestimmungsrechte: Verfahren nach Art. 70 BayPVG

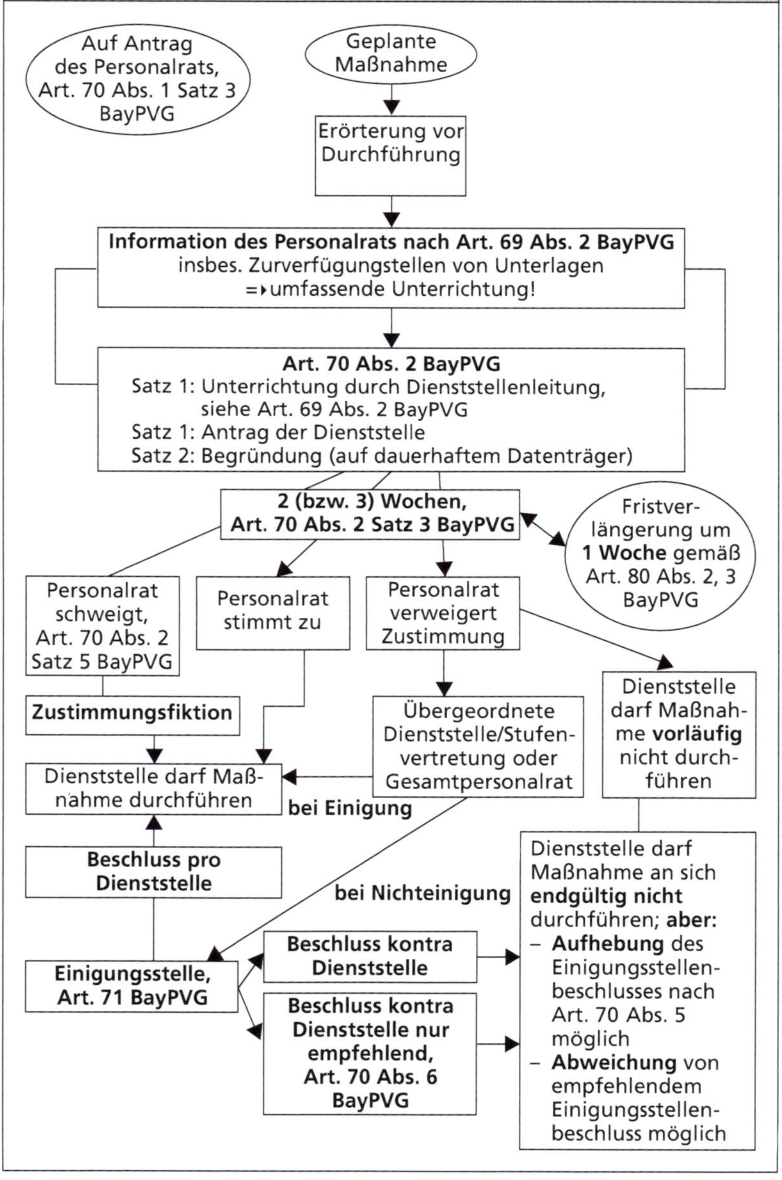

Mitwirkungsrechte und Mitwirkungsverfahren

Mitwirkungsrechte

Eine echte Mitwirkung sieht das BayPVG nur bei sozialen und persönlichen Angelegenheiten und beim Ausspruch von ordentlichen Kündigungen vor, Art. 76 Abs. 1 und 2 sowie Art. 77 Abs. 1 BayPVG. Die Mitwirkung ist systematisch ähnlich ausgestaltet wie die Mitbestimmung. Bei den sozialen und persönlichen Angelegenheiten handelt es sich in der Regel um Angelegenheiten mit kollektivrechtlichem Einschlag. Der Personalrat kann im Rahmen der Mitwirkung nach Art. 76 Abs. 1 und 2 BayPVG aus freien Stücken seine Zustimmung zu einer solchen Maßnahme verweigern. Dagegen ist er bei Kündigungen nach Art. 77 Abs. 1 BayPVG über Art. 77 Abs. 1 Satz 2 BayPVG in seiner Mitwirkung eingeschränkt. Er kann Einwände ausschließlich und abschließend nur aufgrund der dort in den Ziffern 1 bis 5 genannten Katalogtatbestände erheben.

Nach diesen Katalogtatbeständen können relevante Zustimmungsverweigerungsgründe nur soziale Gesichtspunkte und allgemeine Schutzgesichtspunkte sein (die Einbindung des Beschäftigten in die Dienststelle sowie deren Organisation, die Fortbildung des Beschäftigten und seine Sozialdaten). Eine Berufung auf Gründe außerhalb dieser Katalogtatbestände – etwa der Einwand der Unwirksamkeit der Kündigung mangels vorhergehender Abmahnung – ist irrelevant.

Der Personalrat ist nicht richterrechtliches Kontrollorgan der Dienststelle, er kann und darf deshalb auch nicht die Entscheidung eines Arbeitsgerichts vorwegnehmen. Selbstverständlich steht es ihm frei, mit außerhalb der Katalogtatbestände liegenden Begründungen Einwände gegen eine Kündigung zu erheben. Er muss sich aber gewahr sein, dass es sich hierbei um unbeachtliche Einwände handelt. Diese werden so behandelt, als habe er überhaupt keine Äußerung abgegeben, was zum Eintritt der Zustimmungsfiktion nach Art. 72 Abs. 2 Satz 1 BayPVG führt.

Mitwirkungsverfahren

Das Verfahren der Mitwirkung in sozialen und persönlichen Angelegenheiten sowie bei der Kündigung von Beschäftigten ist ausschließlich in Art. 72 BayPVG geregelt. Auch hier ist leicht festzustellen, ob man sich im richtigen Verfahren befindet, weil Art. 72 Abs. 1 BayPVG in der Klammer auf Art. 76 Abs. 1 und 2 sowie Art. 77 Abs. 1 BayPVG verweist.

§

1

Art. 76 Abs. 2 Satz 1 BayPVG

(1) [1]Der Personalrat wirkt mit in sozialen und persönlichen Angelegenheiten bei

AN B	1.	Vorbereitung von Verwaltungsanordnungen einer Dienststelle für die innerdienstlichen sozialen oder persönlichen Angelegenheiten der Beschäftigten ihres Geschäftsbereichs;
AN B	2.	Regelung der Ordnung in der Dienststelle und des Verhaltens der Beschäftigten;
B	3.	Erlaß von Disziplinarverfügungen und bei Erhebung der Disziplinarklage gegen einen Beamten, wenn dem Disziplinarverfahren eine auf den gleichen Tatbestand gestützte Disziplinarver--fügung nicht vorausgegangen ist;
B	4.	Verlängerung der Probezeit;
B	5.	Entlassung von Beamten auf Probe oder auf Widerruf oder bei Entlassung aus einem öffentlich-rechtlichen Ausbildungsverhältnis, wenn die Entlassung nicht vom Beschäftigten selbst beantragt wurde;
B	6.	vorzeitiger Versetzung in den Ruhestand, Versagung der vorzeitigen Versetzung in den Ruhestand und bei Feststellung der begrenzten Dienstfähigkeit;
AN B	7.	allgemeinen Fragen der Fortbildung der Beschäftigten;
AN B	8.	Aufstellung von Grundsätzen für die Auswahl von Teilnehmern an Fortbildungsveranstaltungen;
AN B	9.	Bestellung und Abberufung von Beauftragten nach § 98 des Neunten Buches Sozialgesetzbuch und von Gleichstellungsbeauftragten sowie Ansprechpartnern;
AN B	10.	Maßnahmen zur Förderung der Familienfreundlichkeit der Arbeitsbedingungen.

AN = Arbeitnehmer, B = Beamte

Mitwirkungsrechte

Art. 67 BayPVG

Vertrauensvolle Zusammenarbeit

Art. 69 BayPVG
Art. 2 BayPVG
insbes. Abs. 2 Satz 1
Information!

Art. 68 BayPVG

Gebot der Gleichbehandlung

Mitwirkungsrechte
Art. 76 Abs. 1 und 2;
Art. 77 Abs. 1 BayPVG

„Unechte" Mitwirkung

Art. 77 Abs. 1 BayPVG
Ordentliche Kündigung

Echte Mitwirkung

Art. 76 Abs. 1 und 2
BayPVG

Einwendungen

Aus **bestimmten** Gründen:
„nur", Art. 77 Abs. 1 Satz 2 BayPVG:

1. Soziale Gesichtspunkte
2. Richtlinienverstoß
3. Weiterbeschäftigungsmöglichkeit
4. Fortbildung/Umschulung
5. Einverständnis mit geänderten Vertragsbedingungen

Tatsachenvortrag!

Aus **freien** Stücken:

jeder **vernünftige** Grund

Beachte:
Einschränkung bei Disziplinarmaßnahmen; dort können Einwendungen nur auf Zustimmungsverweigerungsgründe nach Art. 75 Abs. 2 Nr. 1 und 2 gestützt werden.

Beteiligungsverfahren:
ausschließlich Art. 72 Abs. 1 bis 6 BayPVG
Stufenverfahren

1

Das Mitwirkungsverfahren nach Art. 72 BayPVG unterscheidet sich als schwächeres Beteiligungsinstrument vom Mitbestimmungsverfahren nach Art. 70 BayPVG im Kern dadurch, dass eine Streitigkeit zwischen Dienststelle und Personalrat nicht bis zur Einigungsstelle gelangen kann, sondern bestenfalls eine Einigung zwischen Stufenvertretung und oberster Dienstbehörde bzw. zwischen Gesamtpersonalrat und der Dienststelle, bei der der Gesamtpersonalrat gebildet ist, herbeigeführt werden kann. Das Mitwirkungsverfahren nach Art. 72 BayPVG ist auch nicht in dem Maße formalisiert, wie das Mitbestimmungsverfahren nach Art. 70 BayPVG.

Gleichwohl ist auf Folgendes zu achten:

Die beabsichtigte Maßnahme ist gemäß Art. 72 Abs. 1 BayPVG vor ihrer Durchführung mit dem Ziel einer Verständigung rechtzeitig und eingehend mit dem Personalrat durch die Dienststelle zu erörtern. Der Verweis in Art. 72 Abs. 1 Satz 3 BayPVG auf Art. 70 Abs. 1 Satz 4 und 5 BayPVG stellt klar, dass bei Fällen des einstufigen Verwaltungsaufbaus das zuständige Organ (z. B. der Stadt- oder Gemeinderat) erst entscheiden soll, nachdem der Personalrat beteiligt wurde und nicht umgekehrt. Für Zeitpunkt, Umfang und Inhalt der Information des Personalrats gelten die obigen Ausführungen zum Mitbestimmungsverfahren entsprechend.

§

BAG vom 21.02.2013, Az. 2 AZR 433/12

Beschließt der Gemeinderat einer bayerischen Gemeinde im Rahmen seiner Zuständigkeit die Kündigung eines Arbeitnehmers und hört der erste Bürgermeister als zuständiger Dienststellenleiter sodann den Personalrat an, hat er vor Ausspruch der Kündigung gewissenhaft zu prüfen, ob die Stellungnahme des Personalrats Anlass zu Bedenken an der Berechtigung des Kündigungsentschlusses gibt und ggf. die Angelegenheit dem Gemeinderat erneut zuzuleiten.

Wenn sich der Personalrat gemäß Art. 72 Abs. 2 BayPVG nicht innerhalb von zwei Wochen (bei einem nicht als Mittelbehörde gebildeten Polizeipräsidium drei Wochen) äußert oder bei Erörterungen mit der Dienststelle seine Einwendungen oder Vorschläge nicht aufrechterhält (Art. 72 Abs. 2 Satz 1 BayPVG), gilt die beabsichtigte Maßnahme als gebilligt (Zustimmungsfiktion). Erhebt der Personalrat Einwände, hat er dem Leiter der Dienststelle die Gründe mitzuteilen, Art. 72 Abs. 2 Satz 2 BayPVG. Durch den Verweis in Art. 72 Abs. 2 Satz 3 BayPVG auf Art. 70 Abs. 2 Satz 6 BayPVG gilt auch hier der Grundsatz, dass der Dienststellenleiter Beschwerden oder Behauptungen des Personalrats tatsächlicher Art, die für einen Beschäftigten ungünstig sind oder ihm nachteilig werden können, diesem Beschäftigten mitteilen muss. Ihm ist Gelegenheit zur Äußerung zu geben; seine Äußerung ist aktenkundig zu machen.

Wie bei Art. 70 BayPVG verlängert sich auch hier die Frist des Art. 72 Abs. 2 Satz 1 BayPVG um eine Woche, wenn eine Stufenvertretung oder ein Gesamtpersonalrat für das Mitwirkungsverfahren zuständig sind; dann ist dem örtlichen Personalrat Gelegenheit zur Äußerung zu geben.

Auch nach Art. 72 BayPVG hat der Personalrat drei Reaktionsmöglichkeiten:

Reaktionsmöglichkeiten des Personalrats

1. Der Personalrat stimmt zu; die Dienststelle darf die Maßnahme durchführen. Führt die Dienststelle die Maßnahme trotz Zustimmung des Personalrats doch nicht durch, teilt sie dies dem Personalrat schriftlich mit (Art. 72 Abs. 3 Satz 2 BayPVG).
2. Der Personalrat schweigt oder hält bei Erörterungen seine Einwände und Vorschläge nicht aufrecht; die Dienststelle darf die Maßnahme ebenfalls durchführen (Zustimmungsfiktion, Art. 72 Abs. 2 Satz 1 BayPVG). Führt die Dienststelle die Maßnahme trotz Zustimmung des Personalrats nicht durch, teilt sie dies dem Personalrat schriftlich mit (Art. 72 Abs. 3 Satz 2 BayPVG).
3. Der Personalrat erhebt Einwendungen. Entspricht die Dienststelle diesen Einwendungen nicht, so hat sie dies nach Art. 72 Abs. 3 Satz 1 BayPVG dem Personalrat auf einem dauerhaften Datenträger unter Angabe der Gründe mitzuteilen. In diesem Fall kann der Personalrat „einer nachgeordneten Dienststelle" (wenn eine Stufenvertretung oder ein Gesamtpersonalrat existiert) gemäß Art. 72 Abs. 4 Satz 1 BayPVG die Angelegenheit innerhalb von zwei weiteren Wochen nach Zugang der Mitteilung auf dem Dienstweg der übergeordneten Dienststelle mit dem Antrag auf Entscheidung vorlegen. In den Fällen des Art. 77 Abs. 1 BayPVG, das heißt bei einer ordentlichen Kündigung (auch Änderungskündigung), beträgt diese Frist nur eine Woche. Die übergeordnete Dienststelle entscheidet dann nach Verhandlung mit der bei ihr gebildeten Personalvertretung. Das weitere Verfahren bestimmt sich nach den Grundsätzen des Mitbestimmungsverfahrens gemäß Art. 72 Abs. 4 Satz 3 i. V. m. Art. 70 Abs. 4 und 5 BayPVG (vgl. Seite 67, 69 bzw. 74). Nach Art. 72 Abs. 5 BayPVG ist die beabsichtigte Maßnahme bis zur Entscheidung der angerufenen Dienststelle auszusetzen. Bei Maßnahmen, die der Natur der Sache nach keinen Aufschub dulden, kann bis zur endgültigen Entscheidung eine vorläufige Regelung getroffen werden, Art. 72 Abs. 6 i. V. m. Art. 70 Abs. 7 BayPVG (vgl. Seite 72).

Mitwirkungsrechte: Verfahren nach Art. 72 BayPVG

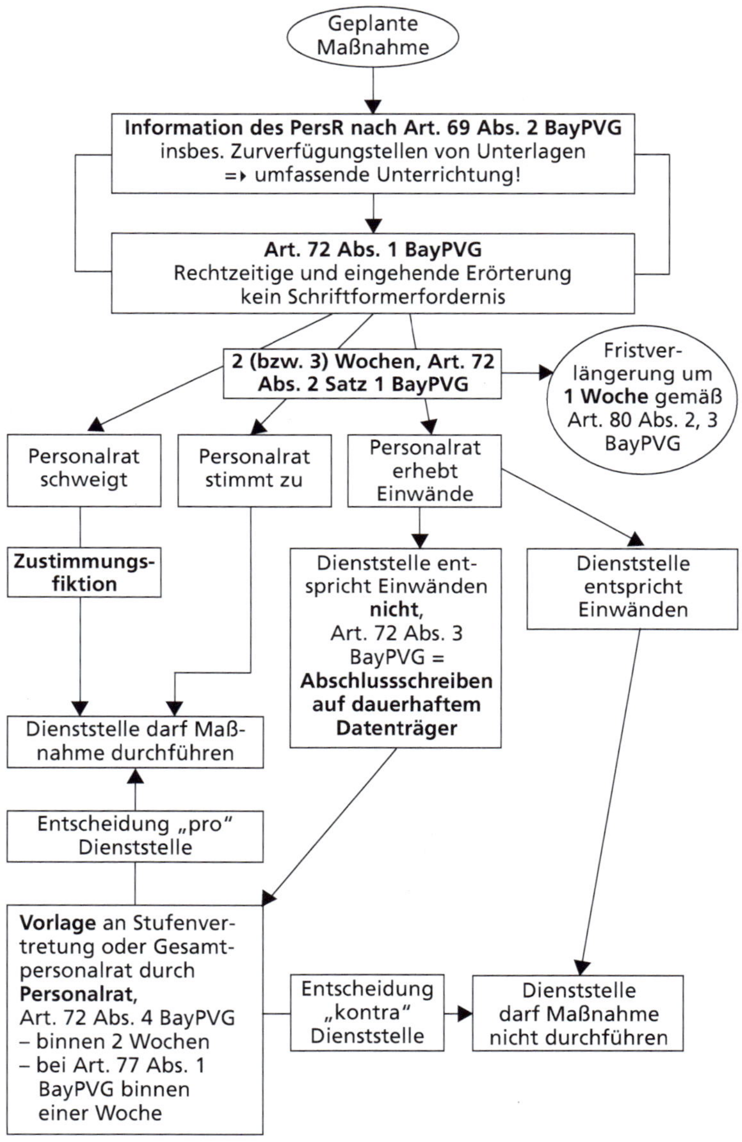

Mitwirkung bei Kündigungen und Entlassungen

Gemäß Art. 77 BayPVG hat der Personalrat bei Kündigungen und Entlassungen mitzuwirken.

Art. 77 BayPVG ist hinsichtlich der Beteiligungsrechte unterschiedlich ausgestaltet: Während Art. 77 Abs. 1 BayPVG ein Mitwirkungsrecht bei ordentlichen Kündigungen beinhaltet, ist bei außerordentlichen Kündigungen und fristlosen Entlassungen (→ Entlassung) nur ein Anhörungsrecht des Personalrats gegeben (Art. 77 Abs. 3 BayPVG). Wurde der Personalrat nicht oder nicht ordnungsgemäß beteiligt, ist jede Kündigung unwirksam (Art. 77 Abs. 4 BayPVG).

Ordentliche Kündigung

Die Dienststelle darf die ordentliche Kündigung erst aussprechen, nachdem der Personalrat Gelegenheit erhalten hat, Einwendungen gegen die Kündigung zu erheben und diese mit ihr zu erörtern. Eine Kündigung vor Abschluss des Mitwirkungsverfahrens ist unwirksam. Das Mitwirkungsrecht gilt für alle Fälle der ordentlichen Kündigung. Die ordentliche Kündigung ist eine Kündigung unter Einhaltung der gesetzlichen, tarifvertraglichen oder arbeitsvertraglich vereinbarten Kündigungsfrist. Das Mitwirkungsrecht gilt auch für den Fall einer ordentlichen Änderungskündigung.

Zielt eine Änderungskündigung auf eine Herabgruppierung oder Versetzung des Arbeitnehmers, hat der Personalrat gleichzeitig ein Recht auf Mitbestimmung. Ein Mitwirkungsrecht des Personalrats besteht auch bei sogenannten vorsorglichen Kündigungen. Der Sonderfall der außerordentlichen Kündigung mit sozialer (bzw. notwendiger) Auslauffrist wird ebenfalls von Art. 77 Abs. 1 BayPVG erfasst. Nicht geschützt von diesem Tatbestand sind die Beendigungen eines befristeten Arbeitsverhältnisses durch Zeitablauf sowie die Anfechtung des Arbeitsvertrags oder der Abschluss eines Aufhebungs- bzw. Auflösungsvertrags. Der Personalrat kann allerdings gegen die Kündigungen Einwendungen nur erheben, wenn einer der Tatbestände aus dem Einwendungskatalog des Art. 77 Abs. 1 Satz 2 Nr. 1 bis 5 BayPVG vorliegt. Das Verfahren der Mitwirkung bestimmt sich nach Art. 72 BayPVG.

Zunächst hat der Arbeitgeber den Personalrat umfassend zu unterrichten (Art. 69 Abs. 2 Satz 1 und 2 BayPVG) (→ Informationsrechte). Die Information über die Kündigungsgründe darf sich nicht auf pauschale, schlag- oder stichwortartige Gründe beschränken. Zudem müssen die Kündigungsgründe schon im Zeitpunkt der Einleitung des Mitwirkungsverfahrens tatsächlich vorliegen. Die beabsichtigte

Kündigung ist mit dem Personalrat eingehend zu erörtern (Art. 72 Abs. 1 BayPVG). Der Personalrat hat sodann über die Kündigung nach Maßgabe der Art. 34 Abs. 2, Art. 37, 38, 32 Abs. 4 BayPVG zu beraten und zu beschließen. Die in Art. 77 Abs. 1 Satz 2 Nr. 1 bis 5 BayPVG aufgeführten förmlichen Einwendungen entsprechen den Kriterien des § 1 Abs. 2 und 3 KSchG für eine sozial ungerechtfertigte Kündigung.

Wichtig: Einwendungen des Personalrats schließen eine Kündigung nach Durchführung des Mitwirkungsverfahrens (Art. 72 Abs. 1 bis 5 BayPVG) nicht aus.

Der Personalrat verfügt nicht über eine „Kündigungssperre". Die Kündigung kann daher auch erfolgen, wenn der Personalrat seine Einwendungen nach der Mitteilung des Art. 72 Abs. 3 Satz 1 BayPVG aufrechterhält. Stellt der Personalrat innerhalb der in Art. 72 Abs. 4 Satz 1 BayPVG vorgesehenen Frist einen Antrag auf Entscheidung der übergeordneten Dienststelle, darf die Kündigung jedoch erst ausgesprochen werden, wenn dort eine Entscheidung getroffen wurde (Art. 72 Abs. 5 BayPVG).

Art. 77 Abs. 1 BayPVG gilt – wie oben bereits festgestellt – für alle Kündigungen, somit nicht nur für ordentliche Kündigungen, sondern auch für Änderungskündigungen. Art. 77 Abs. 1 BayPVG findet auch auf außerordentliche Kündigungen mit sozialer Auslauffrist Anwendung. Außerordentliche Kündigungen mit sozialer Auslauffrist kommen in Betracht, wenn ein Beschäftigter kraft Gesetzes oder tarifvertraglich ordentlich unkündbar ist (z. B. § 34 Abs. 2 Satz 1 TV-L/TVöD) und eine Weiterbeschäftigung bei Vorliegen von berechtigten Gründen zu einer ordentlichen Kündigung (z. B. bei Dauer- oder Langzeiterkrankungen) auch unter Berücksichtigung dieses Sonderkündigungsschutzes nicht zumutbar ist.

Aufhebungs- bzw. Auflösungs- oder Abwicklungsverträge fallen nicht unter Art. 77 Abs. 1 BayPVG.

Fristlose Entlassung und außerordentliche Kündigung, Probezeitkündigung

In Art. 77 Abs. 3 BayPVG ist das Anhörungsrecht des Personalrats bei einer fristlosen Entlassung, außerordentlichen Kündigung und vor der Beendigung des Arbeitsverhältnisses während der Probezeit eines Beschäftigten geregelt. Dazu gehört nicht die außerordentliche Kündigung des Arbeitsverhältnisses eines Personalratsmitglieds; in diesen Fällen gilt Art. 47 Abs. 2 und 4 BayPVG. Das bloße Anhörungsrecht ist damit zu rechtfertigen, dass bei einer außerordentlichen Kündigung oder einer fristlosen Entlassung der Dienstherr im Kernbereich des Rechtsverhältnisses tätig wird und die Gründe, die für fristlose Entlassungen bzw. außerordentliche Kündigungen vorliegen müssen, so erheblich sind, dass die Urentscheidung des Arbeitgebers hier nicht durch die Personalvertretung infrage gestellt werden soll. In der Regel handelt es sich hier um Kündigungen nach § 626 BGB, nachdem die tariflichen Regelungen keine eigenständigen Tatbestände für eine außerordentliche Kündigung mehr vorsehen. Die außerordentliche Kündigung kann nur innerhalb einer Ausschlussfrist von zwei Wochen erfolgen, nachdem der Kündigungsberechtigte von den für die Kündigung maßgeblichen Tatsachen positive Kenntnis erlangt hat. Das Verfahren nach Art. 77 Abs. 3 BayPVG hemmt diese Frist nicht.

Die Beteiligung ist auf ein Anhörungsrecht beschränkt, das aber in seiner inhaltlichen Ausgestaltung dem Mitwirkungsverfahren angenähert ist. Eine Anhörung findet nur statt, wenn die Maßnahmen im Sinne des Art. 77 Abs. 3 Satz 1 BayPVG bereits beabsichtigt sind. Die Anhörung hat vor Ausspruch der Kündigung zu erfolgen. Der Dienststellenleiter hat dem Personalrat rechtzeitig den Namen des zu Kündigenden, die beabsichtigte Kündigungsart und den Kündigungstermin mitzuteilen (Art. 69 Abs. 2 BayPVG) sowie die Maßnahme zu begründen (Art. 77 Abs. 3 Satz 2 BayPVG). Bedenken hinsichtlich der Kündigung sind dem Dienststellenleiter unter Angabe der Gründe ohne schuldhaftes Zögern, spätestens innerhalb von drei Arbeitstagen, bei Beendigung des Arbeitsverhältnisses während der Probezeit spätestens innerhalb von zwei Wochen, auf einem dauerhaften Datenträger mitzuteilen (Art. 77 Abs. 2 Satz 3 BayPVG). Der Personalrat ist hierbei nicht auf die Gründe des Art. 77 Abs. 1 Satz 2 BayPVG beschränkt. Der Dienststellenleiter muss sich gemäß Art. 2 Abs. 1 BayPVG mit den Bedenken des Personalrats auseinandersetzen und entscheidet dann endgültig. Die beabsichtigte Maßnahme kann trotz der Bedenken des Personalrats durchgeführt werden.

Die Vorschriften des Mitwirkungsverfahrens nach Art. 72 sowie Art. 77 Abs. 1 und 2 BayPVG finden auf die außerordentliche Kündigung keine Anwendung, mit Ausnahme der außerordentlichen Kündigung mit sozialer Auslauffrist (vgl. Seite 83).

Spricht der Arbeitgeber mit der außerordentlichen Kündigung zugleich vorsorglich auch die ordentliche Kündigung aus, so ist das Mitwirkungsverfahren nach Art. 77 Abs. 1 BayPVG gesondert neben dem Anhörungsverfahren durchzuführen.

Für Probezeitkündigungen gilt ausschließlich Art. 77 Abs. 3 BayPVG (→ Probezeit).

Für außerordentliche Kündigungen mit sozialer Auslauffrist gilt Art. 77 Abs. 1 BayPVG.

Initiativrechte

Die Initiativrechte des Personalrats sind als stärkste Form der Beteiligung in Art. 70a BayPVG geregelt. Im Gegensatz zum nichtförmlichen Antragsverfahren nach Art. 69 Abs. 1 Buchst. a und Art. 69 Abs. 3 BayPVG stehen dem Personalrat in bestimmten (in erster Linie kollektivrechtlichen) Angelegenheiten förmliche Antragsrechte zu, mit denen er verhindern können soll, dass der Dienststellenleiter überhaupt keine Maßnahmen ergreift und untätig bleibt, obwohl Regelungsbedarf für die Dienststelle besteht. Für die Initiativrechte gibt es keine eigene Verfahrensvorschrift. Voraussetzung für ihre Ausübung ist ein schriftlicher Antrag des Personalrats, der so präzise wie möglich gestellt werden sollte.

Nachstehend werden ausgehend vom stärksten bis zum schwächsten Initiativrecht die einzelnen Möglichkeiten des Personalrats dargestellt.

Starkes Initiativrecht

Gemäß Art. 70a Abs. 1 BayPVG hat der Personalrat ein starkes Initiativrecht in folgenden kollektivrechtlichen Mitbestimmungsangelegenheiten, soweit keine gesetzliche oder tarifliche Regelung besteht (Tarifvorrang):

- Beginn und Ende der täglichen Arbeitszeit und der Pausen sowie die Verteilung der Arbeitszeit auf die einzelnen Wochentage (Art. 75 Abs. 4 Satz 1 Nr. 1 BayPVG)
- Zeit, Ort und Art der Auszahlung der Dienstbezüge und Arbeitsentgelte (Art. 75 Abs. 4 Satz 1 Nr. 2 BayPVG)
- Aufstellung des Urlaubsplans (Art. 75 Abs. 4 Satz 1 Nr. 3 BayPVG)
- Fragen der Lohngestaltung innerhalb der Dienststelle, insbesondere die Aufstellung von Entlohnungsgrundsätzen, die Einführung und Anwendung von neuen Entlohnungsmethoden und deren Änderung sowie die Festsetzung der Akkord- und Prämiensätze und vergleichbarer leistungsbezogener Entgelte, einschließlich der Geldfaktoren (Art. 75 Abs. 4 Satz 1 Nr. 4 BayPVG)

- Errichtung, Verwaltung und Auflösung von Sozialeinrichtungen ohne Rücksicht auf ihre Rechtsform (Art. 75 Abs. 4 Satz 1 Nr. 5 BayPVG)
- Durchführung der Berufsausbildung bei Arbeitnehmern (Art. 75 Abs. 4 Satz 1 Nr. 6 BayPVG)
- Maßnahmen zur Verhütung von Dienst- und Arbeitsunfällen und sonstigen Gesundheitsschädigungen (Art. 75 Abs. 4 Satz 1 Nr. 8 BayPVG)
- Grundsätze über die Bewertung von anerkannten Vorschlägen im Rahmen des betrieblichen Vorschlagwesens (Art. 75 Abs. 4 Satz 1 Nr. 9 BayPVG)

Der Dienststellenleiter hat einem entsprechenden Antrag des Personalrats (z. B. auf Einführung einer Rufbereitschaftsregelung, Art. 75 Abs. 4 Satz 1 Nr. 1 BayPVG) unverzüglich (ohne schuldhaftes Zögern) zu erwidern, wenn er diesem nicht oder nicht in vollem Umfang entspricht. Will der Dienststellenleiter dem Antrag ganz oder teilweise entsprechen, muss er im Rahmen der allgemeinen Frist des Art. 69 Abs. 3 BayPVG (vier Wochen) mit dem Personalrat korrespondieren. Der Verweis in Art. 70a Abs. 1 Satz 3 BayPVG auf das Mitbestimmungsverfahren des Art. 70 Abs. 4 und 5 BayPVG ermöglicht es bei Nichteinigung beiden Seiten, die Angelegenheit der übergeordneten Dienststelle vorzulegen, bei der die Stufenvertretung gebildet ist. Gibt es keine Stufenvertretung, ist die Angelegenheit der Dienststelle vorzulegen, bei der ein Gesamtpersonalrat gebildet ist. Kommt es dort zu keiner Einigung, kann die Einigungsstelle angerufen werden. Damit kann der Personalrat im Fall des Art. 70a Abs. 1 BayPVG die Angelegenheit bis in die Einigungsstelle tragen, weswegen dieses Initiativrecht als starkes Initiativrecht bezeichnet werden kann.

Eingeschränktes Initiativrecht

Gemäß Art. 70a Abs. 2 BayPVG hat der Personalrat ein eingeschränktes Initiativrecht in folgenden individualrechtlichen und kollektivrechtlichen Mitbestimmungsangelegenheiten, soweit keine gesetzliche oder tarifliche Regelung besteht (Tarifvorrang):

- Beförderung im Sinne des Art. 2 Abs. 2 LlbG, Übertragung des Amts im Wege der Ausbildungsqualifizierung (Art. 37 LlbG; Art. 75 Abs. 1 Satz 1 Nr. 2 BayPVG)
- Höhergruppierung, Übertragung einer höher zu bewertenden Tätigkeit für eine Dauer von mehr als sechs Monaten (Art. 75 Abs. 1 Satz 1 Nr. 4 BayPVG)

- Weiterbeschäftigung von Arbeitnehmern über die Altersgrenze hinaus (Art. 75 Abs. 1 Satz 1 Nr. 9 BayPVG)
- Bestellung und Abberufung von Vertrauens- und Betriebsärzten, Fachkräften für Arbeitssicherheit und Sicherheitsbeauftragten (Art. 75 Abs. 4 Satz 1 Nr. 7 BayPVG)
- Einführung, Anwendung und erhebliche Änderung technischer Einrichtungen zur Überwachung des Verhaltens oder der Leistung der Beschäftigten (Art. 75a Abs. 1 Nr. 1 BayPVG)

Für die Reaktion des Dienststellenleiters auf einen Antrag des Personalrats gilt das zu Art. 70a Abs. 1 BayPVG Gesagte entsprechend. Art. 70a Abs. 2 BayPVG verweist auf Art. 70a Abs. 1 Satz 1 und 2 BayPVG. Der Unterschied zu Art. 70a Abs. 1 BayPVG besteht darin, dass bei einer Nichteinigung das Verfahren nur bis zur Stufenvertretung oder dem Gesamtpersonalrat betrieben werden und selbst dort die oberste Dienstbehörde endgültig entscheiden kann. Die Anrufung der Einigungsstelle ist ausgeschlossen, daher kann das Initiativrecht als eingeschränktes Initiativrecht bezeichnet werden.

Schwaches Initiativrecht

Gemäß Art. 70a Abs. 3 BayPVG hat der Personalrat ein schwaches Initiativrecht in folgenden Angelegenheiten der Mitwirkung:

- Einführung grundlegend neuer Arbeitsmethoden (Art. 76 Abs. 2 Nr. 1 BayPVG)
- Maßnahmen zur Hebung der Arbeitsleistung und zur Erleichterung des Arbeitsablaufs (Art. 76 Abs. 2 Nr. 2 BayPVG)
- Gestaltung der Arbeitsplätze (Art. 76 Abs. 2 Nr. 3 BayPVG)

Entspricht der Dienststellenleiter dem Antrag des Personalrats nicht oder nur teilweise, kann der Personalrat die Angelegenheit gemäß Art. 72 Abs. 4 i. V. m. Art. 70a Abs. 3 Satz 3 BayPVG innerhalb von zwei Wochen wiederum der Dienststelle vorlegen, bei der eine Stufenvertretung oder ein Gesamtpersonalrat gebildet ist. Der Weg zur Einigungsstelle ist ausgeschlossen.

Ausübung der Mitbestimmung

Die Beteiligungsrechte des Personalrats können im Wege einer sogenannten Dienstabsprache oder einer sogenannten Dienstvereinbarung ausgeübt werden. Die Dienstvereinbarung ist in Art. 73 BayPVG ausführlich geregelt. Vorschriften zur Dienstabsprache hingegen fehlen. Zur Dienstabsprache gelten daher dieselben Grundsätze wie zur Regelungsabrede im Betriebsverfassungsrecht.

Dienstabsprache

Die Dienstabsprache ist eine Vereinbarung zwischen Arbeitgeber und Personalrat, die formlos möglich ist, seitens des Personalrats einen ordnungsgemäßen Personalratsbeschluss voraussetzt und die nicht gegen höherrangige Rechtsnormen verstoßen darf. Sie kann sich auf alle personalvertretungsrechtlichen und die Dienststelle betreffenden Fragen beziehen. Im Bereich der Mitbestimmungsrechte reicht der Abschluss einer Dienstabsprache aus, um die personalvertretungsrechtlichen Pflichten des Arbeitgebers zu erfüllen. Eine wirksame Dienstabsprache stellt eine Vereinbarung zwischen der Dienststelle und dem Personalrat dar, aus der der jeweiligen Vertragspartei Erfüllungsansprüche erwachsen. Die Dienstabsprache hat jedoch keine unmittelbare und zwingende Auswirkung auf das Arbeitsverhältnis zwischen Arbeitgeber und Arbeitnehmer. Es ist vielmehr Aufgabe des Arbeitgebers, den Inhalt der Dienstabsprache, z. B. über Ausübung des Direktionsrechts oder Vereinbarung mit den Mitarbeitern, in das Arbeitsverhältnis zu transformieren.

Beispiel:

In der hauswirtschaftlichen Abteilung einer Zweckverbandseinrichtung soll für alle Arbeitnehmer (Voll- und Teilzeitbeschäftigte) Rufbereitschaft eingeführt werden. Es ist strittig, ob dem Personalrat dabei ein Mitbestimmungsrecht gemäß Art. 75 Abs. 4 Satz 1 Nr. 1 BayPVG zusteht. Die Dienststellenleitung einigt sich mit dem Personalrat im Rahmen eines Monatsgesprächs mündlich auf die Einführung der Rufbereitschaft. Diese mündliche Abrede wahrt als Dienstabsprache etwaige Beteiligungsrechte des Personalrats. Unabhängig davon muss die Rufbereitschaftsregelung gegenüber den Beschäftigten arbeitsrechtlich umgesetzt werden. Im Bereich des TV-L/TVöD geht dies bei Teilzeitbeschäftigten nur mit deren ausdrücklicher Zustimmung. Wird diese nicht erteilt, muss der Arbeitgeber diese ggf. über eine Änderungskündigung herbeiführen.

Dienstvereinbarung

Im Gegensatz zur Dienstabsprache wirkt die Dienstvereinbarung nach Art. 73 Abs. 1 BayPVG direkt auf das Arbeitsverhältnis. Dienstvereinbarungen können in den mitbestimmungspflichtigen sozialen und personellen Angelegenheiten, das heißt den Fällen des Art. 75 Abs. 4, Art. 75a Abs. 1, des Art. 76 Abs. 1 Satz 1 Nr. 2, 7, 8 sowie des Art. 76 Abs. 2 Nr. 1 bis 3 BayPVG abgeschlossen werden.

Die in der Praxis hauptsächlich betroffenen Regelungsgegenstände sind z. B.:

- Arbeitszeit
- Einführung und Betrieb von Informations- und Kommunikationstechniken
- Vereinbarkeit von Familie und Beruf
- Fragen der Ausbildung
- generelle Fragen der Einstellung von neuen Beschäftigten
- Grundsätze von dienstlichen Beurteilungen
- generell mit der Personalentwicklung zusammenhängende Aspekte
- Betrieb eines eigenen Kindergartens
- Umgang mit Alkoholkranken
- Umgang mit Informations- und Kommunikationstechnologie (IuK)

Nach Art. 73 Abs. 1 Satz 3 BayPVG (n. F.) sind Dienstvereinbarungen nun ferner zulässig für Regelungen zur Umsetzung des § 167 Abs. 2 SGB IX und des betrieblichen Gesundheitsmanagements. Laut Gesetzesbegründung sollen „Bereiche, in denen der Abschluss einer Dienstvereinbarung sinnvoll wäre, dies aber bislang nicht möglich war, in den gesetzlichen Tatbestand aufgenommen werden". Art. 73 Abs. 1 Satz 3 BayPVG (n. F.) gibt den Betriebsparteien Steine statt Brot. Die Vorschrift wird in der Praxis vermehrt zu Streit zwischen Dienststelle und Personalrat führen. Denn es besteht die Versuchung, daraus ein Mitbestimmungsrecht des Personalrats bei der Durchführung des BEM oder beim betrieblichen Gesundheitsmanagement abzuleiten. Nach Art. 73 Abs. 1 Satz 3 BayPVG (n. F.) sind Dienstvereinbarungen zum BEM künftig aber nur zulässig, soweit sie die „Umsetzung" des § 167 Abs. 2 SGB IX regeln. Unter „Umsetzung" sind nur Verfahrensregelungen für den Ablauf des BEM zu verstehen, nicht aber inhaltliche Regelungen zur Ausgestaltung. Der Gesetzesvorrang des Art. 73 Abs. 1 Satz 1 BayPVG gilt weiter. Selbst wenn der Gesetzesvorrang des Art. 73 Abs. 1 Satz 1 BayPVG keine Anwendung finden würde, verstoßen Dienstvereinbarungen, die **inhaltliche** Regelungen zum BEM enthalten, gegen höherrangiges Recht (nämlich § 167 Abs. 2 SGB IX). Durch Art. 73 Abs. 1 Satz 3 BayPVG (n. F.) wird kein Mitbestimmungsrecht des Personalrats zur Durchführung und/oder der Gestaltung des BEM eingeführt und auch kein Mitwirkungsrecht. Die Mitbestimmungsrechte des Personalrats sind abschließend in Art. 75 und Art. 75a Abs. 1 BayPVG geregelt, die Mitwirkungsrechte in Art. 76 Abs. 1 und 2 und Art. 77 Abs. 1 BayPVG. Dort fehlen Regelungen zum BEM. Nach Art. 73 Abs. 1 Satz 3 BayPVG kann eine Dienstvereinbarung nur für den rein organisatorischen kollektiven Ablauf des BEM abgeschlossen werden. Der Personalrat kann mangels eines Mitbestimmungs- und Mitwirkungsrechts eine solche Dienstvereinbarung nicht über eine Einigungsstelle erzwingen. Ein Initiativrecht nach Art. 70a BayPVG besteht nicht, da dort entsprechende Regelungen fehlen. Das heißt: Der Inhalt des BEM nach § 167 Abs. 2 SGB IX kann und darf auch künftig nicht durch Dienstvereinbarung geregelt werden. Die Einsetzung eines BEM-Teams gegen den Willen des Beschäftigten bleibt unzulässig. Eine Verhandlungsobliegenheit des Dienststellenleiters zum Abschluss einer Dienstvereinbarung über Verfahrensregelungen existiert derzeit nicht. Dasselbe gilt für Regelungen zum betrieblichen Gesundheitsmanagement.

1

Die in Art. 73 Abs. 1 Satz 1 BayPVG genannten Dienstvereinbarungen sind vorweggenommene Mitbestimmung bzw. Mitwirkung und gelten damit in allen gegenwärtigen und künftig betroffenen Fällen im Rahmen des in der Dienstvereinbarung geregelten Bereichs. Die Dienstvereinbarung ist ein öffentlich-rechtlicher Vertrag. Was Wirkung, Beendigung und Nachwirkung anbetrifft, gelten die gleichen Regelungen wie für Betriebsvereinbarungen. Allerdings gehen Dienstvereinbarungen für einen größeren Bereich den Dienstvereinbarungen für einen kleineren Bereich vor (Art. 73 Abs. 3 BayPVG). Es gilt somit nicht das Spezialitäts-, sondern das Ordnungsprinzip.

Im Übrigen können Dienstvereinbarungen mit einer Frist von drei Monaten gekündigt werden. Nach Ablauf einer Dienstvereinbarung gelten deren Regelungen weiter, wenn und soweit dies ausdrücklich in der Dienstvereinbarung aufgenommen ist (Art. 73 Abs. 4 BayPVG). Die Initiative zum Abschluss einer Dienstvereinbarung kann entweder von der Dienststelle oder von der Personalvertretung ausgehen. In den Fällen des starken Initiativrechts des Art. 70a Abs. 1 BayPVG (vgl. Seite 86 f.) kann eine Dienstvereinbarung ggf. nach Durchführung des Stufenverfahrens über die Einigungsstelle durch die Personalvertretung erzwungen werden.

Die fehlende Zustimmung eines der Beteiligten kann durch die Einigungsstelle nach Art. 70 Abs. 5 BayPVG ersetzt werden; allerdings sind hierbei die Besonderheiten des Evokationsrechts zu beachten (vgl. Seite 56).

Die Dienstvereinbarung gilt wie ein Gesetz. Das bedeutet, dass sie unmittelbar und zwingend auf die Rechtsverhältnisse der Beschäftigten in der Dienststelle einwirkt. Einer Transformation in die Beschäftigungsverhältnisse – wie bei der Dienstabsprache – bedarf es nicht.

Wichtig: Der Abschluss von freiwilligen Dienstvereinbarungen ist nicht möglich. Dienstvereinbarungen dürfen nur in den in Art. 73 Abs. 1 BayPVG ausdrücklich genannten Fällen abgeschlossen werden.

Ob und wann eine Dienstvereinbarung abgeschlossen werden kann, sollte nach folgendem Fragenkatalog geprüft werden.

Fragenkatalog zum Abschluss einer Dienstvereinbarung

1. Zuständigkeit des Personalrats?
2. Zuständigkeit der Dienststelle?
3. Ist nach Art. 73 Abs. 1 BayPVG eine Regelung durch Dienstvereinbarung kraft Gesetzes (BayPVG) möglich?
4. Gibt es bereits eine Dienstvereinbarung?
5. Gibt es eine gesetzliche oder tarifliche Regelung, die eine Mitbestimmung durch Dienstvereinbarung sperrt (Doppelschranke des Art. 73 Abs. 1 und des Art. 75 Abs. 4, Art. 75a Abs. 1 BayPVG; vgl. Seite 64 ff.)?
6. Lässt eine gesetzliche oder tarifliche Regelung ausdrücklich eine Dienstvereinbarung zu (z. B. § 6 Abs. 4 TVöD)?

Bevor die Initiative zum Abschluss einer Dienstvereinbarung ergriffen wird, sollten einige weitere Punkte geklärt werden. Insbesondere ist zu prüfen, ob es sich bei dem Vorschlag zu einer Dienstvereinbarung lediglich um ein Gesprächs- und Diskussionspapier oder bereits um eine offizielle Vorlage handelt. In letzterem Fall bindet sich die vorschlagende Partei bereits so, dass weitere Verhandlungen erschwert werden könnten.

Vonseiten der Dienststelle ist darauf zu achten, dass der Personalrat auf „gleicher Augenhöhe" gemäß Art. 69 Abs. 2 Satz 1 BayPVG unterrichtet wird, da sonst der Abschluss der Dienstvereinbarung möglicherweise unnötig verzögert wird. Schließlich ist zu prüfen, ob den Beschäftigten nicht sogar Nachteile durch die Dienstvereinbarung entstehen können.

Da es aufgrund des vertraglichen Charakters einer Dienstvereinbarung grundsätzlich – abgesehen vom eingeschränkten Weg über die Einigungsstelle – keine Möglichkeit gibt, den Abschluss einer Dienstvereinbarung rechtlich zu erzwingen, bleibt für die Partei, die den Abschluss einer Dienstvereinbarung forcieren möchte, nur die Möglichkeit, „Binnendruck" aufzubauen durch Ankündigung in Veröffentlichungen des Personalrats oder Veröffentlichung seitens der Dienststelle im Intranet oder an anderen geeigneten Stellen (z. B. Schwarzes Brett, Hausmitteilungen etc.).

Auch in der Personalversammlung kann der Abschluss einer Dienstvereinbarung thematisiert werden. Je sensibler die Thematik für eine vorgesehene Dienstvereinbarung ist, desto eingehender sollte ein entsprechender Vorstoß innerhalb des Personalrats oder aufseiten der Dienststelle beraten und abgesprochen werden. Dabei sollte ein solcher Vorschlag des Personalrats idealerweise nur dann erfolgen, wenn der gesamte Personalrat ihn unterstützt.

Gravierende Meinungsunterschiede oder erklärter Widerstand innerhalb der Personalvertretung erweisen sich bei den Verhandlungen mit der Dienststelle in der Regel meist als hinderlich oder sogar kontraproduktiv. Soweit sogenannte „Paketlösungen" in Betracht gezogen werden, das heißt Lösungen, die gleichzeitig mit dem Abschluss der Dienstvereinbarung auch die Beilegung von Konflikten über Einzelmaßnahmen beinhalten, ist darauf zu achten, dass nicht sachfremde Themen oder Themen, die nicht vollständig gegenüber den Beschäftigten offengelegt werden können, miteinander verknüpft werden. Sowohl Dienststelle als auch Personalvertretung setzen sich dann möglicherweise dem Einwand der Intransparenz aus oder der mangelnden Akzeptanz seitens der Beschäftigten.

In jedem Fall sollten Dienstvereinbarungen klare Regelungen zur Nachwirkung enthalten, um eine Rechtsunsicherheit zu vermeiden.

Wirkung der unterlassenen Beteiligung

Die Beachtung der Beteiligungsvorschriften des BayPVG ist in der Regel Wirksamkeitsvoraussetzung für die jeweilige Maßnahme. Beteiligt die Dienststellenleitung den Personalrat nicht oder fehlerhaft – wozu auch die Verkennung der Zuständigkeit des richtigen Personalrats gehört –, ergeben sich Rechtsfolgen auf zwei Ebenen:

- auf der personalvertretungsrechtlichen Ebene zwischen Personalvertretung und Dienststelle
- auf der individual- bzw. dienstrechtlichen Ebene zwischen Dienststelle und Beschäftigten

Mängel bei der internen Willensbildung der Personalvertretung bleiben dabei ohne Auswirkung, es sei denn, der Dienststellenleitung ist die Kenntnis dieser Mängel oder gar der Mangel selbst dem Verhalten der Dienststellenleitung zuzurechnen.

Ist die Maßnahme gegenüber der Personalvertretung bei Verstoß gegen die Beteiligungsvorschriften stets unwirksam, ist auf dienst- bzw. individualrechtlicher Ebene grundsätzlich zu differenzieren:

Ist im Bereich der Mitbestimmungsrechte die Maßnahme für den Beschäftigten nachteilig, ist sie unwirksam. Ist die Maßnahme für den Beschäftigten dagegen vorteilhaft, bleibt sie ihm gegenüber wirksam, gegenüber der Personalvertretung ist sie nach wie vor unwirksam (Theorie der relativen Wirksamkeit). Im Bereich der Mitwirkungsrechte gilt dieser Grundsatz nur eingeschränkt. Jedoch ordnet z. B. Art. 77 Abs. 4 BayPVG an, dass eine Kündigung ohne Mitwirkung des Personalrats stets unwirksam ist.

Maßnahmen, die in Form von Verwaltungsakten durchgeführt werden (z. B. bei der Rückernennung eines Beamten, vgl. § 8 Abs. 1 Nr. 3 BeamtStG), sind gemäß § 68 VwGO allein mit der Begründung, die Personalvertretung sei nicht ordnungsgemäß beteiligt worden, vor dem Verwaltungsgericht anfechtbar. Individualarbeitsrechtliche Maßnahmen sind ebenfalls anfechtbar, in der Regel vor den Arbeitsgerichten, unabhängig davon, ob es sich um einseitige, direktionsrechtliche Maßnahmen oder um vertragliche (zweiseitige) Maßnahmen (Rechtsgeschäfte) handelt.

Beispiele:

Die Arbeitnehmerin Gerlinde Gutglaub soll zum 01.01.2020 kraft Direktionsrecht rückwirkend um eine Entgeltgruppe korrigierend rückgruppiert werden. Der Personalrat wird entgegen Art. 75 Abs. 1 Satz 1 Nr. 5 und Art. 70 BayPVG nicht beteiligt. Die (einseitige) Maßnahme ist gegenüber der Personalvertretung unwirksam. Gegenüber Frau Gutglaub ist die Maßnahme ebenfalls unwirksam, da die Rückgruppierung für sie nachteilig wirkt (weniger Entgelt). Die Dienststelle darf daher die Maßnahme nicht durchführen. Vergütet sie Frau Gutglaub gleichwohl mit einem geringeren Entgelt, kann Frau Gutglaub dies (natürlich unter Beachtung etwaiger tariflicher Ausschlussfristen) beim Arbeitsgericht allein mit der Begründung anfechten, der Personalrat sei nicht ordnungsgemäß beteiligt worden.

Der Arbeitnehmer Karl Krause soll zum 01.01.2020 als Hausmeister eingestellt werden. Dem Personalrat werden im Rahmen des Beteiligungsverfahrens nach Art. 75 Abs. 1 Satz 1 Nr. 1 BayPVG entgegen Art. 70 Abs. 2 i. V. m. Art. 69 Abs. 2 Satz 3 BayPVG nicht sämtliche Bewerbungsunterlagen aller Stellenbewerber vorgelegt. Die Maßnahme ist daher gegenüber der Personalvertretung unwirksam. Gegenüber Herrn Krause ist die Maßnahme aber wirksam, da sie für ihn (relativ) vorteilhaft ist. Zu beachten ist hier, dass es sich nicht um eine einseitige direktionsrechtliche Maßnahme, sondern um ein zweiseitiges Rechtsgeschäft, nämlich den Abschluss eines Arbeitsvertrags, handelt. Ist ein solcher Arbeitsvertrag bereits abgeschlossen, bleibt dieser rechtsgültig, mit der Wirkung, dass der Arbeitnehmer einen vollen Vergütungsanspruch erwirbt, die Dienststelle den Arbeitnehmer aber nicht beschäftigen darf, so lange das Beteiligungsverfahren nicht nachgeholt wird. Die Dienststelle muss dabei im Zweifel das Einigungsstellenverfahren einleiten.

Die beim Freistaat Bayern in München beschäftigte Arbeitnehmerin Petra Pauke soll mit Wirkung zum 01.03.2020 auf ihren eigenen Wunsch kraft Direktionsrecht nach Hof versetzt werden. Die Dienststelle in München beteiligt die dort gebildete Personalvertretung nicht, weil sie meint, dass dies bei einer einvernehmlichen Versetzung nicht notwendig wäre. Die Maßnahme ist gegenüber der Personalvertretung unwirksam, weil das Mitbestimmungsrecht des Personalrats nach Art. 75 Abs. 1 Satz 1 Nr. 6 BayPVG verletzt ist; nach der Neufassung dieses Katalogtatbestands ist eine Mitbestimmung auch dann erforderlich, wenn der betroffene Beschäftigte mit der Versetzung einverstanden ist. Gegenüber der Beschäftigten ist die Maßnahme wirksam, weil sie für sie vorteilhaft ist (sie will ja nach Hof versetzt werden). Die Maßnahme kann daher – vorausgesetzt, der Personalrat der aufnehmenden Dienststelle in Hof stimmt (spiegelbildlich) der Einstellung von Frau Pauke gemäß Art. 75 Abs. 1 Satz 1 Nr. 1 BayPVG zu – durchgeführt werden. Die Maßnahme wäre im Verhältnis zur Frau Pauke nur dann unwirksam, wenn sie nicht auf deren eigenen Wunsch erfolgen würde.

Eine Heilung von Mängeln im Mitbestimmungsverfahren ist grundsätzlich nicht möglich, es sei denn, es liegen nur rein formale Mängel vor (z. B. Verletzung des Erfordernisses des Art. 70 Abs. 2 Satz 2

BayPVG: Unterrichtung auf dauerhaftem Datenräger), die vom Personalrat nicht innerhalb der Fristen des Art. 70 Abs. 2 Satz 5 BayPVG bzw. des Art. 72 Abs. 2 Satz 1 BayPVG gerügt wurden, oder der Personalrat stimmt der Maßnahme zu.

Rechtsmittel des Personalrats im Beteiligungsverfahren

Der Personalrat verfügt im Gegensatz zu einem Betriebsrat kaum über effektive Rechtsschutzmöglichkeiten.

Ist er der Ansicht, dass die Dienststelle ein Beteiligungsrecht verletzt hat, kann er dies im Wege einer Feststellungsklage vor dem jeweils zuständigen Verwaltungsgericht feststellen lassen, allerdings nur, wenn er zuvor eine Einigung innerhalb der Dienststelle erfolglos zumindest versucht hat. Die Verwaltungsgerichte, respektive die dort eingerichteten Fachkammern, entscheiden gemäß Art. 81 Abs. 1 Nr. 3 BayPVG über die Zuständigkeit und die Rechtsstellung des Personalrats.

Ein Anspruch auf Feststellung der Unwirksamkeit einer konkreten Maßnahme steht dem Personalrat nicht zu; vielmehr ist die Unwirksamkeit von Maßnahmen von den betroffenen Beschäftigten selbst entweder vor den Arbeitsgerichten (bei Angestellten) oder vor den Verwaltungsgerichten (bei Beamten) geltend zu machen.

Der Personalrat kann außerdem der Dienststelle nicht mit einer einstweiligen Verfügung aufgeben, eine bestimmte Maßnahme zu unterlassen oder zurückzunehmen. Er hat lediglich die Möglichkeit, über ein einstweiliges Verfügungsverfahren gemäß Art. 81 Abs. 1 Nr. 3 BayPVG i. V. m. § 85 Abs. 2 ArbGG und § 935 ff. ZPO den Dienststellenleiter zu verpflichten, das Beteiligungsverfahren einzuleiten und/oder ihm Fortgang zu geben oder ein Stufenverfahren und ggf. Einigungsstellenverfahren zu veranlassen. Dies gilt jedoch nur, wenn dem Dienststellenleiter die Einleitung und Durchführung des Beteiligungsverfahrens objektiv und subjektiv möglich ist. Hat die Dienststellenleitung z. B. die Angelegenheit bereits einer Stufenvertretung vorgelegt, so hat sie keinen Einfluss mehr auf die weitere Durchführung des Verfahrens, was den Erlass einer einstweiligen Verfügung hindert (BayVGH vom 05.06.1991, Az. 18 PE 91.00603).

Letztinstanzlich entscheidet über Beschlüsse der Verwaltungsgerichte der BayVGH, und zwar **unanfechtbar** (Art. 81 Abs. 2 Satz 2 BayPVG). Eine Revision zum Bundesverwaltungsgericht findet nicht statt.

Die wichtigsten Begriffe von A bis Z

2

Abordnung

Der Personalrat hat ein unechtes Mitbestimmungsrecht gemäß Art. 75 Abs. 1 Satz 1 Nr. 7 BayPVG, es sei denn, der betroffene Beschäftigte ist mit der Abordnung einverstanden. Der Mitbestimmungstatbestand gilt sowohl für Beamte als auch für Angestellte. Zudem unterliegt die Abordnung eines Personalratsmitglieds der Zustimmungspflicht des Personalrats nach Art. 47 Abs. 3 BayPVG (vgl. Seite 37).

Die Abordnung wird auf drei Ebenen definiert: beamtenrechtlich, tarifrechtlich und personalvertretungsrechtlich. Kernvoraussetzung der Abordnung ist in allen Fällen der Dienststellenwechsel. Für Beamte gilt Art. 47 Abs. 1 BayBG sowie § 14 Abs. 1 BeamtStG. Danach bedeutet Abordnung die Zuweisung eines Beamten vorübergehend ganz oder teilweise einer anderen Dienststelle desselben oder eines anderen Dienstherrn zu einer seinem Amt entsprechenden Tätigkeit. Ein Ortswechsel ist nicht Voraussetzung der Abordnung.

Für Angestellte ist die Abordnung gemäß der Protokollerklärung 1 zu § 4 TVöD/TV-L die Zuweisung einer vorübergehenden Beschäftigung bei einer anderen Dienststelle oder einem anderen Betrieb desselben oder eines anderen Arbeitgebers unter Fortsetzung des bestehenden Arbeitsverhältnisses, wenn – so § 4 Abs. 1 Satz 1 TVöD/TV-L – dienstliche oder betriebliche Gründe dies erfordern. Die Abordnung lässt daher den Arbeitsvertrag unberührt; sie ist Ausprägung des Direktionsrechts.

Der personalvertretungsrechtliche Abordnungsbegriff ist nicht mit dem beamtenrechtlichen oder tarifrechtlichen Abordnungsbegriff identisch. Zwar ist beim personalvertretungsrechtlichen Abordnungsbegriff auch der Dienststellenwechsel entscheidendes Kriterium. Allerdings gilt hier der personalvertretungsrechtliche Dienststellenbegriff.

§

VGH München vom 15.03.2016, Az. 17 P 15.1211

Auch bei Zustimmung des Beschäftigten zu einer Abordnung, die der Vorbereitung einer Versetzung dient, ist die Personalvertretung in der gleichen Form zu beteiligen, wie an der Versetzung selbst. Hier bedürfen – unabhängig vom Betroffenen – die in der abgebenden und der aufnehmenden Dienststelle von der Maßnahme berührten weiteren Beschäftigten des kollektiv-rechtlichen Schutzes gerade zu dem Zeitpunkt, in dem die auf Dauer angelegten Veränderungen wirksam werden, mag ihre formelle rechtliche Verfestigung auch noch ausstehen.

Verfahren im Fall des Art. 75 Abs. 1 Satz 1 Nr. 7 BayPVG nach Art. 70 BayPVG, kein Initiativrecht, Zustimmungsverweigerung nur aus bestimmten Gründen, Art. 75 Abs. 2 BayPVG.

Verfahren im Fall des Art. 47 Abs. 3 BayPVG nach Art. 47 Abs. 3 Satz 3 BayPVG i. V. m. Art. 47 Abs. 2 BayPVG; Abordnung nur aus wichtigen dienstlichen Gründen.

Zustimmungsersetzungsantrag des Dienstherrn an das zuständige Verwaltungsgericht, wenn der Personalrat nicht innerhalb der Fristen des Art. 70 Abs. 2 Satz 3 und 4 BayPVG (zwei ggf. drei Wochen) der Abordnung zustimmt.

Altersgrenze

Der Personalrat hat hier zwei unechte Mitbestimmungsrechte:

- beim Hinausschieben des Eintritts in den Ruhestand (→ Ruhestand) wegen Erreichens der Altersgrenze (für Beamte Art. 75 Abs. 1 Nr. 8 BayPVG)
- bei der Weiterbeschäftigung von Arbeitnehmern über die Altersgrenze hinaus (für Arbeitnehmer Art. 75 Abs. 1 Nr. 9 BayPVG)

Bei Beamten ist die Vorschrift des Art. 63 Abs. 1 und 2 BayBG maßgeblich. Danach kann der Eintritt in den Ruhestand über das 67. Lebensjahr oder eine sonst gesetzlich festgestellte Altersgrenze hinausgeschoben werden.

Der seit 01.01.2011 geltende Art. 143 BayBG enthält Übergangsregelungen zur Anhebung der Altersgrenzen. Bei Arbeitnehmern ist die Altersgrenze nicht gesetzlich festgelegt. Stattdessen sehen die Tarifwerke des öffentlichen Dienstes (§ 33 Abs. 1 Buchst. a TVöD/TV-L) eine Beendigung des Arbeitsverhältnisses für den Zeitpunkt vor, in dem der Arbeitnehmer die Voraussetzungen für die Beantragung der gesetzlichen Regelaltersrente erreicht. Soll ein Arbeitnehmer über die Altersgrenze hinaus beschäftigt werden, ist ein neuer Arbeitsvertrag abzuschließen. In der Regel liegt in diesem Fall auch eine Einstellung vor (→ Einstellung).

Verfahren in beiden Fällen nach Art. 70 BayPVG, eingeschränktes Initiativrecht des Personalrats bei Arbeitnehmern (Art. 75 Abs. 1 Nr. 9 BayPVG i. V. m. Art. 70a Abs. 2 BayPVG), Zustimmungsverweigerung nur aus bestimmten Gründen, Art. 75 Abs. 2 BayPVG.

Arbeitsleistung

Maßnahmen zur Steigerung der Arbeitsleistung und zur Erleichterung des Arbeitsablaufs unterliegen der echten Mitwirkung des Personalrats gemäß Art. 76 Abs. 2 Nr. 2 BayPVG. Ziel des Mitwirkungstatbestands ist der Schutz der Beschäftigten vor Überlastung (→ Gesundheitsschutz). Unter Arbeitsleistung versteht man das Arbeitspensum. Ziel der Maßnahme muss somit eine Förderung dieses Arbeitspensums sein.

Keine Maßnahmen zur Hebung der Arbeitsleistung im Sinne der Nr. 2 sind:

- Maßnahmen, die die Arbeitsbelastung senken
- Anordnung von Mehrarbeit oder Überstunden
- Arbeitsumverteilung
- Technisierung von Arbeitsabläufen (z. B. Einführung von Fotokopierern, Ersatz von Menschenarbeit durch Maschinenarbeit)
- Anwesenheits- und Leistungskontrollen, Evaluationsbögen
- Einführung einer Präsenzpflicht
- Übertragung von zusätzlichen Aufgaben in der „Wegezeit"

Maßnahmen zur Hebung der Arbeitsleistung im Sinne der Nr. 2 können sein:

- Rationalisierungsmaßnahmen, die den Personalbestand unberührt lassen, sich aber unmittelbar auf die Erhöhung der Arbeitsmenge auswirken
- Zusammenfassung oder Verlagerung von Arbeitsvorgängen (z. B. Einrichtung eines zentralen Schreibdienstes)
- Zuweisung zusätzlicher Aufgaben bei gleichzeitiger Ziel- bzw. Zeitvorgabe
- Zuweisung zusätzlichen Personals an Vorgesetzte
- Kürzung der Arbeitszeit bei gleichbleibender Arbeitsmenge
- Erhöhung des Arbeitsumfangs bei gleichbleibender Arbeitszeit

Eine Erleichterung des Arbeitsablaufs liegt vor, wenn bereits angewandte Arbeitsmethoden geändert werden und zu einer Entlastung der Beschäftigten führen. „Arbeitsmethoden" meint aufeinander aufbauende, sich regelmäßig wiederholende und einem bestimmten Arbeitsziel geschuldete Arbeitsvorgänge. Unter Maßnahmen zur Erleichterung des Arbeitsablaufs fällt insbesondere die Einführung von technischen Einrichtungen.

Verfahren nach Art. 72 BayPVG, eingeschränktes Initiativrecht des Personalrats gemäß Art. 70a Abs. 3 BayPVG.

Gleichzeitig betroffene Beteiligungstatbestände können sein: Art. 75a Abs. 1 BayPVG, Art. 75 Abs. 4 Satz 1 Nr. 1, 3, 8 BayPVG, Art. 76 Abs. 2 Nr. 4 BayPVG, Art. 76 Abs. 3 Satz 3 BayPVG

Informationsrechte des Personalrats: Art. 69 Abs. 2 Satz 1 BayPVG, Art. 79 Abs. 2 BayPVG, § 3 RatSchTV, § 7 Abs. 3 TzBfG, § 6 Abs. 4 Satz 2 ArbZG (→ Informationsrechte)

Der Abschluss einer Dienstvereinbarung ist möglich nach Art. 73 Abs. 1 BayPVG.

Arbeitsmethoden

Bei Einführung grundlegend neuer Arbeitsmethoden steht dem Personalrat ein echtes Mitwirkungsrecht nach Art. 76 Abs. 2 Nr. 1 BayPVG zu. Dieses Mitwirkungsrecht fällt in der Regel mit dem Tatbestand des Art. 76 Abs. 2 Nr. 2 BayPVG zusammen (Maßnahmen zur Hebung der Arbeitsleistung und zur Erleichterung des Arbeitsablaufs → Arbeitsleistung). Der Begriff Arbeitsmethode bezeichnet die Ausführung eines Arbeitsablaufs durch Menschen. Der Tatbestand greift nur, wenn eine grundlegend neue Arbeitsmethode eingeführt wird, das heißt, wenn eine tief greifende Änderung der Art und Weise der Methodik stattfindet. Dies kann der Fall sein bei Einführung von EDV, IuK, Bildschirmarbeit einschließlich elektronischer Diktiersysteme, E-Mail, Telefax, Ersatz von Handarbeit durch Maschinenarbeit, Einrichtung von Telearbeitsplätzen, Arbeit mit mobilen Endgeräten.

Verfahren nach Art. 72 BayPVG, eingeschränktes Initiativrecht gemäß Art. 70a Abs. 3 BayPVG.

Gleichzeitig betroffene Beteiligungstatbestände können sein: Art. 75a Abs. 1 BayPVG, Art. 75 Abs. 4 Satz 1 Nr. 1, 3, 8 BayPVG, Art. 76 Abs. 2 Nr. 4 BayPVG, Art. 76 Abs. 3 Satz 3 BayPVG

Informationsrechte des Personalrats: Art. 69 Abs. 2 Satz 1 BayPVG, Art. 79 Abs. 2 BayPVG, § 3 RatSchTV, § 7 Abs. 3 TzBfG (→ Informationsrechte)

Der Abschluss einer Dienstvereinbarung ist möglich nach Art. 73 Abs. 1 BayPVG.

Arbeitsplätze

Bei der Gestaltung der Arbeitsplätze hat der Personalrat ein echtes Mitwirkungsrecht gemäß Art. 76 Abs. 2 Nr. 3 BayPVG. Der Arbeitsplatz ist der unmittelbar räumliche Bereich, in dem der Beschäftigte seine Arbeit verrichtet. Gestaltung meint die Einrichtung, Unterhaltung, Umgestaltung und Ausgestaltung der Arbeitsplätze in Bezug auf die ggf. arbeitsteilig zu verrichtende Tätigkeit, somit in erster Linie die Ausstattung mit Einrichtungsgegenständen. Der Personalrat hat insbesondere auf die Einhaltung der für den Arbeitsschutz geltenden Vorschriften (→ Gesundheitsschutz) zu achten (u. a. Besonnung, Belichtung, Belüftung).

Pausen- und Umkleideräume zählen nicht zu Arbeitsplätzen. Ebenfalls nicht beteiligungspflichtig ist die Ausgestaltung mit nicht unmittelbar dem Arbeitsplatz dienenden Gegenständen (z. B. Bilder) sowie bloßes „Tische- und/oder Stühlerücken" des Dienstherrn.

Verfahren nach Art. 72 BayPVG, eingeschränktes Initiativrecht gemäß Art. 70a Abs. 3 BayPVG.

Gleichzeitig betroffene Beteiligungstatbestände können sein: Art. 75a Abs. 1 BayPVG, Art. 75 Abs. 4 Satz 1 Nr. 1, 3, 8 BayPVG, Art. 76 Abs. 2 Nr. 4 BayPVG, Art. 76 Abs. 3 Satz 3 BayPVG

Informationsrechte des Personalrats: Art. 69 Abs. 2 Satz 1 BayPVG, Art. 79 Abs. 2 BayPVG, § 2 RatSchTV, § 6 Abs. 4 Satz 2 ArbZG (→ Informationsrechte)

Der Abschluss einer Dienstvereinbarung ist möglich nach Art. 73 Abs. 1 BayPVG.

Arbeitsvertrag

→ Einstellung

Arbeitszeit

Der Personalrat hat ein echtes Mitbestimmungsrecht gemäß Art. 75 Abs. 4 Satz 1 Nr. 1 BayPVG bei der Festlegung der Arbeitszeit am einzelnen Arbeitstag und bei der Verteilung der Arbeitstage auf die Wochentage, soweit keine gesetzliche oder tarifliche Regelung besteht. Für Beamte gilt über Art. 87 Abs. 1 BayBG die Arbeitszeitverordnung (AzV). Zu beachten ist, dass über § 13 AzV die Regelungen der AzV für Beamte auch für Arbeitnehmer gelten, soweit sie hoheitliche Aufgaben wahrnehmen und keine tarifvertraglichen Regelungen entgegenstehen. Tarifliche Vorgaben finden sich z. B. in §§ 6, 7 TVöD/TV-L. Das Arbeitszeitgesetz findet zwar Anwendung, allerdings ohne §§ 3 bis 13 ArbzG (vgl. §§ 2 Abs. 2, 19 ArbzG). Da es sich um einen Kollektivtatbestand handelt, sind nur Arbeitszeitregelungen für mehrere (nicht notwendigerweise alle) Beschäftigte mitbestimmungspflichtig. Muss die Arbeitszeit für Gruppen von Beschäftigten nach Erfordernissen geregelt werden, die die Dienststelle nicht voraussehen kann, hat der Personalrat ein Mitbestimmungsrecht nur bei Grundsätzen für die Aufstellung von Dienstplänen (z. B. Winterdienst). Gemäß Art. 73 Abs. 1 Satz 3 BayPVG können Dienstvereinbarungen in den Fällen der §§ 7 und 12 des ArbzG geschlossen werden, soweit ein Tarifvertrag dies zulässt. § 6 Abs. 4 TVöD/TV-L enthält entsprechende Öffnungsklauseln.

Nicht mitbestimmungspflichtig sind grundsätzlich:

- arbeitszeitrechtliche Qualifikation des Bereitschaftsdiensts
- Definition von Wegezeiten, Reisezeiten, Umkleidezeiten
- Teile der täglichen Arbeitszeit

Mitbestimmungspflichtig sind grundsätzlich:

- Anordnung von Rufbereitschaft
  Die Anordnung von Rufbereitschaft ist eine Festlegung zu Beginn und Ende der Arbeitszeit im Sinne von § 74 Abs. 1 Nr. 9 HePersVG und unterliegt daher der Mitbestimmung der Personalvertretung (BVerwG vom 04.09.2012, Az. 6 P 10.11).
- gleitende Arbeitszeit
- feste Arbeitszeit
- Schichtdienst
- Lage der Pausen
- Verteilung (nicht Anordnung) von Überstunden und Mehrarbeitszeit
- Verteilung bei Kurzarbeit
- generelle (auch streikbedingte) Dienstpläne
- Turnus von Nacht-, Sonn-, Feiertagsarbeit

Verfahren nach Art. 70 BayPVG; starkes Initiativrecht gemäß Art. 70a Abs. 1 BayPVG.

Gleichzeitig betroffene Beteiligungstatbestände können sein: Art. 75 Abs. 1 Satz 1 Nr. 6, 7 BayPVG, Art. 75 Abs. 4 Satz 1 Nr. 1, 3, 8 BayPVG, Art. 76 Abs. 2 Nr. 1, 2 BayPVG

Informationsrechte des Personalrats: Art. 69 Abs. 2 Satz 1 BayPVG, § 3 RatSchTV, § 7 TzBfG, § 6 Abs. 4 Satz 2 ArbZG (→ Informationsrechte)

Der Abschluss einer Dienstvereinbarung ist möglich nach Art. 73 Abs. 1 BayPVG.

Beförderung

Der Begriff gilt ausschließlich für Beamte. Der Personalrat hat hier ein Mitbestimmungsrecht nach Art. 75 Abs. 1 Satz 1 Nr. 2 BayPVG. Unter Beförderungen versteht man eine Ernennung, durch die einem Beamten ein anderes Amt mit höherem Endgrundgehalt und anderer Amtsbezeichnung verliehen wird (vgl. § 3 Abs. 2 Satz 1 LbV i. V. m. § 8 Abs. 1 BeamtStG; seit 01.01.2011 sind Beförderungen in Art. 17 und 18 BayLlbG geregelt). Es gelten Art. 33 Abs. 2 GG („Prinzip der Bestenauslese") sowie § 9 BeamtStG.

Das Mitbestimmungsrecht bei der Beförderung umfasst auch die Mitbestimmung bei der Übertragung eines anderen Amts mit höherem Endgrundgehalt für eine Dauer von sechs Monaten. Der Personalrat hat, da das Prinzip der Bestenauslese dem Ziel der bestmöglichen Besetzung von Stellen des öffentlichen Dienstes dient, insbesondere darüber zu wachen, dass sich die Beförderung auf eine differenzierte Beurteilung (→ Beurteilungen) durch den Dienstherrn und einen abstrakten leistungsbezogenen Kriterienkatalog stützt, Anforderungs- und Auswahlprofile diskriminierungsfrei gestaltet sind (→ Diskriminierung), und die Mindestwartezeiten eingehalten wurden.

Verfahren nach Art. 70 BayPVG, eingeschränktes Initiativrecht nach Art. 70a Abs. 2 BayPVG.

Zustimmungsverweigerung nur aus bestimmten Gründen gemäß Art. 75 Abs. 2 BayPVG.

Behinderung

Menschen mit Behinderungen sind nach der Legaldefinition des § 2 Abs. 1 SGB IX Menschen, die körperliche, seelische, geistige oder Sinnesbeeinträchtigungen haben, die sie in Wechselwirkung mit einstellungs- und umweltbedingten Barrieren an der gleichberechtigten Teilhabe an der Gesellschaft mit hoher Wahrscheinlichkeit länger als sechs Monate hindern können. Eine solche Beeinträchtigung liegt vor, wenn der Körper- und Gesundheitszustand von dem für das Lebensalter typischen Zustand abweicht.

Eine Schwerbehinderung ist gegeben, wenn ein Grad der Behinderung (GdB) von wenigstens 50 vorliegt und der Betroffene seinen Wohnsitz, seinen gewöhnlichen Aufenthalt oder seine Beschäftigung auf einem Arbeitsplatz im Sinne des § 156 SGB IX rechtmäßig im Geltungsbereich des SGB IX hat. Der Personalrat hat gemäß Art. 69 Abs. 1 Buchst. d BayPVG die Eingliederung Schwerbehinderter und sonstiger schutzbedürftiger Personen in die Dienststelle zu fördern und für eine ihren Fähigkeiten und Kenntnissen entsprechende Beschäftigung zu sorgen. Gemäß Art. 69 Abs. 1 Buchst. e BayPVG hat der Personalrat Maßnahmen zur beruflichen Förderung schwerbehinderter Menschen zu beantragen. Der Personalrat hat außerdem allgemein gemäß Art. 69 Abs. 1 Buchst. b BayPVG über die Einhaltung der zugunsten der behinderten und schwerbehinderten Menschen geltenden Normen zu wachen – unabhängig von einer gesondert gebildeten Schwerbehindertenvertretung (vgl. Seite 58). Zudem hat er den Schutz aller Behinderten vor Diskriminierung zu überwachen (→ Diskriminierung).

Der Personalrat wirkt gemäß § 176 Satz 2 2. Halbsatz SGB IX auf die Bildung einer Schwerbehindertenvertretung hin.

Der Personalrat ist gemäß § 182 SGB IX verpflichtet, mit der Schwerbehindertenvertretung zusammenzuarbeiten und für die Eingliederung schwerbehinderter Menschen gemäß § 176 SGB IX zu sorgen. Dabei ist insbesondere die Einhaltung der Beschäftigungspflichten (§§ 154, 156 SGB IX) und der besonderen Arbeitgeberpflichten (§§ 164, 165, 167 SGB IX) sowie die behinderungsgerechte Gestaltung und Ausstattung der Arbeitsplätze zu überwachen. Ein Verstoß gegen diese Vorschriften berechtigen den Personalrat im Rahmen des Mitbestimmungsverfahrens zur Zustimmungsverweigerung gemäß Art. 75 Abs. 2 Nr. 1 BayPVG.

Der Personalrat achtet zudem auf die Einhaltung der „Inklusionsrichtlinien" (Richtlinien über die Inklusion behinderter Angehöriger des Öffentlichen Dienstes in Bayern); diese Richtlinien sind zugleich eine Inklusionsvereinbarung im Sinne von § 166 SGB IX.

Mitbestimmungsrechte des Personalrats können sich in diesem Zusammenhang in allen personellen Angelegenheiten nach Art. 75 Abs. 1 BayPVG ergeben; Mitwirkungsrechte insbesondere im Bereich des Art. 76 Abs. 2 Nr. 1 bis 3, Art. 76 Abs. 1 BayPVG.

Ein Mitwirkungsrecht des Personalrats betrifft die Bestellung des Inklusionsbeauftragten nach § 181 SGB IX (nicht Schwerbehindertenvertreter), Art. 76 Abs. 1 Satz 1 Nr. 9 BayPVG. Der Inklusionsbeauftragte wird durch den Arbeitgeber bestellt. Er vertritt den Arbeitgeber verantwortlich in Angelegenheiten schwerbehinderter Menschen und ist somit der Gegenpol zur Schwerbehindertenvertretung. Der Beauftragte sollte nach Möglichkeit selbst ein schwerbehinderter Mensch sein und achtet vor allem darauf, dass dem Arbeitgeber gegenüber schwerbehinderten Personen obliegende Verpflichtungen erfüllt werden. Kommt es zu personen- verhaltens- oder betriebsbedingten Schwierigkeiten im Arbeits- oder sonstigen Beschäftigungsverhältnis (auch im Beamtenverhältnis), ist dem Personalrat eine Unterstützungsfunktion für Schwerbehinderte im Rahmen des § 167 Abs. 1 SGB IX zugewiesen, um zusammen mit den weiteren in § 167 Abs. 1 SGB IX genannten Stellen diese Konflikte zu beseitigen.

Dem Personalrat stehen sämtliche Informationen zu, die nach den ihm übertragenen Aufgaben erforderlich sind; hierbei sollte die Dienststelle nicht kleinlich verfahren (→ Informationsrechte).

Der Abschluss einer Dienstvereinbarung zur Inklusion schwerbehinderter Menschen (Inklusionsvereinbarung) ist möglich nach Art. 73 Abs. 1 BayPVG.

Betriebliches Eingliederungsmanagement (BEM)

Unter BEM versteht man das sogenannte betriebliche Eingliederungsmanagement nach § 167 Abs. 2 SGB IX. Ist ein Beschäftigter – unabhängig von einer etwaigen Schwerbehinderung – innerhalb eines Jahres länger als sechs Wochen ununterbrochen oder wiederholt arbeitsunfähig, muss der Arbeitgeber unter anderem mit der „zuständigen Interessenvertretung" mit Zustimmung und Beteiligung der betroffenen Person die Möglichkeiten klären, wie die Arbeitsunfähigkeit möglichst überwunden und mit welchen Leistungen oder Hilfen erneuter Arbeitsunfähigkeit vorgebeugt und der Arbeitsplatz erhalten werden kann. § 167 Abs. 2 SGB IX gilt sowohl für Angestellte als auch Beamte.

Der Personalrat kann als zuständige Interessenvertretung nur mit Zustimmung des Beschäftigten am BEM teilnehmen. Dies ergibt sich aus dem Recht der Selbstbestimmung des betroffenen Beschäftigten.

VGH München vom 15.03.2016, Az. 17 P 14.2689

Der Dienststellenleiter hat einem vom Personalrat bestimmten Mitglied regelmäßig – hier monatlich – die Namen der Beschäftigten, denen ein betriebliches Eingliederungsmanagement nach § 84 Abs. 2 SGB IX anzubieten ist, unabhängig von deren Zustimmung mitzuteilen (Aufgabe der bisherigen Rechtsprechung).

Der Abschluss einer Dienstvereinbarung zum Inhalt des BEM ist wegen der Sperrwirkung des Art. 73 Abs. 1 BayPVG nicht möglich, da das BEM gesetzlich abschließend geregelt ist. Allerdings kann (nicht: muss!) mit dem Personalrat nach Art. 73 Abs. 1 Satz 3 BayPVG eine Dienstvereinbarung zur Umsetzung des BEM (also rein zum Verfahrensablauf) abgeschlossen werden.

Berufsausbildung

Bei der Durchführung der Berufsausbildung – nicht bei der Fortbildung – besteht ein echtes Mitbestimmungsrecht gemäß Art. 75 Abs. 4 Satz 1 Nr. 6 BayPVG, soweit keine gesetzliche oder tarifliche Regelung besteht. Der Tatbestand gilt nur für Angestellte, nicht für Beamte und Dienstanfänger. Der Begriff der Berufsausbildung ist in § 1 Abs. 2 BBiG geregelt. Der Mitbestimmungstatbestand läuft weitgehend leer, da die Berufsausbildung abschließend im BBiG geregelt ist.

Da es sich um einen Kollektivtatbestand handelt, eröffnen sich Anwendungsbereiche nur hinsichtlich genereller Regelungen zum zeitlichen Ablauf der Ausbildung (einschließlich Stationen) oder des Einsatzes von Ausbildern. Der Jugend- und Auszubildendenvertretung ist neben dem Personalrat eine besondere Zuständigkeit zugewiesen, Art. 57 BayPVG.

Verfahren nach Art. 70 BayPVG, starkes Initiativrecht gemäß Art. 70a Abs. 1 BayPVG.

Beschäftigte

Das BayPVG gilt für alle Beschäftigten nach Art. 4 BayPVG. Danach sind Beschäftigte Beamte nach den geltenden Beamtengesetzen, wobei Dienstanfänger den Beamten gleichstehen, und Arbeitnehmer einschließlich der zu ihrer Berufsausbildung Beschäftigten (Art. 4 Abs. 1 und 2 BayPVG). Der Beschäftigtenbegriff ist insbesondere maßgebend für die Frage nach der Wahlberechtigung nach Art. 13 BayPVG und der Wählbarkeit nach Art. 14 BayPVG sowie der Größe des Personalrats nach Art. 16 BayPVG; er hat außerdem Auswirkungen auf die Bildung von Dienststellen im Sinne der Art. 6 Abs. 3 und 5 BayPVG (→ Dienststelle).

Mit Wirkung zum 01.08.2013 wurde der Beschäftigtenbegriff erweitert. Gemäß Art. 4 Abs. 5 BayPVG sind bei der Ermittlung der Zahl der in der Regel Beschäftigten im Sinne des BayPVG nunmehr auch Beschäftigte in der Freistellungsphase der Altersteilzeit zu berücksichtigen, sofern die entsprechende Stelle nachbesetzt werden soll. Zudem sind Beschäftigte in Elternzeit und ohne Bezüge beurlaubte Beschäftigte mitzuzählen.

Arbeitnehmer sind Beschäftigte, die aufgrund eines privatrechtlichen Vertrags im Dienst eines in Art. 1 BayPVG genannten Rechtsträgers zu fremdbestimmter Arbeit in persönlicher Abhängigkeit verpflichtet sind. Als Arbeitnehmer gelten auch Beschäftigte, die sich in einer beruflichen Ausbildung befinden. Rechtsträger im Sinne des Art. 1 BayPVG sind Verwaltungen, Gerichte, Schulen und Betriebe des Staates, der Gemeinden, Gemeindeverbände und der sonstigen der Aufsicht des Staats unterliegenden oder nicht bundesunmittelbaren Körperschaften, Anstalten und Stiftungen des öffentlichen Rechts. Die Rechtsnatur des Vertrags (Arbeits- oder Dienstvertrag) ist irrelevant. In der Praxis bereitet die weite Definition des Arbeitnehmerbegriffs jedoch teilweise Schwierigkeiten.

Als Arbeitnehmer können in der Regel auch gelten:

- nach Vertragsstellung an sich freie Mitarbeiter, wenn sie tatsächlich fremdbestimmte Arbeit in Abhängigkeit vom Auftraggeber ausführen
- Familienhelferinnen nach § 31 SGB VIII
- Leiharbeitnehmer (insbesondere bei der → Einstellung)
- Mitarbeiter in gemeinsamen Einrichtungen mit der Bezeichnung Jobcenter nach § 6d, § 44b SGB II sowie nach § 9 SGB III (Gemeinsame Einrichtungen mit der Bezeichnung Jobcenter sind eigenständige Dienststellen, § 44h SGB II; jedoch gilt für diese das BPersVG)
- Chefärzte von Krankenhäusern auch bei fachlicher Weisungsunabhängigkeit

Als Arbeitnehmer gelten in der Regel nicht:

- Ein-Euro-Jobber
- Beschäftigte in einem freiwilligen sozialen oder ökologischen Jahr
- Beschäftigte, die im Rahmen von sogenannten Personalgestellungsverträgen eingesetzt werden (dem Personalrat steht aber ein Mitbestimmungsrecht bei der → Einstellung und → Zuweisung zu)

Weitere konkrete Ausnahmen vom Beschäftigtenbegriff enthält Art. 4 Abs. 4 BayPVG.

Betriebsübergang

Ein Betriebsübergang im Sinne des § 613a Abs. 1 BGB liegt immer dann vor, wenn ein Betrieb oder Betriebsteil (bzw. eine Dienststelle oder ein Dienststellenteil) unter Wahrung der Identität der wirtschaftlichen Einheit durch Rechtsgeschäft auf einen anderen Inhaber übergeht; dann tritt der neue Inhaber in die Rechte und Pflichten aus den im Zeitpunkt des Übergangs bestehenden Arbeitsverhältnissen ein. In der Regel liegt bei einer Privatisierung von öffentlichen Einrichtungen oder Einrichtungsteilen ein Betriebsübergang im Sinne des § 613a BGB vor, mit der Folge, dass der RatSchTV keine Anwendung findet (vgl. § 1 Abs. 3 RatSchTV).

Kein Betriebsübergang liegt vor in Fällen der Art. 88 und 89 BayGO (Eigenbetriebe, Kommunalunternehmen) oder bei Regiebetrieben. Ein Betriebsübergang liegt ebenfalls nicht vor bei der Zuweisung von Personal durch Personalüberleitungs- oder Personalgestellungsverträge sowie bei Zuweisung von Beamten nach § 20 BeamtStG oder der Zuweisung von Arbeitnehmern aufgrund einer entsprechenden tariflichen Regelung. Ein generelles Beteiligungsrecht des Personalrats bei einem Betriebsübergang im Sinne von § 613a Abs. 1 BGB besteht nicht. Allerdings kann der Mitwirkungstatbestand des Art. 76 Abs. 2 Nr. 4 BayPVG gegeben sein (Verfahren nach Art. 72 BayPVG). Zudem steht dem Personalrat ein Informations- und Beratungsrecht nach Art. 7 Abs. 1 der Richtlinie 77/187/EWG in der Fassung der Richtlinie 2001/23/EG vom 12.03.2001 zu (→ Informationsrechte).

Beurteilungen

Der Personalrat hat hier ein Informationsrecht gemäß Art. 69 Abs. 2 Satz 4 BayPVG. Allerdings sind dem Personalrat von dienstlichen Beurteilungen nur die abschließenden Bewertungen bekanntzugeben. „Dienstliche Beurteilungen“ meinen ausschließlich die Beurteilungen von Beamten gemäß §§ 57 bis 66 LbV bzw. seit 01.01.2011 gemäß Art. 54 bis 65 BayLlbG.

Seit 2013 sind dem Personalrat gemäß Art. 69 Abs. 2 Satz 5 BayPVG auch die Bewertungen der wesentlichen Beurteilungskriterien mitzuteilen, wenn für eine Auswahlentscheidung eine Binnendifferenzierung nach Art. 16 Abs. 2, Art. 17 Abs. 7 BayLlbG vorzunehmen ist.

Die Beurteilung knüpft am Prinzip der Bestenauslese (Art. 33 Abs. 2 GG) und am Leistungsprinzip (§ 9 BeamtStG) an (→ Beförderung). Die Information über das abschließende Gesamturteil muss erforderlich sein. Der Informationsanspruch kann durch das Recht auf informationelle Selbstbestimmung des Betroffenen begrenzt sein. Es reicht jedoch nicht aus, dass sich die Dienststelle zur Abwehr des Informationsanspruchs nur hierauf beruft, wenn die Unterrichtung des Personalrats für seine Aufgabenwahrnehmung erforderlich ist.

Der Personalrat hat außerdem ein echtes Mitbestimmungsrecht gemäß Art. 75 Abs. 4 Satz 1 Nr. 11 BayPVG bei der Aufstellung von (materiellen) Beurteilungsrichtlinien, soweit keine gesetzliche oder tarifliche Regelung besteht. Das Mitbestimmungsrecht steht in unmittelbarem Zusammenhang mit den allgemeinen Aufgaben des Personalrats gemäß Art. 69 Abs. 1 und Art. 68 BayPVG, wonach der Personalrat auf die Gleichbehandlung der Beschäftigten zu achten hat (Willkürverbot). Beurteilungsrichtlinien können das „Ob“ und „Wie“ der Beurteilung enthalten. Das Mitbestimmungsrecht des Personalrats umfasst lediglich die Festlegung und Ausgestaltung von abstrakten Beurteilungskriterien, das heißt das Beurteilungssystem.

Bei Beamten ist die Mitbestimmung aufgrund der gesetzlichen Vorgaben der LbV – insbesondere des Art. 15 BayBG, § 61 Abs. 6 LbV, Nr. 2.2 VV zu Art. 118 BayBG bzw. seit 01.01.2011 Art. 58 BayLlbG – eingeschränkt. Tarifliche Vorgaben für Angestellte gibt es nicht. Der Dienstherr kann aber auch für Angestellte allgemeine Beurteilungsgrundsätze aufstellen. Macht er von dieser Möglichkeit Gebrauch, entsteht das Mitbestimmungsrecht des Personalrats gemäß Art. 75

Abs. 4 Satz 1 Nr. 11 BayPVG in gleichem Maße, wie der Dienstherr die Richtlinien generell ausgestaltet.

Verfahren nach Art. 70 BayPVG, kein Initiativrecht.

Gleichzeitig betroffene Beteiligungstatbestände können sein: Art. 76 Abs. 1 Satz 1 Nr. 1 BayPVG

Für Personalratsmitglieder gelten bei dienstlichen Beurteilungen die Vorschriften des Tätigkeitsschutzes gemäß Art. 8 und Art. 46 Abs. 1 bis 3 BayPVG. Bei ganz oder teilweise freigestellten Personalratsmitgliedern ist eine Beurteilung nicht zulässig, weil die Personalratstätigkeit nicht beurteilt werden darf (bei teilweise freigestellten Personalratsmitgliedern naturgemäß nur für die tatsächliche Personalratstätigkeit). Gleichwohl ist die berufliche Laufbahn des Betroffenen aufgrund des Benachteiligungsverbots des Art. 8 BayPVG fiktiv nachzuzeichnen. Ein Betroffener darf somit nicht nur deshalb nicht befördert (→ Beförderung) oder höhergruppiert (→ Höhergruppierung) werden, weil eine Beurteilung aufgrund der Personalratstätigkeit nicht erlaubt ist. Der Dienstherr muss dann anhand eines Parallelvergleichs zu ähnlichen Beschäftigten und der letzten Beurteilung des Betroffenen eine hierauf basierende Leistungsentwicklung unterstellen.

Datenschutz

Datenschutz ist sowohl in der DSGVO als auch im BayDSG geregelt. Er spielt die größte Rolle bei Unterrichtungs- und Informationsansprüchen des Personalrats (→ Informationsrechte). Das BayDSG konkretisiert die DSGVO für den öffentlichen Dienst in Bayern.

Gemäß Art. 1 Abs. 5 BayDSG gehen besondere Rechtsvorschriften über den Datenschutz dem BayDSG vor. Hierunter fallen auch Vorschriften des BayPVG, nämlich Art. 75 Abs. 4 Nr. 10 bis 13, Art. 76 Abs. 2 Nr. 5, Abs. 3 BayPVG sowie der Unterrichtungsanspruch gemäß Art. 69 Abs. 2 BayPVG (auch hinsichtlich der leistungsorientierten Bezahlung). Deshalb ist sowohl der Datenfluss zwischen Dienststelle und Personalvertretung als auch die Speicherung personenbezogener Daten durch den Personalrat im Rahmen der ihm nach dem BayPVG zugewiesenen Aufgaben unbedenklich. Der Personalrat ist nicht „Dritter" im Sinne des Art. 4 Nr. 10 BayDSG. Daran hat auch die DSVGO nichts geändert.

Trotzdem kann der Unterrichtungsanspruch des Personalrats gemäß Art. 69 Abs. 2 BayPVG (auch in seinen Ausprägungen bei den einzelnen Beteiligungstatbeständen) rechtlich durch das Recht auf informationelle Selbstbestimmung (Art. 2 Abs. 1, Art. 1 Abs. 1 GG) eines Beschäftigten begrenzt sein (vgl. den Wortlaut des Art. 70 Abs. 2 Satz 2 BayPVG). Ist die Information für die Tätigkeit des Personalrats zwingend erforderlich, entsteht ein unbegrenzter Informationsanspruch. Dies gilt z. B. bei einer beabsichtigten krankheitsbedingten Kündigung eines Beschäftigten; hier ist die Dienststelle verpflichtet, dem Personalrat im Rahmen der Beteiligung nach Art. 77 Abs. 1 BayPVG auch die bisherigen Krankheitszeiten mitzuteilen (→ Kündigung). Umgekehrt gibt es jedoch keinen generellen Anspruch des Personalrats auf Mitteilung der Krankheitszeiten aller Beschäftigten (eine Ausnahme könnte sich wiederum ergeben, wenn der Personalrat im Rahmen seiner allgemeinen Aufgaben nach Art. 69 Abs. 1 BayPVG Anhaltspunkte dafür hat, dass die Krankheitszeiten auf betrieblichen oder dienstlichen Ursachen beruhen). Nach diesseitiger Auffassung unterliegt der Personalrat ausreichend sowohl seiner Schweigepflicht nach Art. 10 BayPVG als auch § 5 BayDSG, so dass eine besondere Verpflichtung des Personalrats in seiner konkreten Funktion (Art. 46 Abs. 1 BayPVG) auf das Datengeheimnis nicht mehr notwendig ist.

Bei der Bestellung eines Datenschutzbeauftragten ist der Personalrat mangels gesetzlicher Vorgaben nicht zu beteiligen. Der Datenschutzbeauftragte ist aber „Stelle“ im Sinne des Art. 79 Abs. 1 BayPVG (→ Gesundheitsschutz, Unfallverhütung/Arbeitsschutz).

§ **BAG vom 23.03.2011, Az. 10 AZR 562/09**

Aus der Mitgliedschaft im Personalrat folgt keine – generelle – Unzuverlässigkeit des Arbeitnehmers für die Ausübung des Amts eines Beauftragten für den Datenschutz.

Datenschutzrechtliche Vorgaben sind außerdem im Rahmen des Mitbestimmungsrechts bei der automatisierten Datenverarbeitung gemäß Art. 75a Abs. 1 BayPVG zu beachten (→ IuK). Der Personalrat hat darüber zu wachen, dass die Vorschriften des BayDSG und der DSVGO eingehalten werden (vgl. Art. 69 Abs. 1 Buchst. b BayPVG).

Der Abschluss einer Dienstvereinbarung ist in Zusammenhang mit Art. 75a Abs. 1 BayPVG möglich nach Art. 73 Abs. 1 BayPVG.

Dienstplan

Dienstpläne regeln grundsätzlich die Arbeitszeit generell für alle Beschäftigten einer Dienststelle oder bestimmte Beschäftigtengruppen. Ein echtes Mitbestimmungsrecht des Personalrats besteht bei der Festlegung von Beginn und Ende der täglichen Arbeitszeit und der Pausen sowie deren Verteilung auf die einzelnen Wochentage, Art. 75 Abs. 4 Satz 1 Nr. 1 und Satz 2 BayPVG (→ Arbeitszeit). Muss für eine Gruppe von Beschäftigten die Arbeitszeit nach kurzfristigen und unregelmäßigen Erfordernissen geregelt werden, die die Dienststelle nicht voraussehen kann, ist die Mitbestimmung des Personalrats auf die Grundsätze für die Aufstellung von Dienstplänen begrenzt, Art. 75 Abs. 4 Satz 2 BayPVG. Bei der konkreten Anwendung eines mitbestimmten Dienstplans gegenüber einem Beschäftigten im Einzelfall (z. B. Überstundenanordnung) steht dem Personalrat kein Beteiligungsrecht zu.

Verfahren nach Art. 70 BayPVG, starkes Initiativrecht gemäß Art. 70a Abs. 1 BayPVG.

Gleichzeitig betroffene Beteiligungstatbestände können sein: Art. 75 Abs. 1 Satz 1 Nr. 6 und 7; Art. 75 Abs. 4 Satz 1 Nr. 1, 3, 8 BayPVG, Art. 76 Abs. 2 Nr. 1 und 2 BayPVG

Informationsrechte des Personalrats: Art. 69 Abs. 2 Satz 1 BayPVG, § 3 RatSchTV, § 7 TzBfG, § 6 Abs. 4 Satz 2 ArbZG (→ Informationsrechte)

Der Abschluss einer Dienstvereinbarung ist möglich nach Art. 73 Abs. 1 BayPVG.

Dienststelle

Der Begriff der Dienststelle im personalvertretungsrechtlichen Sinne ist in Art. 6 BayPVG geregelt. Dienststellen sind danach im staatlichen Bereich (Art. 6 Abs. 1 BayPVG) Behörden, Verwaltungsstellen, Gerichte, Schulen und Staatsbetriebe, sowie dem dreistufigen Verwaltungsaufbau folgend die obersten Dienstbehörden, die Mittelbehörden und die den Mittelbehörden unmittelbar nachgeordneten Behörden (Art. 6 Abs. 2 BayPVG). Die Gesamtheit der Grundschulen und Mittelschulen im Bereich eines staatlichen Schulamts und alle einer Regierungsaufsicht unterstehenden Sonderschulen bilden ebenfalls je eine Dienststelle (Art. 6 Abs. 4 BayPVG). Nebenstellen einer staatlichen Dienststelle bzw. Dienststellenteile, die räumlich weit (mehr als 20 Kilometer) von der Hauptdienststelle entfernt liegen oder eigenständig hinsichtlich Aufgabenbereich und Organisation sind, werden selbstständige Dienststellen, wenn die Mehrheit der wahlberechtigten Beschäftigten dies beschließt (Verselbstständigungsbeschluss), Art. 6 Abs. 3 BayPVG. Dies gilt nicht für Dienststellen der staatlichen Polizei (Art. 6 Abs. 7 BayPVG).

Im nichtstaatlichen Bereich (Art. 6 Abs. 5 Satz 1 BayPVG) bilden Gemeinden, Gemeindeverbände und die sonstigen Körperschaften, Anstalten und Stiftungen des öffentlichen Rechts je eine Dienststelle. Für Nebenstellen und Dienststellenteile gilt das oben für die Verselbstständigung von staatlichen Dienststellen Gesagte entsprechend, jedoch mit der Maßgabe, dass bei Gemeinden räumlich weit von der Hauptdienststelle entfernte Dienststellenteile keine selbstständigen Dienststellen sein können (Art. 6 Abs. 5 Satz 2 BayPVG). Der Verselbstständigungsbeschluss kann bei Gemeinden und Gemeindeverbänden auch durch den Gemeinderat oder den Verbandsausschuss gefasst werden (Art. 6 Abs. 5 Satz 3 BayPVG).

Schließlich gelten gemeinsame Dienststellen verschiedener Körperschaften, Anstalten und Stiftungen des öffentlichen Rechts jeweils als eine Dienststelle (Art. 6 Abs. 6 BayPVG). Hierzu gehören z. B. die Landratsämter als Kreis- und Staatsbehörde mit der Folge, dass dort nur ein Personalrat gebildet wird.

Vom personalvertretungsrechtlichen Dienststellenbegriff ist der organisationsrechtliche Dienststellen- bzw. Behördenbegriff zu unterscheiden, der bei der Versetzung oder Umsetzung eines Beschäftigten relevant wird (→ Versetzung, Umsetzung).

Der personalvertretungsrechtliche Dienststellenbegriff ist relevant für die Feststellung der Zuständigkeit bei der Durchführung von Maßnahmen und für die Frage, ob Stufenvertretungen bzw. ein Gesamtpersonalrat zu bilden sind (vgl. Seite 53 ff.).

Dienstvertrag

→ Einstellung, Beschäftigte

Direktionsrecht

Das Direktionsrecht ist das Recht des Dienstherrn, bei Arbeitnehmern einseitig den Inhalt, den Ort, die Zeit und die Art der Arbeitsleistung nach billigem Ermessen näher zu bestimmen (§ 106 GewO).

Auch wenn die Gewerbeordnung für den öffentlichen Dienst keine Anwendung findet, ist die Definition des Direktionsrechts in § 106 GewO unmittelbar auf die Arbeitsverhältnisse des öffentlichen Dienstes übertragbar. Im Beamtenrecht gibt es kein Direktionsrecht, vielmehr greift hier § 35 BeamtStG (Weisungsrecht des Dienstherrn).

Maßnahmen der Direktionsrechtausübung können sein:

- Versetzungen (→ Versetzung)
- konkrete Arbeitsanweisungen und Aufträge
- Fristsetzungen
- Rückgruppierungen (→ Rückgruppierung)
- Ermahnungen

Keine direktionsrechtlichen Maßnahmen sind in der Regel: Allgemein gehaltene Stellen- oder Arbeitsplatzbeschreibungen sowie alle Maßnahmen, die in das wechselseitige Austauschverhältnis des Arbeitsvertrags gemäß § 611 BGB eingreifen (Kündigung, Vertragsänderungen einschließlich Verlängerung und Aufhebung).

Der Personalrat kann die Ausübung des Direktionsrechts nach Billigkeitsgesichtspunkten bei gleichzeitiger Wahrnehmung der ihm nach dem BayPVG übertragenen Beteiligungsrechte überwachen.

Das Direktionsrecht findet seine Grenzen dort, wo Arbeitsbedingungen abschließend in einem Arbeitsvertrag, einer Betriebs- oder Dienstvereinbarung, einem Tarifvertrag oder einem Gesetz geregelt sind.

Disziplinarmaßnahmen

Hier besteht ein unechtes Mitwirkungsrecht des Personalrats gemäß Art. 76 Abs. 1 Nr. 3 BayPVG ausschließlich für die Gruppe der Beamten bei Erlass von Disziplinarverfügungen und bei Erhebung der Disziplinarklage gegen einen Beamten, wenn dem Disziplinarverfahren keine auf den gleichen Tatbestand gestützte Disziplinarverfügung vorausgegangen ist.

Für die Verhängung von Disziplinarmaßnahmen gilt das BayDG. Disziplinarverfügungen sind in Art. 35 Abs. 1 Satz 1 BayDG abschließend geregelt. Als solche gelten Verweis, Geldbuße, Kürzung der Dienstbezüge oder Kürzung des Ruhegehalts. Die Disziplinarklage ist gemäß Art. 35 Abs. 1 Satz 2 BayDG notwendig, wenn auf Zurückstufung, Entfernung aus dem Beamtenverhältnis oder auf Aberkennung des

Ruhegehalts erkannt werden soll. Gemäß Art. 76 Abs. 1 Satz 3 BayPVG wird der Personalrat nur auf form- und fristlosen Antrag des Betroffenen tätig. Der Beschäftigte ist daher von der beabsichtigten Maßnahme rechtzeitig (in der Regel zwei Wochen) vorher in Kenntnis zu setzen (und nach diesseitiger Auffassung auch aus Fürsorgesichtspunkten auf die Möglichkeit der Personalratsbeteiligung hinzuweisen).

Das Mitwirkungsrecht des Personalrats ist eingeschränkt, weil der Personalrat Einwendungen nur auf die Katalogtatbestände des Art. 75 Abs. 2 Nr. 1 und 2 BayPVG stützen kann. Die Maßnahme muss gegen ein Gesetz, eine Verordnung, eine Bestimmung in einem Tarifvertrag, eine gerichtliche Entscheidung, eine Verwaltungsanordnung oder gegen eine Richtlinie im Sinn des Art. 75 Abs. 4 Satz 1 Nr. 13 BayPVG verstoßen (z. B. Vorschriften des BayDG), oder es muss die durch Tatsachen begründete Besorgnis bestehen, dass durch die Maßnahme der betroffene Beschäftigte oder andere Beschäftigte benachteiligt werden, ohne dass dies aus dienstlichen oder persönlichen Gründen gerechtfertigt ist (z. B. bei Verstoß gegen das Gleichbehandlungsgebot).

Das Mitwirkungsrecht des Personalrats ist auf die reinen Disziplinarmaßnahmen beschränkt; bei anderen Maßnahmen (insbesondere bei sog. Ermahnungen oder missbilligenden Äußerungen) oder Sachverhaltsermittlungen im Vorfeld von Disziplinarmaßnahmen ist der Personalrat nicht zu beteiligen. Ein Verstoß gegen die Beteiligungsvorschrift des Art. 76 Abs. 1 Nr. 3 BayPVG bei Erhebung der Disziplinarklage stellt einen wesentlichen Mangel des Disziplinarverfahrens gemäß Art. 53 Abs. 1 BayDG dar. Der Mangel kann innerhalb der durch das Verwaltungsgericht zu setzenden Frist des Art. 53 Abs. 3 BayDG beseitigt werden; geschieht dies nicht, wird das Disziplinarverfahren durch gerichtlichen Beschluss eingestellt.

Verfahren nach Art. 72 Abs. 1 BayPVG, kein Initiativrecht. Einwände nur nach Art. 75 Abs. 2 Nr. 1 und 2 BayPVG.

EDV

Elektronische Datenverarbeitung (→ IuK)

Ein-Euro-Jobber

→ Beschäftigte, Einstellung

2

Eingruppierung

Unter Eingruppierung versteht man die erstmalige Zuordnung eines Arbeitnehmers in die tarifliche Entgeltgruppe bzw. ein kollektives Entgeltschema. Mangels einer eigenen Entgeltordnung für den öffentlichen Dienst fanden im Bereich des TVöD über die entsprechenden tariflichen Vorschriften (insbesondere § 12 TVöD i. V. m. den jeweiligen Überleitungstarifverträgen, §§ 17 TVÜ-VKA) die Vorschriften der § 22, 23 BAT/BAT-O inklusive der Vergütungsordnung, § 21 Abs. 1 Buchst. a MTArb, § 20 Abs. 1 Buchst. a BMT-G i. V. m. § 2 Lohngruppenverzeichnis) weiterhin Anwendung. Dies ist mittlerweile durch das Inkrafttreten einer eigenen Entgeltordnung Vergangenheit.

Im Bereich des TV-L erfolgt die Eingruppierung bereits seit 01.01.2012 gemäß § 12 TV-L unter Einbeziehung der neuen Entgeltordnung.

Ein Mitbestimmungsrecht des Personalrats entstand in der Vergangenheit gemäß Art. 75 Abs. 1 Satz 1 Nr. 1 BayPVG bei der Einstellung eines Beschäftigten (→ Einstellung), wenn die tarifliche Entgeltgruppe im Rahmen der Eingruppierung erstmals festgelegt wurde.

Seit 2013 wurde ein eigener Mitbestimmungstatbestand hinsichtlich der Eingruppierung eingeführt, Art. 75 Abs. 1 Satz 1 Nr. 3a BayPVG.

Da vorher – anders als in § 75 Abs. 1 Nr. 2 BPersVG – kein eigener Mitbestimmungstatbestand betreffend die Eingruppierung existierte, konnte der Personalrat nicht differenzierend einer Einstellung zustimmen, die erstmalige Eingruppierung in die tarifliche Entgeltgruppe aber ablehnen. Dies ist aufgrund des eigenständigen neuen Mitbestimmungsrechts bei der Eingruppierung nunmehr anders zu sehen. Andererseits sind bei einer erstmaligen Eingruppierung (bei Einstellung) von der Dienststellenleitung zwei Mitbestimmungsverfahren einzuleiten: einmal bezogen auf die reine Einstellungsmaßnahme und einmal bezogen nur auf die erstmalige Eingruppierung.

Durch die Regelung ist damit zu rechnen, dass ein Mitbestimmungsrecht des Personalrats nicht nur bei der erstmaligen Eingruppierung, sondern – wie im Bereich des BPersVG – auch bei der Überprüfung einer bestehenden Eingruppierung außerhalb bzw. nach einer bereits erfolgten Einstellung anerkannt wird.

Das Mitbestimmungsrecht bei der erstmaligen Eingruppierung umfasst auch die Stufenzuordnung. Da der Personalrat sämtliche Grundsätze der Eingruppierung prüfen darf, ist davon auszugehen, dass auch die Zuordnung zu einer der Stufen der Entgelttabelle

(§ 16 TVöD/TV-L) dem Mitbestimmungsrecht des Personalrats unterfällt. Dies gilt insbesondere, wenn der Dienststelle ein Ermessen bei der Stufenzuordnung zugewiesen wird, wie dies in § 16 Abs. 2 TVöD/TV-L der Fall ist. Dort, wo der Dienstherr einen Gestaltungsspielraum hat, entsteht ein Mitgestaltungsrecht des Personalrats.

Einstellung

Ein unechtes Mitbestimmungsrecht des Personalrats ergibt sich aus Art. 75 Abs. 1 Satz 1 Nr. 1 BayPVG. Unter Einstellung versteht man die tatsächliche Eingliederung eines Beschäftigten (→ Beschäftigte) in die Dienststelle bzw. deren Organisation, nicht die Ausgestaltung oder den Abschluss eines Arbeits- oder Dienstvertrags. Entscheidend ist der tatsächliche, gelebte Sachverhalt.

Bei Angestellten ist eine Mindestrechtsbeziehung zu fordern, die in der Regel dadurch gekennzeichnet ist, dass der Beschäftigte dem Direktionsrecht (→ Direktionsrecht) unterliegt. Das Fehlen eines Vergütungsanspruchs des Beschäftigten ist unschädlich und steht einer Einstellung nicht entgegen. Bei Beamten versteht man unter Einstellung die Ernennung (seit 01.01.2011 Art. 2 Abs. 1 BayLlbG). Im Rahmen der Einstellung umfasst das Mitbestimmungsrecht auch die Festlegung der erstmaligen Eingruppierung in die Entgeltgruppe, aber auch die Entgeltstufe. Denn überall dort, wo dem Arbeitgeber ein Ermessen zusteht, hat der Personalrat ein Mitgestaltungsrecht (→ Eingruppierung).

Eine generelle Ausschreibungspflicht ergibt sich weder aus dem BayPVG noch aus anderen Vorschriften. An diesem Grundsatz ändert auch die für Beamte seit 2011 geltende Vorschrift des Art. 20 Abs. 1 BayBG nichts, denn dort ist nur die Möglichkeit einer Ausschreibung vorgesehen, wenn dies im besonderen dienstlichen Interesse liegt, was insbesondere der Fall ist, wenn für die Besetzung freier Stellen geeignete Laufbahnbewerber beim Dienstherrn nicht zur Verfügung stehen. Allerdings kann sich eine Ausschreibungsverpflichtung aus dem Grundsatz der Selbstbindung der Verwaltung ergeben, wenn in der Vergangenheit in vergleichbaren Fällen ausgeschrieben wurde.

§ 165 SGB IX enthält ebenfalls keine Ausschreibungsverpflichtung des öffentlichen Arbeitgebers, sondern eine Meldepflicht gegenüber der Bundesagentur für Arbeit hinsichtlich frei werdender und freier Stellen im Sinne des § 156 SGB IX, die für die Besetzung mit schwerbehinderten Menschen in Betracht kommen. Der Personalrat hat auf die Einhaltung dieser Meldepflicht zu achten (→ Behinderung). Ein Verstoß gegen die Meldepflicht kann den Personalrat zu Einwänden nach Art. 75 Abs. 2 Nr. 1 BayPVG berechtigen.

Die Vorlage des der Einstellung zugrunde liegenden Vertrags (gleichgültig, ob es sich um einen Arbeitsvertrag oder einen Dienstvertrag handelt) ist nicht vom Unterrichtungsanspruch des Personalrats umfasst. Mitzuteilen sind nur Umfang, Dauer und Art der auszuübenden Tätigkeit (einschließlich des Anforderungsprofils) und die beabsichtigte Eingruppierung (inklusive Stufenzuordnung); Letzteres folgt nunmehr auch aus Art. 75 Abs. 1 Satz 1 Nr. 3a BayPVG. Einstellungen sind in der Regel:

- Befristete Beschäftigungsverhältnisse oder deren Verlängerung (befristet oder unbefristet)
- Verlängerung der Arbeitszeit gemäß § 9 TzBfG oder sonstige einvernehmliche Verlängerung der Arbeitszeit, wenn diese signifikant ist (länger als zehn Stunden und länger als zwei Monate)
- Wechsel von Angestellten- in Beamtenverhältnis und umgekehrt
- Einsatz von Leiharbeitnehmern
- Einsatz von sogenannten Ein-Euro-Jobbern
- Praktikanten

Einstellungen liegen in der Regel nicht vor bei:

- Einsatz von Beschäftigten aufgrund Werk- oder Dienstvertrags mit Dritten (z. B. Reinigungskräfte oder Einsatz von Beschäftigten des Maschinenrings)
- Einsatz „freier" Mitarbeiter, wenn diese nicht der Organisationshoheit der Dienststelle unterliegen und dort nicht eingegliedert sind
- Rückkehr nach Arbeitsunterbrechnung (z. B. Elternzeit, Wehr-/Bundesfreiwilligendienst, Mutterschutz, Wiedereingliederung)
- Beschäftigten, die aus Drittmitteln finanziert werden

Verfahren nach Art. 70 BayPVG, kein Initiativrecht.

Zustimmungsverweigerung aus bestimmten Gründen gemäß Art. 75 Abs. 2 BayPVG.

Der Abschluss einer Dienstvereinbarung ist in Zusammenhang mit Art. 75 Abs. 4 Nr. 13 BayPVG möglich nach Art. 73 Abs. 1 BayPVG.

Entlassung

Der Begriff der Entlassung ist im BayPVG in Art. 76 Abs. 1 Satz 1 Nr. 5 BayPVG und in Art. 77 Abs. 3 BayPVG erwähnt.

Art. 76 Abs. 1 Satz 1 Nr. 5 BayPVG regelt ein Mitwirkungsrecht des Personalrats bei der (fristlosen und fristgemäßen) Entlassung von Beamten auf Probe oder auf Widerruf und bei Entlassung aus einem öffentlich-rechtlichen Ausbildungsverhältnis, wenn die Entlassung nicht selbst vom Beschäftigten beantragt wurde. Die letzte Variante betrifft ausschließlich die Entlassung von Referendaren.

2

Bei der Entlassung von Beamten auf Probe oder auf Widerruf besteht das Mitwirkungsrecht des Personalrats nur, wenn der Dienstherr einen Ermessensspielraum hat, somit ausschließlich in den Fällen der § 23 Abs. 3 Nr. 1 bis 3, § 23 Abs. 4 Satz 1 BeamtStG. Weitere Voraussetzung ist, dass die Entlassung nicht vom Beschäftigten selbst beantragt wurde und er gemäß Art. 76 Abs. 1 Satz 3 BayPVG die Mitwirkung des Personalrats beantragt hat, worüber der Beschäftigte zuvor in Kenntnis zu setzen ist.

Verfahren nach Art. 72 BayPVG, kein Initiativrecht.

Strittig ist, ob die Vorschrift des Art. 77 Abs. 3 BayPVG auch auf Beamte oder nur auf Arbeitnehmer anwendbar ist. Nach herrschender Ansicht gilt Art. 77 Abs. 3 BayPVG auch für Beamte, selbst wenn die Beteiligung bei fristlosen Entlassungen (außerhalb des Bayerischen Disziplinargesetzes) systematisch in Art. 76 Abs. 1 BayPVG geregelt werden müsste. Nach diesseitiger Auffassung betrifft Art. 77 Abs. 3 BayPVG aufgrund seiner systematischen Stellung („Kündigungen") nicht nur Arbeitnehmer, sondern auch Beamte, weil der Wortlaut des Art. 77 Abs. 3 BayPVG und auch dessen Überschrift zwischen fristlosen Entlassungen und außerordentlichen Kündigungen differenziert. Abgesehen von § 17 KSchG und § 113 BetrVG gibt es aber im Arbeitsrecht den Begriff der „Entlassung" nicht. Anerkannt ist außerdem, dass bei dem Abschluss von Aufhebungsverträgen (dieser führt tatsächlich auch zu einer Entlassung) kein Beteiligungsrecht des Personalrats besteht. Der Begriff der Entlassung ist dem Beamtenrecht zuzuordnen, so dass Art. 77 Abs. 3 BayPVG hierfür Anwendung findet.

Verfahren bei Entlassungen nach Art. 77 Abs. 3 Satz 1 bis 3 BayPVG, kein Initiativrecht.

Ersatzansprüche

Der Personalrat hat hier ein unechtes Mitbestimmungsrecht gemäß Art. 75 Abs. 1 Satz 1 Nr. 13 BayPVG, jedoch nur, wenn der betroffene Beschäftigte die Beteiligung des Personalrats beantragt; dies setzt die vorherige Unterrichtung des Beschäftigten von der beabsichtigten Geltendmachung des Ersatzanspruchs voraus, Art. 75 Abs. 1 Satz 2 BayPVG. Ersatzansprüche sind alle Ansprüche, die der Dienstherr gegen den Beschäftigten aufgrund dessen schuldhaften und schädigenden Verhaltens hat.

Ersatzansprüche sind bei Beamten alle Ansprüche nach Art. 85 BayBG wegen Dienstpflichtverletzung, insbesondere Rückgriffshaftung nach Art. 34 Abs. 2 GG i. V. m. § 839 BGB. Beamte haften nur bei Vorsatz und grober Fahrlässigkeit.

Bei Arbeitnehmern finden nach § 3 Abs. 7 TV-L und § 3 Abs. 6 TVöD-VKA die beamtenrechtlichen Vorschriften Anwendung, das heißt ebenfalls Art. 85 BayBG. Auch Arbeitnehmer haften damit bei Verletzung vertraglicher Pflichten, aber auch deliktisch nur bei Vorsatz und grober Fahrlässigkeit. Finden keine Tarifverträge Anwendung, haften Arbeitnehmer nach allgemeinen Grundsätzen auch für leichte und mittlere Fahrlässigkeit; allerdings ist hier die vom BAG entwickelte Rechtsprechung zum innerbetrieblichen Schadensausgleich zu berücksichtigen (Beschränkung der Arbeitnehmerhaftung).

Sind Tarifverträge anwendbar und enthalten diese kurze Ausschlussfristen (z. B. in § 36 TVöD-VKA/TV-L), ist bei der Geltendmachung von Ersatzansprüchen durch die Dienststelle Eile geboten. Da die tariflichen Ausschlussfristen in der Regel mit Fälligkeit (Entstehen) und nicht erst mit Kenntnis des Schadensersatzanspruchs zu laufen beginnen, muss innerhalb der Ausschlussfrist dem betroffenen Beschäftigten zunächst die Absicht der Inanspruchnahme mitgeteilt werden, um ihm die Antragsmöglichkeit nach Art. 75 Abs. 1 Satz 2 BayPVG zur Mitbestimmung durch den Personalrat zu eröffnen. Wird dies unterlassen, besteht das Risiko, dass der Ersatzanspruch bei Nichtbeteiligung des Personalrats verfällt, da die Mitbestimmung Wirksamkeitsvoraussetzung ist und das eigentliche Regressverfahren erst eingeleitet werden darf, wenn das Beteiligungsverfahren abgeschlossen ist. Ggf. ist die Geltendmachung von Ersatzansprüchen gemäß Art. 70 Abs. 7 BayPVG in Form einer vorläufigen Maßnahme denkbar.

Verfahren nach Art. 70 BayPVG, kein Initiativrecht.

Zustimmungsverweigerung nur aus bestimmten Gründen nach Art. 75 Abs. 2 BayPVG.

Familie

Vgl. auch → Gleichbehandlung

Gemäß Art. 76 Abs. 1 Satz 1 Nr. 10 BayPVG hat der Personalrat ein Mitwirkungsrecht bei Maßnahmen zur Förderung der Familienfreundlichkeit der Arbeitsbedingungen. Auf die Familienfreundlichkeit weiter ausstrahlende Beteiligungsrechte finden sich in Art. 75 Abs. 1 Satz 1 Nr. 12 BayPVG (→ Teilzeitbeschäftigung), Art. 75 Abs. 4 Satz 1 Nr. 1 und 3 BayPVG (→ Arbeitszeit, Urlaub), Art. 76 Abs. 2 Nr. 1 bis 3 BayPVG (→ Arbeitsmethoden, Arbeitsplätze, Arbeitsleistung) und Art. 75 Abs. 4 Satz 1 Nr. 5 BayPVG (→ Sozialeinrichtungen).

Maßnahmen nach Art. 76 Abs. 1 Satz 1 Nr. 10 BayPVG können sein:

- Einrichtung von Telearbeitsplätzen
- familienfreundliche Verteilung der Arbeitszeit
- Teilzeitbeschäftigung von Mitarbeitern
- familienfreundliche Arbeitszeitkonten
- Sabbatjahre
- Kinderbetreuungseinrichtungen

Verfahren nach Art. 72 BayPVG, kein Initiativrecht. Informationsrechte des Personalrats nach Art. 69 Abs. 2 BayPVG, § 7 TzBfG.

Der Abschluss einer Dienstvereinbarung zur Familienförderung ist seit 01.08.2013 möglich nach Art. 73 BayPVG.

Fortbildung

Fortbildung bezeichnet gemäß § 1 Abs. 4 BBiG die Erhaltung, Anpassung und Erweiterung der beruflichen Handlungsfähigkeit zum beruflichen Aufstieg. Dem Personalrat steht ein Mitwirkungsrecht gemäß Art. 76 Abs. 1 Satz 1 Nr. 7 BayPVG zu, nicht hingegen das Mitbestimmungsrecht des Art. 75 Abs. 4 Satz 1 Nr. 6 BayPVG. Dieses gilt nur für die Berufsausbildung (→ Berufsausbildung). Zu Fortbildungsmaßnahmen gehören alle Maßnahmen im Sinne der § 53 ff. BBiG, insbesondere die Angestelltenlehrgänge AL I und AL II und die Fortbildung der Beamten im Rahmen der modularen Qualifikation. Nach dem Wortlaut des Art. 76 Abs. 1 Satz 1 Nr. 7 BayPVG hat der Personalrat nur bei allgemeinen Fragen der Fortbildung mitzuwirken, z. B. bei der Gestaltung des Fortbildungsprogramms, der Art und Organisation der Fortbildung und der Aufstellung von abstrakt-generellen Teilnahmevoraussetzungen. Maßnahmen zur Allgemeinbildung oder fachliche Weisungen gehören nicht zur Fortbildung. Für Beamte gelten seit 2011 Art. 66 BayLlbG, der Grundsätze der Fortbildung aufstellt, sowie Art. 20 BayLlbG zur modularen Qualifizierung. Bei der Ausgestaltung der Grundsätze (auch zur modularen Qualifikation) steht dem Personalrat das Mitwirkungsrecht nach Art. 76 Abs. 1 Satz 1 Nr. 7 BayPVG zu.

Verfahren nach Art. 72 BayPVG, kein Initiativrecht.

Der Abschluss einer Dienstvereinbarung ist möglich, Art. 73 Abs. 1 Satz 1 BayPVG.

Freie Mitarbeiter

→ Einstellung

Geschäftsbedarf

Gemäß Art. 44 Abs. 2 BayPVG hat die Dienststelle dem Personalrat den für die laufende Geschäftsführung notwendigen und erforderlichen Geschäftsbedarf zur Verfügung zu stellen. Zu differenzieren ist hierbei danach, ob der Personalrat selbst zur Anschaffung bestimmter Sachmittel befugt ist oder ob er auf eine Mitbenutzung des bei der Dienststelle vorhandenen Materials beschränkt ist.

Eine Berechtigung des Personalrats besteht in der Regel bei folgenden Materialien: Schreibtisch, Stühle, abschließbarer Schrank, Schreibgeräte, Schreibpapier, Stempel, Diktiergerät, Schreibmaschine nach Bedarf, Desktop (nur bei Vorliegen besonderer Voraussetzungen), Anrufbeantworter (nur bei besonderen Voraussetzungen), Intranet, Fachliteratur, BayPVG-Kommentar in aktueller Auflage, Gesetzestexte, einschlägige Tarifverträge, Fachzeitschrift zum Personalvertretungsrecht (z. B. „Die Personalvertretung“, „Der Personalrat“, „Zeitschrift für Personalvertretungsrecht“), Kurzlehrbücher zum BayPVG.

Eine Berechtigung besteht grundsätzlich nicht bei: Telefon (auch Mobiltelefon), Telefax, Kopiergerät, Laptop, Notebook, Homepage,

Internet, periodische Monatsschrift („der Personalrat berichtet …"), umfangreiche Informationsblätter, Tageszeitung, Wochen- oder Monatsschriften, Kommentare zu BGB, SGB, Steuerrecht etc.

Eine Berechtigung zur Mitbenutzung von Sachmitteln besteht bei: Telefonanlage, Telefax, Kopiergerät, Kommentare zu einschlägigen Tarifwerken oder sonstigem Dienstrecht sowie Entscheidungssammlungen.

Gesundheitsschutz

Eine zentrale Aufgabe des Personalrats ist die Bekämpfung von Unfall- und Gesundheitsgefahren gemäß Art. 79 BayPVG i. V. m. Art. 69 Abs. 1 Buchst. a und b BayPVG. Ihm stehen umfangreiche Informations-, Teilnahme- und Beratungsrechte zu (→ Informationsrechte). Anregungen des Personalrats sind zu berücksichtigen. Der Personalrat hat somit die Einhaltung der geltenden Arbeitsschutzvorschriften zu überwachen. Bei Besichtigungen der Dienststelle, bei Fragen, Unfalluntersuchungen und Besprechungen ist der Personalrat hinzuzuziehen, Art. 79 Abs. 2 und 3 BayPVG. Ein weitergehendes Beteiligungsrecht generiert Art. 79 BayPVG nicht; gesonderte Beteiligungsrechte finden sich in Art. 75 Abs. 4 BayPVG.

Gemäß § 54 Abs. 4 (VKA) BT-V, § 50 Abs. 4 BT-B steht der Personalvertretung speziell für die Beschäftigten des Sozial- und Erziehungsdienstes ein Antragsrecht auf Einrichtung einer betrieblichen Kommission zur Behandlung von Widersprüchen Beschäftigter gegen Maßnahmen zur Verbesserung der Sicherheit und des Gesundheitsschutzes aufgrund einer Gefährdungsbeurteilung zu.

Gesundheitsschützende Vorschriften finden sich z. B. in folgenden Gesetzen und Verordnungen: ArbSchG, ASiG, AzV, ArbZG, MuSchG, MuSchVO, JArbSchG, SGB IX, ArbStättVO, BImSchG, BioStoffV, GenDiagnostikG sowie Unfallverhütungsvorschriften der Berufsgenossenschaften

Gemäß Art. 75 Abs. 4 Satz 1 Nr. 8 BayPVG hat der Personalrat ein echtes Mitbestimmungsrecht bei Maßnahmen zur Verhütung von Dienst- und Arbeitsunfällen und sonstigen Gesundheitsschädigungen, soweit keine gesetzliche oder tarifliche Regelung besteht. Die entsprechende Obliegenheit des Dienstherrn ergibt sich aus seiner Fürsorgepflicht (§ 45 BeamtStG, § 618 BGB). Unter den Mitbestimmungstatbestand fallen z. B. alle Maßnahmen gemäß § 3 ff. ArbSchG.

Grundsätzlich ist die Beteiligung des Personalrats auf die Gestaltung des „Wie" der Maßnahmen beschränkt, wenn die Dienststelle kraft Gesetzes zu deren Durchführung verpflichtet ist. Jedoch ist auch die Anordnung einer bestimmten Maßnahme – soweit ein Ermessensspielraum der Dienststelle besteht – vom Mitbestimmungsrecht umfasst. Die beabsichtigte Maßnahme muss unmittelbar der Verhütung von Dienst- und Arbeitsunfällen oder dem Gesundheitsschutz dienen. Sie darf nicht lediglich eine organisatorische Maßnahme mit gelegentlich (mittelbar) auch auf die Beschäftigten ausstrahlenden Gesundheitsschutz oder Unfallprävention sein.

Maßnahmen im Sinne des Art. 75 Abs. 4 Satz 1 Nr. 8 BayPVG können z. B. sein:

- Einführung von Schutzkleidung
- Sanierung von Dienstgebäuden
- Kostenübernahme und begleitende Durchführung von (Schutz-) Impfungen (z. B. Schweinegrippe)
- Überprüfung von Geräten
- Alkoholverbote
- Tätigkeit an Bildschirmarbeitsplätzen
- Maßnahmen zu Verbesserung des Raumklimas
- Durchführung eines Sicherheitswettbewerbs

Maßnahmen im Sinne des Art. 75 Abs. 4 Satz 1 Nr. 8 BayPVG sind mangels Unmittelbarkeit in der Regel nicht:

- Sanierung von öffentlichen Gebäuden (insbesondere Schulen)
- Anordnung einer betriebs- oder vertrauensärztlichen Untersuchung zur Feststellung der Dienst- bzw. Arbeitsfähigkeit
- Einrichtung von Beschwerdestellen nach § 13 AGG

Strittige Fälle nach Art. 75 Abs. 4 Satz 1 Nr. 8 BayPVG sind:

- Benennung eines Mobbingbeauftragten bzw. einer Mobbinganlaufstelle
- Ein- und Durchführung von Krankengesprächen
- Einführung von Gesundheitszirkeln

Die Auffassung, wonach die vorgenannten Maßnahmen mitbestimmungsfrei sein sollen, wird im Kern damit begründet, dass es sich nicht um unmittelbare Maßnahmen des Gesundheitsschutzes bzw. der Dienst- und Arbeitsunfallprävention handelt. Die Ein- und Durchführung eines standardisierten Präventionsverfahrens gemäß § 167 Abs. 2 SGB IX (→ Betriebliches Eingliederungsmanagement) ist keine Maßnahme des Gesundheitsschutzes. Es fehlt an der Unmittelbarkeit.

Ein weiteres echtes Mitbestimmungsrecht steht dem Personalrat gemäß Art. 75 Abs. 4 Satz 1 Nr. 7 BayPVG bei der Bestellung und Abberufung von Vertrauens- und Betriebsärzten, Fachkräften für Arbeitssicherheit und Sicherheitsbeauftragten im Sinne des § 22 Abs. 1 Satz 1 SGB VII zu. Der Tatbestand erweitert insofern die Befugnisse nach Art. 79 BayPVG

Verfahren nach Art. 70 BayPVG, starkes Initiativrecht nur im Fall des Art. 75 Abs. 4 Satz 1 Nr. 8 BayPVG, eingeschränktes Initiativrecht bei Art. 75 Abs. 4 Satz 1 Nr. 7 BayPVG.

Gleichzeitig betroffene Beteiligungstatbestände können sein: Art. 75a Abs. 1, Art. 76 Abs. 1 Satz 1 Nr. 1 und 2, Art. 76 Abs. 2 Nr. 3, Art. 76 Abs. 3 BayPVG

Der Abschluss einer Dienstvereinbarung ist möglich nach Art. 73 BayPVG.

Gleichbehandlung

Gemäß Art. 68 Satz 1 und Art. 69 Abs. 1 Buchst. a BayPVG obliegt dem Personalrat die Überwachung der Gleichbehandlung der in der Dienststelle tätigen Personen nach Recht und Billigkeit (vgl. Seite 19). Dieses Diskriminierungsverbot entspringt Art. 3 Abs. 3 GG und gebietet, dass keine Bevorzugung oder Benachteiligung der Beschäftigten in der Dienststelle stattfindet, es sei denn, es gäbe hierfür einen sachlichen Grund. Die Aufzählung in Art. 68 BayPVG (Abstammung, Religion, Nationalität, Herkunft, politische oder gewerkschaftliche Betätigung oder Einstellung oder Geschlecht) ist nicht abschließend.

Das Verbot der Ungleichbehandlung für Angestellte und Beamte ergibt sich insbesondere auch aus den Vorschriften des AGG. § 7 Abs. 1 AGG legt fest, dass Beschäftigte nicht wegen eines in § 1 AGG genannten Diskriminierungsmerkmals benachteiligt werden dürfen. Diskriminierungsmerkmale nach § 1 AGG sind Rasse und ethnische Herkunft, Geschlecht, Religion, Weltanschauung, Behinderung,

Alter und die sexuelle Identität. Der Katalog in § 1 AGG ist abschließend. Dies bedeutet jedoch nicht, dass Beschäftigte nicht auch aus anderen Gründen als in § 1 AGG festgelegt benachteiligt oder ungerechtfertigterweise bevorzugt werden können. Vielmehr sind den Beschäftigten, im Rahmen des Anwendungsbereichs des § 1 AGG, spezielle Ansprüche nach dem AGG (Schadensersatz, Entschädigung, Leistungsverweigerung, §§ 14, 15 AGG) gegeben.

Die Beschäftigten sind sowohl vor unmittelbarer als auch mittelbarer Benachteiligung geschützt. Eine unmittelbare Benachteiligung kann sich aus einer konkreten Handlung ergeben, eine mittelbare Benachteiligung liegt immer dann vor, wenn scheinbar neutrale Kriterien, Vorschriften oder Verfahren geeignet sind, eine Person wegen eines unzulässigen Diskriminierungsmerkmals im Sinne des § 1 AGG in besonderer Weise gegenüber anderen Personen zu benachteiligen (§ 3 Abs. 1 und 2 AGG).

Geschützt sind die Beschäftigten gemäß § 3 Abs. 3 AGG auch vor einer diskriminierungsspezifischen Belästigung sowie vor sexueller Belästigung (§ 3 Abs. 4 AGG). Zu beachten ist, dass die Vorschriften des AGG (insbesondere §§ 8, 10 AGG) sachliche Rechtfertigungsgründe für eine Ungleichbehandlung vorsehen. Dies ist letztlich Folge des bereits in Art. 3 Abs. 3 GG normierten Gleichheitssatzes (vgl. Seite 19). Sachliche Rechtfertigungsgründe können sich ergeben aus der Art der Tätigkeit oder der Bedingung ihrer Ausübung sowie hinsichtlich des Alters der Beschäftigten. Auch positive Maßnahmen sind als Präventionsmaßnahmen gemäß § 5 AGG zulässig. Positive Maßnahmen im Sinne des § 5 AGG enthalten die Vorschriften des § 164 ff. SGB IX, die eine bestehende Schlechterstellung von schwerbehinderten Menschen ausgleichen, sowie aus dem Bayerischen Gleichstellungsgesetz (→ Gleichstellung). Das Klagerecht gemäß § 17 AGG, das in der freien Wirtschaft den Betriebsräten zusteht, steht Personalräten nicht zu.

Aus dem AGG folgen ferner die Pflicht zur neutralen Stellenausschreibung durch den Dienstherrn (§ 11 AGG) sowie die Pflicht zum Schutz der Beschäftigten vor Benachteiligungen durch konkrete Maßnahmen und durch vorbeugende Schulung der Beschäftigten nach § 12 AGG. Zudem schreibt § 13 AGG die Einrichtung einer Beschwerdestelle für Beschwerden nach dem AGG vor. In der Praxis wird oft die Personalvertretung als Beschwerdestelle im Sinne des § 13 AGG benannt. Die Personalvertretung kann zur Wahrnehmung dieser Aufgaben nicht verpflichtet werden.

Besondere Bedeutung gewinnt das Gleichbehandlungsgebot, wenn der Personalrat im Rahmen seiner Beteiligungsrechte prüfen muss, ob Maßnahmen, gleich welcher Natur, den konkret betroffenen Beschäftigten oder einzelne andere Beschäftigte bzw. das Kollektiv der Beschäftigten in irgendeiner Form bevorzugen oder benachteiligen. Dies gilt insbesondere im Bereich des Art. 75 Abs. 2 Nr. 2 BayPVG (unechte Mitbestimmung), jedoch auch in den Fällen, in denen dem Personalrat ein uneingeschränktes Beteiligungsrecht zusteht, z. B. in kollektiven Angelegenheiten nach Art. 75 Abs. 4 BayPVG.

Dem Personalrat steht kein Initiativrecht auf Gleichbehandlung zu, allerdings hat er die Möglichkeit, vom nicht förmlichen Antragsrecht des Art. 69 Abs. 1a BayPVG Gebrauch zu machen.

Gleichstellung

Das BayGlG regelt Maßnahmen zur Gleichstellung von Frauen und Männern. Es soll die Chancengleichheit von Frauen und Männern sichern sowie die Erhöhung der Frauenanteile in den Bereichen fördern, in denen sie in erheblich geringerer Zahl beschäftigt sind als Männer, um eine ausgewogene Beteiligung von Frauen zu erreichen. Schließlich soll auf eine bessere Vereinbarkeit von Familie und Erwerbstätigkeit hingewirkt werden (vgl. Art. 2 BayGlG)

Als Maßnahmen sieht das BayGlG insbesondere die Aufstellung von Gleichstellungskonzepten (Art. 4 ff. BayGlG) sowie die geschlechtsneutrale Stellenausschreibung (Art. 7 BayGlG) und die Wahrung der Gleichbehandlung bei Einstellung, Fortbildung und beruflichem Aufstieg (Art. 8 f. BayGlG) vor. Gemäß Art. 15 BayGlG werden Gleichstellungsbeauftragte oder Ansprechpartner bei Gleichstellungsfragen bestellt. Diese haben gemäß Art. 16 BayGlG vertrauensvoll mit der Personalvertretung und den Dienststellen zusammenzuarbeiten, so dass die Gleichstellungsbeauftragten auch regelmäßig an Besprechungen zwischen Dienststellen und Personalvertretung teilnehmen dürfen (Art. 16 Abs. 2 BayGlG).

Aufgaben der Gleichstellungsbeauftragten nach Art. 17 BayGlG überschneiden sich mit den Aufgaben des Personalrats nach Art. 69 Abs. 1 Buchst. h, Art. 68 BayPVG. Die Rechte der Personalvertretung bleiben jedoch gemäß Art. 16 Abs. 6 und Art. 18 Abs. 5 BayGlG unberührt. Gleichstellungsbeauftragte nehmen kein Ehrenamt, sondern

Dienstaufgaben wahr. Sie sind nur für die Gleichstellung zuständig. An Personalratssitzungen dürfen Gleichstellungsbeauftragte nicht teilnehmen (vgl. Art. 35 BayPVG, Nichtöffentlichkeit von Personalratssitzungen). Verstöße gegen das BayGlG und insbesondere die Gleichstellungskonzepte nach dem BayGlG können im Rahmen der unechten Mitbestimmung dem Personalrat ein Zustimmungsverweigerungsrecht gemäß Art. 75 Abs. 2 Nr. 1 BayPVG geben.

Der Personalrat hat nach Art. 76 Abs. 1 Satz 1 Nr. 9 BayPVG zudem ein Mitwirkungsrecht bei der Bestellung und Abberufung von Gleichstellungsbeauftragten sowie den Ansprechpartnern nach BayGlG.

Verfahren nach Art. 72 BayPVG, kein Initiativrecht.

Weitere Beteiligungstatbestände im Zusammenhang mit dem BayGlG können sein:

- Art. 75 Abs. 4 Satz 1 Nr. 13 BayPVG (personelle Auswahlrichtlinien)
- Art. 76 Abs. 1 Satz 1 Nr. 1 BayPVG (Gleichstellungskonzept als Verwaltungsanordnung)
- Art. 76 Abs. 1 Satz 1 Nr. 7 und 8 BayPVG (Fortbildung)
- alle Mitbestimmungstatbestände, die die Auswahl bei konkreten Personalmaßnahmen unter den Beschäftigten betreffen (Art. 75 Abs. 1 Satz 1 BayPVG, insbesondere Beförderung, Höhergruppierung)

Besondere Bedeutung erlangt die Gleichstellungsproblematik bei der Konkurrenz von Beschäftigten um bestimmte Dienstposten (Beförderung).

Der Abschluss einer Dienstvereinbarung ist möglich nach Art. 73 BayPVG.

Haushalt

Gemäß Art. 76 Abs. 3 BayPVG ist der Personalrat vor der Weiterleitung von Personalanforderungen zum Haushaltsvoranschlag anzuhören. Gibt der Personalrat einer nachgeordneten Dienststelle zu den Personalanforderungen eine Stellungnahme ab, ist diese mit den Personalanforderungen der übergeordneten Dienststelle vorzulegen. Zu den Personalanforderungen im Sinne des Art. 76 Abs. 3 BayPVG gehört jeder Personalmehrbedarf. Einen Anspruch auf Beeinflussung der Personalanforderungen hat der Personalrat nicht, allerdings hat er ein weiteres Mitwirkungsrecht gemäß Art. 76 Abs. 2 Nr. 5 BayPVG bei der Aufstellung von Grundsätzen für die Personalbedarfsberechnung, das heißt bei allen abstrakten Formeln, die auf die Personalzumessung Einfluss nehmen können.

Verfahren bei Art. 76 Abs. 2 Nr. 5 BayPVG nach Art. 72 BayPVG, kein Initiativrecht.

Gleichzeitig betroffene Beteiligungstatbestände können sein: Art. 76 Abs. 2 Nr. 1 bis 3 BayPVG; Art. 75 Abs. 4 Nr. 13 BayPVG

Höhergruppierung

Der Personalrat hat hier und bei der Übertragung einer höher zu bewertenden Tätigkeit für die Dauer von mehr als sechs Monaten ein unechtes Mitbestimmungsrecht gemäß Art. 75 Abs. 1 Satz 1 Nr. 4 BayPVG. Höhergruppierung ist der Wechsel in eine höhere Entgeltgruppe. Der Stufenaufstieg nach § 16 TVöD/TV-L ist keine Höhergruppierung. Der Tatbestand greift nur für Angestellte. Auch bei einer Höhergruppierung kraft Tarifautomatik besteht das Mitbestimmungsrecht in Form einer Ausübungskontrolle der Rechtsanwendung der Dienststelle.

Fälle der Mitbestimmung sind:

- Hineinwachsen in eine höherwertige Tätigkeit
- Änderung tariflicher Eingruppierungsvorschriften, z. B. Tätigkeitsmerkmale (zuletzt im Sozial- und Erziehungsdienst)
- bewusste übertarifliche Höhergruppierung (nicht: Zahlung von bloßen Zulagen, es sei denn, damit soll über den Sechs-Monats-Zeitraum hinaus eine höher zu bewertende Tätigkeit vergütet werden)
- außertarifliche Höhergruppierung, wenn Angestellter außertariflich vergütet wird
- korrigierende Höhergruppierung wegen zu niedriger Eingruppierung

Verfahren nach Art. 70 BayPVG, eingeschränktes Initiativrecht nach Art. 70a Abs. 2 BayPVG. Zustimmungsverweigerung nur aus bestimmten Gründen, Art. 75 Abs. 2 BayPVG.

Informationsrechte

Dem Personalrat steht eine Reihe von Informationsrechten in der Regel als Vorstufe zu stärkeren Beteiligungsrechten zu. Diese Informationsrechte sind qualitativ und quantitativ unterschiedlich ausgestaltet und werden durch Beratungs- und Erörterungsrechte ergänzt.

Art. 69 Abs. 2 BayPVG i. V. m. Art. 2 Abs. 1 BayPVG

Dieser Tatbestand enthält einen allgemeinen Informations-/Unterrichtungsanspruch zur Durchführung der dem Personalrat nach BayPVG übertragenen Aufgaben. Art. 69 Abs. 2 BayPVG ist die zentrale Vorschrift, auf die bei der Frage nach Umfang und Zeitpunkt der Information in allen Fällen der Beteiligung abzustellen ist. Die Information muss so rechtzeitig erfolgen, dass der Personalrat die ihm möglichen Einwände gegen eine beabsichtigte Maßnahme ausreichend prüfen kann. Eine Faustformel hierfür gibt es nicht; eine Information im Vorfeld ist jedoch gerade unter Berücksichtigung des Grundsatzes der vertrauensvollen Zusammenarbeit (Art. 2 Abs. 1 BayPVG) sinnvoll. In der Regel sollten ungeachtet der Fristen der Art. 70 Abs. 2 Satz 3 BayPVG und Art. 72 i. V. m. Art. 80 Abs. 2 und 3 BayPVG (zwei bzw. drei Wochen) bei normalen Maßnahmen Fristen von zwei Wochen, bei komplexen Maßnahmen von vier Wochen, bei Eilmaßnahmen von wenigen Tagen (drei Tage) ausreichen.

Die Unterrichtung hat durch den Dienststellenleiter zu erfolgen; er kann sich im Rahmen des Art. 7 BayPVG vertreten lassen. Die Information hat gegenüber dem Personalratsvorsitzenden zu erfolgen. Es ist jedoch unschädlich, wenn der Dienststellenleiter Informationsschreiben im Abdruck auch den einzelnen Personalratsmitgliedern zuleitet. Dies gebietet sich vor allem in den Fällen, in denen der Informationsfluss über den Personalratsvorsitzenden zum beschließenden Personalratsgremium nicht sichergestellt ist, um aus Sicht der Dienststelle „fehlerhaften" Entscheidungen des Personalrats vorzubeugen. Die Information muss erforderlich sein, das heißt der Personalrat muss die Information für seine Entscheidungsfindung im Rahmen der ihm nach den BayPVG zugewiesenen Rechte benötigen, was stets eine Entscheidung im Einzelfall erfordert. Die Information hat nicht erst auf begründete Nachfrage des Personalrats zu erfolgen, sondern die Dienststelle muss von sich aus tätig werden. Dies sollte schon aus Gründen der Rechtssicherheit eine Selbstverständlichkeit sein, da die nach BayPVG festgelegten Fristen in den

Beteiligungsverfahren erst mit vollständiger Information zu laufen beginnen (Art. 70 Abs. 2 Satz 3 BayPVG, Art. 72, Art. 77 Abs. 3, Art. 47 Abs. 2 und 3 BayPVG).

Da der Personalrat andererseits aber kein Aufsichts- oder Kontrollorgan der Dienststelle ist, muss ein sachlicher Informationsgrund, wenn auch nicht immer ein konkreter Anlass vorliegen. Im Zweifel hat der Personalrat seinen Informationsanspruch kurz zu begründen (zur Begrenzung des Informationsanspruchs vgl. Seite 70 bzw. 112, → Datenschutz; zum Umfang des Informationsanspruchs → Unterlagen).

Dem Personalrat steht auch ein Recht auf Selbstinformation zu, soweit hierdurch der Dienstbetrieb nicht gestört wird. Der Personalrat hat insbesondere die Friedenspflicht zu beachten, Art. 67 BayPVG. Die Selbstinformation kann unter anderem erfolgen durch Befragung von Beschäftigten entweder mittels Fragebogen oder durch persönlichen Kontakt zu den Beschäftigten am Arbeitsplatz. Letzterer bedarf aber des Einvernehmens mit der Dienststellenleitung, weil hierbei in das Rechtsverhältnis zwischen Beschäftigten und Dienststelle eingegriffen wird (der Beschäftigte erbringt während der Zeit des Kontaktes mit der Personalvertretung nicht seine Arbeits- bzw. Dienstleistung). „Begehungen" der Dienststelle dürfen somit nur in begründeten Ausnahmefällen stattfinden.

Art. 75 Abs. 3 Satz 3 bis 5 BayPVG

Danach hat die Dienststelle dem Personalrat nach Abschluss jedes Kalenderjahres einen Überblick über die Unterstützungen und entsprechenden sozialen Zuwendungen zu geben, Anträge und Leistungen sind gegenüberzustellen. Einen Anspruch auf Mitteilung der Gründe der Beschäftigten für die Antragstellung hat der Personalrat nicht.

Art. 75a Abs. 2 Satz 1 BayPVG

Bei der Einführung, Anwendung und erheblichen Änderung technischer Einrichtungen zur Überwachung der Leistung oder des Verhaltens der Beschäftigten und bei der Einführung, Anwendung und erheblichen Änderung von automatisierten Verfahren zur Personalverwaltung ist der Personalrat von der Erteilung von Aufträgen für Organisationsuntersuchungen, die diesen Maßnahmen vorausgehen, zu unterrichten. Die Maßnahmen sind außerdem mit dem Personalrat zu erörtern (→ EDV, IuK).

Art. 77a BayPVG

2

Art. 77a BayPVG regelt in Satz 2 ein Informationsrecht bei Gewährung von Leistungsentgelt und der Leistungsbezüge sowie bei der Ablehnung des leistungsbezogenen Stufenaufstiegs bzw. der leistungsbezogenen Verkürzung oder Verlängerung des Stufenaufstiegs. Die Maßnahmen sind mit dem Personalrat zu erörtern. Unter Leistungsbezüge fallen die in Art. 66 bis 72 BayBesG genannten Bezüge, insbesondere Leistungsstufe, Leistungsprämie, Hochschulleistungsbezüge, Berufungs-Leistungsbezüge, besondere Leistungsbezüge und Funktions-Leistungsbezüge.

Unter Leistungsentgelt fällt die leistungsorientierte Bezahlung nach § 18 TVöD. § 18 TV-L wurde mit dem Tarifabschluss vom 01.03.2009 gestrichen, seitdem ist im Bereich der Länder kein Leistungsentgelt für Arbeitnehmer mehr vorgesehen. Für Beschäftigte an Hochschulen und Forschungseinrichtungen gelten jedoch die Sonderregelungen nach § 40 TV-L (§ 18 TV-L in modifizierter Fassung: besondere Zahlungen im Drittmittelbereich, § 18 Abs. 1, Leistungszulagen, § 18 Abs. 7, und Leistungsprämien, § 18 Abs. 8). Die Ablehnung des leistungsbezogenen Stufenaufstiegs erfasst Art. 30 Abs. 3 BayBesG; die leistungsbezogene Verkürzung oder Verlängerung des Stufenaufstiegs regelt für Beamte Art. 66 Abs. 1 BayBesG, für Arbeitnehmerinnen und Arbeitnehmer § 17 Abs. 2 TV-L bzw. TVöD.

Art. 78 Abs. 3 BayPVG

Der Personalrat ist zu informieren vor Einstellungen, Versetzungen und Kündigungen von folgenden Beschäftigten (schwächstes Informationsrecht):

- durch Bühnendienstvertrag oder Gastspielvertrag verpflichtete Mitglieder von Theatern sowie durch Sondervertrag verpflichtete Personen in leitender Stellung an Theatern
- Leiter sowie Mitglieder von Orchestern mit Ausnahme der technischen Beschäftigten
- sonstige Beschäftigte mit vorwiegend wissenschaftlicher oder künstlerischer Tätigkeit sowie wissenschaftliche und künstlerische Mitarbeiter und Lehrkräfte für besondere Aufgaben (Art. 2 Abs. 1 Satz 1 Nr. 3 und 4 und Abs. 2 Nr. 4 BayHSchPG)

- leitende Arbeitnehmer, wenn sie nach Dienststellung und Dienstvertrag:
  - zur selbstständigen Einstellung und Entlassung von in der Dienststelle oder in ihrer Abteilung beschäftigten Arbeitnehmern berechtigt sind
  - Generalvollmacht oder Prokura haben
  - im Wesentlichen eigenverantwortlich Aufgaben wahrnehmen, die ihnen regelmäßig wegen deren Bedeutung für den Bestand und die Entwicklung der Dienststelle im Hinblick auf besondere Erfahrungen und Kenntnisse übertragen werden

Art. 79 Abs. 2 Satz 2, Abs. 4 und Abs. 5 BayPVG

Im Rahmen der Beteiligung bei Unfallverhütung und Arbeitsschutz sind dem Personalrat die den Arbeitsschutz und die Unfallverhütung betreffenden Auflagen und Anordnungen der hierfür zuständigen Stellen mitzuteilen. Außerdem sind dem Personalrat die Niederschriften über sämtliche den Arbeitsschutz und die Unfallverhütung betreffenden Untersuchungen, Besichtigungen und Besprechungen, an denen der Personalrat teilnimmt, mitzuteilen und bei Angestellten die Unfallanzeigen gemäß § 193 Abs. 5 SGB VII, bei Beamten die zu erstattenden Berichte auszuhändigen (→ Gesundheitsschutz, Unfallverhütung/Arbeitsschutz).

§ 7 Abs. 3 TzBfG

Danach hat die Dienststelle den Personalrat über Teilzeitarbeit im Betrieb bzw. der Dienststelle zu informieren, insbesondere über vorhandene oder geplante Teilzeitarbeitsplätze und über die Umwandlung von Teilzeitarbeitsplätzen in Vollzeitarbeitsplätze oder umgekehrt; ihm sind auf sein Verlangen die erforderlichen Unterlagen zur Verfügung zu stellen.

§ 6 Abs. 4 Satz 2 ArbZG

Beim Antrag eines Nachtarbeitnehmers auf Umsetzung auf einen für ihn geeigneten Tagesarbeitsplatz ist der Personalrat zu hören, wenn nach Auffassung des Arbeitgebers dringende betriebliche Erfordernisse entgegenstehen; der Personalrat kann dem Arbeitgeber Vorschläge für eine Umsetzung unterbreiten.

§ 33 JArbSchG

Eine Durchschrift des Aufforderungsschreibens des Arbeitgebers zum Nachweis der Nachuntersuchung des Jugendlichen ist dem Personalrat zuzusenden.

§ 10 Abs. 2 Satz 3 ArbSchG

Vor der Benennung des Erste-Hilfe-Beauftragten hat der Arbeitgeber den Personalrat zu hören.

§ 12 Abs. 4 BioStoffV

Der Personalrat ist über Betriebsstörungen, die die Sicherheit oder Gesundheit der Beschäftigten gefährden können, und über Unfälle unverzüglich zu unterrichten. Ihm sind die in § 13 Abs. 1 bis 3 BioStoffV genannten Angaben zur Verfügung zu stellen.

§ 2 RatSchTV

Der Personalrat ist über die vorgesehene Rationalisierungsmaßnahme zu unterrichten. Die personellen und sozialen Auswirkungen der Maßnahme sind mit ihm zu beraten. „Rechtzeitig" meint, dass die Stellungnahme der Personalvertretung noch in die Entscheidung des Dienstherrn Eingang finden kann. Die Änderung muss somit konkret beabsichtigt sein und es muss feststehen, dass die beabsichtigte Maßnahme voraussichtlich für Angestellte auch zu einem Wechsel der Beschäftigung oder zur Beendigung von Arbeitsverhältnissen führen kann.

Art. 7 Abs. 1 der Richtlinie 77/187/EWG in der Fassung der Richtlinie 2001/23/EG vom 12.03.2001

Danach steht dem Personalrat ein Informationsrecht im Falle der Übertragung gesamter öffentlicher Einrichtungen oder abgrenzbarer Einheiten an private Rechtsträger im Sinne des § 613a Abs. 1 BGB zu (→ Betriebsübergang). Ihm sind die Gründe für den Übergang, seine rechtlichen, wirtschaftlichen und sozialen Folgen für die Beschäftigten sowie die hinsichtlich der Beschäftigten in Aussicht genommenen Maßnahmen mitzuteilen. Die beabsichtigte Maßnahme muss noch durch die Stellungnahme der Personalvertretung gestaltbar sein.

§ 167 Abs. 1 SGB IX

Die Dienststelle hat bei personen-, verhaltens- oder betriebsbedingten Schwierigkeiten, die zu einer Gefährdung des Beschäftigungsverhältnisses von schwerbehinderten Menschen führen können, frühzeitig den Personalrat einzuschalten (→ Behinderung).

§ 167 Abs. 2 SGB IX

Die Dienststelle hat mit der Personalvertretung im Rahmen des Betrieblichen Eingliederungsmanagements (→ BEM) zu klären, wie die Arbeitsunfähigkeit von Beschäftigten überwunden und neuer Arbeitsunfähigkeit vorgebeugt werden kann, wenn der betroffene Beschäftigte der Hinzuziehung des Personalrats zustimmt.

Übersicht Informationsrechte

Informationsrechte

Der Personalrat kann rechtzeitige und umfassende Information verlangen:

- Art. 69 Abs. 2 BayPVG i. V. m. Art. 2 Abs. 1 BayPVG
- Art. 75 Abs. 3 Satz 3 bis 5 BayPVG
- Art. 75a Abs. 2 Satz 1 BayPVG
- Art. 77a BayPVG
- Art. 78 Abs. 3 BayPVG
- Art. 79 Abs. 2 Satz 2, Abs. 4 und 5 BayPVG
- § 7 Abs. 3 TzBfG
- § 6 Abs. 4 Satz 2 ArbZG
- § 33 JArbSchG
- § 10 Abs. 2 Satz 3 ArbSchG
- § 12 Abs. 4 BioStoffV
- § 2 RatSchTV
- Art. 7 Abs. 1 der Richtlinie 77/187/EWG in der Fassung der Richtlinie 2001/23/EG vom 12.03.2001
- § 167 Abs. 1 SGB IX

Anhörungsrechte

Dem Personalrat ist Gelegenheit zu geben, Anregungen/Einwendungen vorzubringen:

- § 6 Abs. 4 Satz 2 ArbZG
- § 10 Abs. 2 Satz 3 ArbSchG
- Art. 76 Abs. 3, Art. 77 Abs. 3 BayPVG

Beratungsrechte/Erörterungsrechte

Der Personalrat kann die Erörterung der Thematik verlangen:

- Art. 75a Abs. 2 Satz 1 BayPVG
- Art. 77a BayPVG
- § 2 RatSchTV
- Art. 7 Abs. 1 der Richtlinie 77/187/EWG in der Fassung der Richtlinie 2001/23/EG vom 12.03.2001
- § 167 Abs. 2 SGB IX
- Art. 72 Abs. 2 Satz 1 BayPVG

Informations- und Kommunikationssysteme (IuK)

IuK ist die in der Praxis gebräuchliche Abkürzung für Informations- und Kommunikationssysteme, insbesondere in Form elektronischer Datenverarbeitung. Dem Personalrat steht ein echtes Mitbestimmungsrecht gemäß Art. 75a Abs. 1 BayPVG bei der Einführung, Anwendung und erheblichen Änderung technischer Einrichtungen zur Überwachung des Verhaltens oder der Leistung der Beschäftigten sowie bei der Einführung, Anwendung und erheblichen Änderung der Personaldatenverwaltung zu, auch bei nur probeweiser oder befristeter Maßnahme.

Technische Einrichtungen sind alle Gegenstände, die in der Regel willensunabhängig unter Zuhilfenahme von Technik eine Leistung generieren. Es reicht aus, wenn die technische Einrichtung zu einem der in Art. 75a Abs. 1 BayPVG genannten Zwecke geeignet ist und eine Identifizierung des Verhaltens und der Leistung einzelner Beschäftigter ermöglicht. Überwachung bedeutet die Informationssammlung und -auswertung. Alle Informations- und Kommunikationssysteme und insbesondere die automatisierte Personaldatenverwaltung unterliegen den Vorgaben des Datenschutzes (→ Datenschutz).

Bei innerdienstlicher Überlegung vor Beauftragung von Organisationsuntersuchungen nach Art. 75a Abs. 1 BayPVG ist der Personalrat im Vorfeld einer Maßnahme zu unterrichten; die beabsichtigten Maßnahmen sind mit ihm zu erörtern (→ Informationsrechte, Unterlagen).

Technische Einrichtungen können sein: Stechuhren oder sonstige Zeiterfassungsgeräte, Fahrtenschreiber, Kameras, Computer, Telefonüberwachungsanlagen, Zugangskontrollsysteme (Codekarten), Fotokopiergeräte (mit Zugangskontrolle), GPS-Systeme (Peilsender), Personalinformationssystem, mobile Endgeräte.

2

Keine technischen Einrichtungen sind: Stoppuhren, Einsatz von Aufsichts- und Kontrollpersonen ohne technische Ausstattung, Vordrucke, Formulare, Erfassungsbögen, die von Hand ausgefüllt werden und deren Eintragungen nicht elektronisch verarbeitet werden.

Eine Maßnahme (insbesondere Video- oder GPS-Überwachung) ist ohne Beteiligung des Personalrats nur dann im Verhältnis zwischen Dienststelle und Beschäftigten wirksam, wenn der Personalrat nachträglich der Verwendung der gewonnenen Daten zustimmt und die Beweisverwertung deshalb zulässig ist, weil der konkrete Verdacht einer strafbaren Handlung oder eines anderen schweren Pflichtenverstoßes zulasten des Dienstherrn bestand, der Dienststelle kein milderes Mittel zur Verfügung stand und die Maßnahme das einzige, im Übrigen nicht unverhältnismäßige Mittel zur Aufklärung des Sachverhalts darstellte.

Verfahren nach Art. 70 BayPVG, Initiativrecht des Personalrats nach Art. 70a Abs. 2 BayPVG.

Gleichzeitig betroffene Beteiligungstatbestände können sein: Art. 76 Abs. 2 Nr. 1 bis 3 BayPVG; Art. 76 Abs. 1 Satz 1 Nr. 1, 6, 7 BayPVG; Art. 75 Abs. 1 Nr. 6 BayPVG; Art. 75 Abs. 4 Nr. 6, 8, 10, 12 BayPVG

Der Abschluss einer Dienstvereinbarung ist möglich nach Art. 73 Abs. 1 BayPVG.

Kosten des Personalrats

Gemäß Art. 44 BayPVG trägt die Dienststelle die durch die Tätigkeit des Personalrats entstehenden Kosten. Die Kostentragungspflicht entsteht aber nur, wenn der finanzielle Aufwand für die Personalratstätigkeit unmittelbar notwendig, erforderlich und angemessen ist. Der Personalrat hat das Gebot der sparsamen Verwendung öffentlicher Mittel zu beachten. Ob die verursachten oder beabsichtigten Kosten diesen Kriterien entsprechen, ist stets nach den Umständen des Einzelfalles zu entscheiden.

Eine Kostenerstattung kommt grundsätzlich in Betracht bei:

- gerichtlicher Wahrnehmung der Rechte des Personalrats oder seiner Mitglieder, wenn der Personalrat Beteiligter im Sinne des § 83 ArbGG ist und das Gerichtsverfahren nicht mutwillig oder von vornherein völlig aussichtslos geführt wird (z. B. bei gefestigter höchstrichterlicher Rechtsprechung)
- gerichtlichen Rechtsanwaltskosten im Rahmen des RVG, wenn zuvor eine interne Einigung erfolglos, die Rechtsfrage noch nicht höchstrichterlich entschieden und das Verfahren nicht von vornherein aussichtslos oder mutwillig ist
- außergerichtlichen Rechtsanwalts- oder Sachverständigenkosten nur in Ausnahmefällen bei besonderer Schwierigkeit der Sach- und Rechtslage und gescheitertem dienststelleninternem Einigungsversuch
- Schulungsveranstaltungen, soweit sie für die Personalratstätigkeit unmittelbar erforderliche Kenntnisse vermitteln (→ Schulungen)
- Reisekosten für reine Personalratstätigkeit (z. B. Fahrten zu Sitzungen, gemeinsamen Besprechungen mit Dienststellenleiter, Fahrten zu Schulungen)

Eine Kostenerstattung kommt grundsätzlich nicht in Betracht bei:

- Reisekosten, die bei Fahrten Wohnung – Stammdienststelle entstehen
- Repräsentations- oder Werbungskosten
- Betriebsausflügen
- Aufwendungen zugunsten besonderer Ereignisse bei Beschäftigten (z. B. Geburtstag, Eheschließung, Beerdigung, „Kranzspenden")
- Aufwendungen für Krankenbesuche von Mitarbeitern

Der Personalrat darf gemäß Art. 45 BayPVG für die Erfüllung seiner Zwecke von den Beschäftigten keine Beiträge erheben. Die Einrichtung und Führung einer Personalratskasse oder gar eines eigenen Bankkontos (das in der Praxis in der Regel mangels Rechtsfähigkeit des Personalrats auf ein Personalratsmitglied angelegt wird) verbieten sich daher. Nicht erfasst vom Umlageverbot des Art. 45 BayPVG sind Sammlungen von Geldspenden zum Erwerb von Geschenken für besondere Anlässe (z. B. Geburtstag), wenn und soweit der Personalrat dies nicht mit seiner Personalratstätigkeit vermischt.

Kündigung

2

Kündigung im Sinne des BayPVG meint nur die Arbeitgeberkündigung und zwar unabhängig davon, ob dem Arbeitnehmer ein allgemeiner Kündigungsschutz nach KSchG oder ein besonderer Kündigungsschutz zusteht (vgl. z. B. für Personalratsmitglieder Seite 35).

Der Personalrat wirkt hier nach Art. 77 BayPVG in folgenden Fällen mit:

- Ordentliche Arbeitgeberkündigung (regelmäßig mit tariflichen Kündigungsfristen, z. B. § 34 TV-L/TVöD)
  Mitwirkungsrecht des Personalrats nach Art. 77 Abs. 1 BayPVG i. V. m. Art. 72 BayPVG
- Ordentliche Änderungskündigung
  Mitwirkungsrecht des Personalrats nach Art. 77 Abs. 1 BayPVG i. V. m. Art. 72 BayPVG
- Außerordentliche, fristlose Kündigung
  Anhörungsrecht nach Art. 77 Abs. 3 BayPVG
- Außerordentliche Kündigung mit sozialer Auslauffrist
  Mitwirkungsrecht des Personalrats nach Art. 77 Abs. 1 BayPVG i. V. m. Art. 72 BayPVG
- Außerordentliche Änderungskündigung mit sozialer Auslauffrist
  Mitwirkungsrecht des Personalrats nach Art. 77 Abs. 1 BayPVG i. V. m. Art. 72 BayPVG

Eine ohne Beteiligung des Personalrats ausgesprochene Kündigung ist gemäß Art. 77 Abs. 4 BayPVG unwirksam. Einwände gegen Kündigungen nach Art. 77 Abs. 1 BayPVG können nur aus bestimmten Gründen erhoben werden, Art. 77 Abs. 1 Satz 2 BayPVG.

Gleichzeitig betroffene Beteiligungstatbestände können sein: Art. 75 Abs. 1 Satz 1 Nr. 5, 6, 10, Abs. 2 und Art. 76 Abs. 2 BayPVG (bei betriebsbedingten Kündigungen)

Für die Kündigung von Personalratsmitgliedern gelten Art. 47 Abs. 1 und 2 BayPVG i. V. m. §§ 15, 16 KSchG (vgl. Seite 35).

Leistungsorientierte Bezahlung (LoB)

Der Begriff „LoB“ ist die Abkürzung für leistungsorientierte Bezahlung. Gemäß Art. 77a BayPVG ist die Gewährung von Leistungsbezügen bzw. -entgelt und die Ablehnung des leistungsbezogenen Stufenaufstiegs bzw. die leistungsbezogene Verkürzung oder Verlängerung des Stufenaufstiegs vor der Durchführung mit dem Personalrat zu erörtern; der Personalrat ist rechtzeitig und auf einem

dauerhaften Datenträger über die betroffenen Beschäftigten sowie Höhe und Dauer der zu gewährenden Beträge zu unterrichten, die erforderlichen Unterlagen sind zur Verfügung zu stellen.

Nachdem im Bereich des TV-L keine leistungsorientierte Bezahlung mehr vorgesehen ist, ist das Informationsrecht nur noch für den Bereich des TVöD und den Bereich der Beamten relevant. Für Beschäftigte an Hochschulen und Forschungseinrichtungen gelten jedoch die Sonderregelungen nach § 40 TV-L (§ 18 TV-L in modifizierter Fassung: besondere Zahlungen im Drittmittelbereich, § 18 Abs. 1, Leistungszulagen, § 18 Abs. 7, und Leistungsprämien, § 18 Abs. 8).

Gemäß § 17 TVöD hat der Arbeitgeber die Leistungen des Arbeitnehmers jährlich zu überprüfen, Stufenaufstiege können bei erheblich überdurchschnittlicher Leistung verkürzt werden. Mit § 18 TVöD ist zudem ein variabler Vergütungsbestandteil eingeführt. Unter Leistungsbezüge fallen die in seit 01.01.2011 geltenden Art. 66 bis 72 BayBesG genannten Bezüge, insbesondere Leistungsstufe, Leistungsprämie, Hochschulleistungsbezüge, Berufungs-Leistungsbezüge, besondere Leistungsbezüge und Funktions-Leistungsbezüge. Die Ablehnung des leistungsbezogenen Stufenaufstiegs erfasst seit 01.01.2011 Art. 30 Abs. 3 BayBesG; die leistungsbezogene Verkürzung oder Verlängerung des Stufenaufstiegs regelt für Beamte seit 01.01.2011 Art. 66 Abs. 1 BayBesG, für Arbeitnehmerinnen und Arbeitnehmer § 17 Abs. 2 TV-L/TVöD.

Die leistungsorientierte Bezahlung für Arbeitnehmer ist durch eine Dienstvereinbarung zu regeln (vgl. § 18 TVöD). Dem entspricht die korrespondierende Vorschrift in Art. 73 Abs. 1 Satz 2 BayPVG, wonach Dienstvereinbarungen zur Regelung materieller Arbeitsbedingungen zulässig sind, wenn ein Tarifvertrag den Abschluss ausdrücklich zulässt. Dem Personalrat sind daher die Namen der Empfänger von Leistungszulagen, die Stufe sowie die Höhe der einzelnen Leistungsprämien mitzuteilen. Ein besonderer Anlass für den Einblick in die entsprechenden Unterlagen muss nicht vorliegen, insbesondere steht der Datenschutz dem Einsichtsrecht des Personalrats nicht entgegen.

Der Personalrat muss vor dem Hintergrund seines Aufgabenkatalogs nach Art. 69 BayPVG die Gleichbehandlung bei der Anwendung von leistungsbezogenen Bewertungskriterien prüfen können. Für Beamte galten bis 31.12.2010 die Bayerischen Verwaltungsvorschriften zum Besoldungsrecht und den Nebengebieten (BayVwVBes), soweit es um Leistungsprämien und -zulagen nach der BayLPZV ging. Die BayLPZV legte allgemeine Vergabegrundsätze fest, insbesondere die Möglichkeit, sowohl Leistungsprämien als auch Einmalzahlungen oder Leistungszulagen für besondere zeitgebundene Projekte als leistungsbegleitende Honorierung zu bezahlen. Die BayLPZV ist mit Wirkung zum 01.01.2011 außer Kraft getreten.

Weder das BayPVG noch das BayBesG sieht eine formelle Beteiligung bei der Aufstellung von allgemeinen Grundsätzen zur Vergabe leistungsbezogener Besoldungsbestandteile vor. Auch bei einer Vergabeentscheidung im Einzelfall ist der Personalrat nicht zu beteiligen, sondern lediglich vor der Vergabeentscheidung zu informieren. Daher sind auch bei Beamten dem Personalrat die Namen der Beschäftigten mitzuteilen, die eine Leistungsprämie oder -zulage erhalten sollen sowie die Höhe der einzelnen Leistungsprämien und -zulagen.

Förmliche Beteiligungsrechte des Personalrats bestehen nicht, insbesondere gibt es kein Initiativrecht. Daran ändert auch Art. 77a BayPVG nichts: Bei Streitigkeiten zwischen Dienststelle und Personalvertretung erwächst aus dieser Vorschrift kein Anspruch auf Einleitung eines Stufenverfahrens. Die Dienststelle entscheidet abschließend.

Lohngestaltung

Dem Personalrat steht hier ein echtes Mitbestimmungsrecht gemäß Art. 75 Abs. 4 Satz 1 Nr. 4 BayPVG zu, insbesondere bei der Aufstellung von Entlohnungsgrundsätzen, der Einführung und Anwendung von neuen Entlohnungsmethoden und deren Änderung sowie der Festsetzung der Akkord- und Prämiensätze und vergleichbarer leistungsbezogener Entgelte einschließlich der Entgeltfaktoren, soweit keine gesetzliche oder tarifliche Regelung besteht. Aufgrund des

Tarifvorrangs läuft dieser Mitbestimmungstatbestand weitgehend leer, weil im Bereich der Beamten eine Alimentation abschließend durch das Bundesbesoldungsgesetz (BBesG i. V. m. BayBVAnpG) geregelt war, seit dem 01.01.2011 durch das BayBesG und im Bereich der Angestellten die Vergütung der einschlägigen Tarifverträge i. V. m. der jeweiligen Entgeltordnung bzw. den Vergütungsordnungen des BAT (solange noch keine Entgeltordnung existiert) geregelt wird.

Die Mitbestimmung erstreckt sich nur auf die Aufstellung von Grundsätzen, nicht aber auf individuelle Lohnhöhe oder die Lohnpolitik des Dienstherrn. Wo ein Gestaltungsspielraum für den Dienstherrn besteht, korrespondiert auch der Mitbestimmungstatbestand, was insbesondere bei der leistungsorientierten Bezahlung in Betracht gezogen werden muss (→ LoB).

Auch bei der Anrechnung von Tariflohnerhöhungen auf über- oder außertarifliche Zulagen und dem Widerruf über außertarifliche Zulagen ist ein Mitbestimmungsrecht des Personalrats gegeben, wenn sich die Verteilungsgrundsätze ändern. Bedeutung erlangt der Mitbestimmungstatbestand somit in erster Linie für außer- oder übertarifliche Vergütungsbestandteile.

Weitere Anwendungsbereiche finden sich bei der Aufstellung von Vergabegrundsätzen von Arbeitgeberdarlehen sowie bei der Aufstellung von Systemen der betrieblichen Altersversorgung. In allen Fällen hat der Personalrat hinsichtlich des „Ob" des Systems kein Mitbestimmungsrecht, sondern lediglich hinsichtlich des „Wie", das heißt der Ausgestaltung des Systems. Ein weiterer Anwendungsbereich kann sich dort ergeben, wo eine Dienststelle im Sinne des Art. 6 BayPVG durch Überführung eines unselbstständigen privatrechtlichen Betriebsteils in eine Form des öffentlichen Rechts (z. B. Körperschaft des öffentlichen Rechts) neu entsteht, wie dies insbesondere bei Betriebskrankenkassen der Fall sein kann.

Verfahren nach Art. 70 BayPVG, starkes Initiativrecht nach Art. 70a Abs. 2 BayPVG.

Der Abschluss von Dienstvereinbarungen ist möglich nach Art. 73 BayPVG.

Mobbing

Mobbing ist kein juristischer Tatbestand, sondern vielmehr ein Sammelbegriff für mehr oder weniger regelmäßige persönlichkeitsverletzende Verhaltensweisen, die zu gesundheitlichen Schäden führen können. Der Begriff „Mobbing" erfasst fortgesetzte, aufeinander aufbauende oder ineinanderübergreifende, der Anfeindung, Schikane oder Diskriminierung dienende Verhaltensweisen, die nach ihrer Art und ihrem Ablauf im Regelfall einer übergeordneten, von der Rechtsordnung nicht gedeckten Zielsetzung förderlich sind und jedenfalls in ihrer Gesamtheit das allgemeine Persönlichkeitsrecht oder andere, ebenso geschützte Rechte wie Gesundheit und Ehre verletzen (LAG Thüringen vom 10.04.2001, NZA-RR 2001, 358).

2

Mobbing kann, muss aber nicht mit diskriminierenden Verhaltensweisen im Sinne des AGG zusammentreffen. Der Personalrat hat gemäß Art. 69 Abs. 1 Buchst. b i. V. m. Art. 68 BayPVG darauf zu achten, dass der Dienstherr die ihm obliegenden Fürsorgepflichten zur Vermeidung von Mobbinghandlungen einhält und alle Beschäftigten nach Recht und Billigkeit behandelt werden (→ Gleichbehandlung; vgl. Seite 19). In der Regel geschieht die Prävention durch Abschluss einer Dienstvereinbarung.

Die Pflicht zur Verhinderung von persönlichkeitsrechtsverletzenden Handlungen sowie Gesundheitsschädigungen folgt außerdem dem Schutzgedanken des Art. 79 BayPVG. In der Praxis bereitet die Beantwortung der Frage, ob Mobbing vorliegt, erhebliche Schwierigkeiten, da zumeist eine systematische, auf Tatsachen gründende, das heißt nach Ort, Zeit, Art und Person, differenzierte Sachverhaltsdarstellung vom Mobbing-Opfer nicht geleistet werden kann. Dies ist aber Voraussetzung für die erfolgreiche Geltendmachung von Ansprüchen. Der Personalrat hat, wenn er von Mobbing-Handlungen erfährt, die Beschäftigten darauf hinzuweisen, dass sie ein „Mobbing-Tagebuch" führen sollen, welches eine Mobbing-Systematik im beschriebenen Sinne belegt. Eine Personalratsschulung zum Thema Mobbing ist gemäß Art. 46 Abs. 5 BayPVG möglich.

Betroffene Beteiligungstatbestände können sein: Art. 75 Abs. 1 Satz 1 Nr. 5, 6, 7, 13 BayPVG; Art. 75 Abs. 4 Nr. 8 BayPVG; Art. 76 Abs. 1 Satz 1 Nr. 1 und 2 BayPVG

Nebentätigkeit

Der Personalrat hat bei Versagung oder Widerruf der Genehmigung einer Nebentätigkeit ein unechtes Mitbestimmungsrecht gemäß Art. 75 Abs. 1 Satz 1 Nr. 11 BayPVG, soweit es keine Beschäftigten sind, bei deren Einstellung das Mitbestimmungsrecht des Personalrats nach Art. 75 Abs. 1 Satz 1 Nr. 1 BayPVG ausgeschlossen wurde.

Für Beamte ist das Nebentätigkeitsrecht in Art. 81 bis 86 BayBG i. V. m. mit der BayNV und Art. 6 BayHochschPG sowie den VV-BayBG geregelt; die grundsätzliche Anzeigepflicht von Nebentätigkeiten ergibt sich aus § 40 BeamtStG.

Für Angestellte gelten in der Regel die tariflichen Regelungen des § 3 Abs. 3 TVöD bzw. § 3 Abs. 4 TV-L, wonach Nebentätigkeiten gegen Entgelt rechtzeitig dem Dienstherrn schriftlich vor Beginn der Nebentätigkeit anzuzeigen sind. Beamtenrechtliche Nebentätigkeitsbestimmungen können entsprechend zur Anwendung kommen, wenn auf die Angestellten noch die Vorschriften des BAT (hier § 11 BAT) Anwendung finden.

Nach Beamtenrecht wird im Rahmen des Nebentätigkeitsbegriffs zwischen Nebenamt und Nebenbeschäftigung unterschieden. Diese Unterscheidung gibt es im Arbeitsrecht nicht.

Das Mitbestimmungsrecht greift nur, wenn der Dienstherr eine Nebentätigkeit ganz oder teilweise versagen oder eine bereits genehmigte Nebentätigkeit ganz oder teilweise widerrufen will. Bei der Erteilung der Genehmigung besteht kein Mitbestimmungsrecht des Personalrats.

Verfahren nach Art. 70 BayPVG, kein Initiativrecht. Zustimmungsverweigerung nur aus bestimmten Gründen nach Art. 75 Abs. 2 BayPVG.

Gleichzeitig betroffene Beteiligungstatbestände können sein: Art. 75 Abs. 1 Satz 1 Nr. 12 BayPVG; Art. 76 Abs. 1 Satz 1 Nr. 10 BayPVG

Ordnung im Betrieb

Gemäß Art. 76 Abs. 1 Satz 1 Nr. 2 BayPVG hat der Personalrat ein Mitwirkungsrecht bei Regelungen der Ordnung in der Dienststelle und des Verhaltens der Beschäftigten. Die Begriffe der Dienststellenordnung und des Beschäftigtenverhaltens sind im Zusammenhang mit der Mitwirkung des Personalrats nicht zu differenzieren, vielmehr liegt ein einheitlicher Mitwirkungstatbestand vor. In der

Regel umfassen Regelungen zur Dienstordnung auch Regelungen zum Verhalten der Beschäftigten und umgekehrt, weil in Art. 76 Abs. 1 Satz 1 Nr. 2 BayPVG ein störungsfreier Organisationsablauf und nicht Anordnungen des Dienstherrn und Weisungen gegenüber Beamten betreffend das konkrete Arbeitsverhalten gemeint sind. Da es sich um einen Kollektivtatbestand handelt, sind ausschließlich abstrakt-generelle Vorgaben vom Mitwirkungsrecht umfasst.

Nicht mitwirkungspflichtig sind:

- Beurteilungsrichtlinien
- Führungsrichtlinien
- konkrete Kontrollen des Arbeitnehmerverhaltens
- alle Maßnahmen, die die reine Dienstausübung betreffen
- ein konkret gegenüber einem Beschäftigten individuell ausgesprochenes Alkoholverbot
- konkrete Tätigkeitsaufschreibungen
- Organisations-/Geschäftsverteilungspläne
- Pünktlichkeitskontrollen
- An- und Abwesenheitskontrolle

Mitwirkungspflichtig sind z. B.:

- Kleidervorschriften
- Benutzung der Telefoneinrichtungen
- allgemeine Meldepflichten (z. B. bei Erkrankung, dazu gehören auch die Modalitäten der Vorlage von Attesten oder Nachweisen für den Arztbesuch)
- Ausstattung der Diensträume mit Privatgegenständen
- Nutzung des Dienststellengeländes, insbesondere durch Privatfahrzeuge
- allgemeine Ordnung des Arbeitsplatzes
- allgemeines Alkohol- und Drogenverbot
- Nutzung von Radiogeräten am Arbeitsplatz
- Behandlung des Arbeitsgeräts

- allgemeine Torkontrollen
- allgemeine Taschenkontrollen
- Benutzung von Sozialeinrichtungen, insbesondere Kantinen
- Betrieb und Nutzung von TV-, Video-, DVD-Geräten, Internet und E-Mail
- Unfallverhütungsvorschriften
- formalisierte Krankengespräche
- Speisen und Getränke am Arbeitsplatz
- Mitarbeitergespräche als Instrument der Personalführung, soweit sie nicht individualisiert, sondern formalisiert sind

Das Mitwirkungsrecht ist gemäß Art. 76 Abs. 1 Satz 2 BayPVG im Falle eines Notstandes eingeschränkt für die Polizei, die Berufsfeuerwehr und den Strafvollzug.

Unter Notstand ist zu verstehen:

- äußerer Notstand im Sinne des Art. 81a GG, Art. 115a bis 115 Abs. 1 GG (Spannungs- oder Verteidigungsfall)
- innerer Notstand im Sinne des Art. 91 GG (Gefahr für den Bestand der freiheitlich-demokratischen Grundordnung des Bundes und der Länder)
- polizeirechtlicher Notstand
- Notstand aufgrund von Naturkatastrophen (Art. 35 Abs. 2 Satz 2, Abs. 3 GG)

Verfahren nach Art. 72 BayPVG, kein Initiativrecht.

Gleichzeitig betroffene Beteiligungstatbestände können sein: Art. 78 Abs. 4 Satz 1 Nr. 1, 5, 7, 8 BayPVG; Art. 76 Abs. 1 Satz 1 Nr. 1 BayPVG; Art. 76 Abs. 2 Nr. 1 bis 3 BayPVG

Der Abschluss einer Dienstvereinbarung ist möglich, Art. 73 Abs. 1 Satz 1 BayPVG.

Outsourcing

Unter Outsourcing versteht man generell die Privatisierung von öffentlichen Dienstleistungen. Ein Mitwirkungsrecht des Personalrats kann hier nur im Rahmen des Art. 76 Abs. 3 BayPVG eröffnet sein; sonst ist die Privatisierung öffentlicher Aufgaben der Beteiligung des Personalrats entzogen. Allerdings stehen dem Personalrat umfangreiche Informationsrechte zu (→ Informationsrechte).

Outsourcing-Maßnahmen können z. B. sein:

- Vergaben nach VOB
- Auslagerung von Reinigungs- oder Wartungsarbeiten
- Auslagerung von Sportanlagen
- Transportaufgaben (gleich welcher Natur)

Im Hinblick auf Outsourcing von Sozialeinrichtungen kann ein Mitbestimmungsrecht nach Art. 75 Abs. 4 Satz 1 Nr. 5 BayPVG gegeben sein (z. B. Kantine, Betriebskindergarten), dann ist das Mitbestimmungsverfahren nach Art. 70 BayPVG einzuleiten. Outsourcing kann auch Auswirkungen haben auf den Dienststellenbegriff nach Art. 6 BayPVG.

Personalakten

Für die Personalakten der Angestellten sind die Vorschriften des § 3 Abs. 5 TVöD bzw. § 3 Abs. 6 TV-L einschlägig. Für Beamte ist das Personalaktenrecht in § 50 BeamtStG sowie Art. 102 bis 111 BayBG geregelt.

Dem Personalrat steht ein Einsichtsrecht in Personalakten gemäß Art. 69 Abs. 2 Satz 6 BayPVG nur mit schriftlicher Zustimmung des Beschäftigten zu. Das Einsichtsrecht darf nur von einem Personalratsmitglied ausgeübt werden, das vom Beschäftigten zuvor bestimmt wurde, und hat sich nach den entsprechenden tariflichen Regelungen respektive den Vorschriften des Beamtenrechts zu richten. Soweit ein Beschäftigter der Auffassung ist, dass eine bestimmte Eintragung in seiner Personalakte unrichtig, für ihn nachteilig o. Ä. ist und aus den Personalakten entfernt werden soll, hat der Personalrat gemäß Art. 69 Abs. 1 Buchst. c BayPVG bei einer berechtigten Beschwerde des Betroffenen durch Verhandlung mit dem Leiter der Dienststelle auf eine entsprechende Erledigung hinzuwirken.

Personalbedarf

Der Personalrat hat ein Mitwirkungsrecht bei der Aufstellung von Grundsätzen und deren Änderung für die Personalbedarfsberechnung gemäß Art. 76 Abs. 2 Nr. 5 BayPVG. Gemeint ist hier ein abstrakt generelles Berechnungssystem für den ganzen oder teilweisen Geschäftsbereich der Dienststelle, nicht hingegen die Personalzumessung im Einzelfall.

Verfahren nach Art. 72 BayPVG, kein Initiativrecht.

Gleichzeitig betroffene Beteiligungstatbestände können sein: Art. 76 Abs. 2 Nr. 1, 2, 4 BayPVG; Art. 76 Abs. 3 BayPVG; Art. 75 Abs. 4 Satz 1 Nr. 13 BayPVG

Personalfragebögen

Gemäß Art. 75 Abs. 4 Satz 1 Nr. 10 BayPVG hat der Personalrat hinsichtlich des Inhalts von Personalfragebögen mitzubestimmen (echte Mitbestimmung), soweit keine gesetzliche oder tarifliche Regelung besteht. Es muss sich hierbei um generelle, abstrakte, für eine Vielzahl von Fällen geeignete Fragebögen handeln, die personenbezogene Daten, insbesondere die persönlichen Verhältnisse, den bisherigen beruflichen Werdegang, die fachlichen Kenntnisse sowie weitere Fähigkeiten eines Beschäftigten oder eines Einstellungsbewerbers enthalten. Arbeitsplatz- oder Dienstpostenbeschreibungen, die sich nur auf Inhalt, Umfang und Art der Tätigkeit am konkreten Arbeitsplatz beziehen, sind keine Personalfragebögen im Sinne des Art. 75 Abs. 4 Satz 1 Nr. 10 BayPVG. Bei Mischfragebögen (sowohl personen- und sachbezogen) besteht das Mitbestimmungsrecht des Personalrats nur hinsichtlich des personenbezogenen Teils.

Verfahren nach Art. 70 BayPVG, kein Initiativrecht.

Gleichzeitig betroffene Beteiligungstatbestände können sein: Art. 76 Abs. 2 Nr. 1 bis 3, 5 BayPVG; Art. 76 Abs. 3 BayPVG; Art. 76 Abs. 1 Satz 1 Nr. 1 und 2 BayPVG; Art. 75a Abs. 1, Abs. 2 BayPVG; Art. 75 Abs. 4 Satz 1 Nr. 13 BayPVG; Art. 75 Abs. 1 (mit Ausnahme des Abs. 1 Satz 1 Nr. 13) BayPVG

Der Abschluss einer Dienstvereinbarung ist möglich nach Art. 73 BayPVG.

Personelle Richtlinien

Gemäß Art. 75 Abs. 4 Satz 1 Nr. 13 BayPVG hat der Personalrat mitzubestimmen beim Erlass von Richtlinien über die personelle Auswahl bei Einstellungen, Versetzungen, Umgruppierungen und Kündigungen. Als personelle Richtlinien in diesem Sinne sind insbesondere sogenannte Auswahlrichtlinien zu sehen, die generelle Grundsätze betreffend Einstellung, Versetzung, Umgruppierung und Kündigung enthalten.

In Auswahlrichtlinien können enthalten sein:

- die Regelung des Ablaufs von:
  - Vorstellungsgesprächen
  - Eignungstests
  - ärztlichen Untersuchungen
  - Prüfungen
- Berufserfahrung
- Spezialkenntnisse
- Ausbildung
- fachliches und soziales Engagement
- Alter
- Gesundheitszustand
- Familienstand
- Anzahl der unterhaltsberechtigten Personen

Nicht zu Auswahlrichtlinien gehören:

- Ausschreibungsrichtlinien
- Anforderungsprofile
- Stellenbeschreibungen
- Stellenausschreibungen

Verfahren nach Art. 70 BayPVG, kein Initiativrecht.

Gleichzeitig betroffene Beteiligungstatbestände können sein: Art. 75 Abs. 1 Satz 1 Nr. 1, 6 BayPVG; Art. 75 Abs. 4 Satz 1 Nr. 10 BayPVG; Art. 77 BayPVG.

Der Abschluss von Dienstvereinbarungen ist möglich nach Art. 73 Abs. 1 BayPVG.

Pflegezeit

Nach den Vorschriften des Pflegezeitgesetzes (PflegeZG) und des Familienpflegezeitgesetzes (FPfZG) können Beschäftigte ganz oder teilweise Pflegezeit in Anspruch nehmen, um für einen pflegebedürftigen Angehörigen Pflegeleistungen zu organisieren oder zu erbringen. Beide Gesetze flankieren die tariflichen Regelungen des § 11 Abs. 1 TVöD/TV-L; § 28 oder § 29 Abs. 1 TVöD/TV-L geht diesen Vorschriften vor, soweit diese nicht für den Beschäftigten vorteilhaft sind. Da § 3 Abs. 1 PflegeZG und § 2 FPfZG) den Anspruch auf teilweise Arbeitsfreistellung enthalten, besteht ein Mitbestimmungsrecht des Personalrats gemäß Art. 75 Abs. 1 Satz 1 Nr. 12 BayPVG bei der Ablehnung eines Antrags auf Teilzeitbeschäftigung sowie dem Widerruf einer nach dem Pflegezeitgesetz „genehmigten" Teilzeitbeschäftigung. Das Mitbestimmungsrecht des Personalrats greift nach dem klaren Wortlaut des Art. 75 Abs. 1 Satz 1 Nr. 12 BayPVG nicht bei der Genehmigung eines Antrags auf Teilzeitbeschäftigung (→ Teilzeitbeschäftigung, Informationsrechte).

Verfahren nach Art. 70 BayPVG, kein Initiativrecht. Zustimmungsverweigerung nur aus bestimmten Gründen, Art. 75 Abs. 2 BayPVG.

Probezeit

Gemäß Art. 77 Abs. 3 BayPVG steht dem Personalrat vor der Beendigung eines Arbeitsverhältnisses während der Probezeit ein Anhörungsrecht zu. Hat der Personalrat Bedenken gegen die Beendigung des Arbeitsverhältnisses während der Probezeit, muss er diese mit entsprechender Begründung spätestens innerhalb von zwei Wochen nach Information durch den Dienststellenleiter auf einem dauerhaften Datenträger mitteilen (Wartefrist). Die Beendigung des Arbeitsverhältnisses während der Probezeit richtet sich im öffentlichen Dienst in der Regel nach § 34 Abs. 1 Satz 1 TVöD/TV-L. Zu beachten ist, dass eine Probezeitkündigung noch bis zum letzten Tag der Laufzeit der Probezeit gegenüber dem Arbeitnehmer ausgesprochen werden kann (Zugang). Eine Kündigung zum Ablauf der Probezeit ist daher nicht notwendig. Gleichwohl muss wegen der Zwei-Wochen-Frist des Art. 77 Abs. 3 Satz 3 BayPVG die Anhörung des Personalrats mindestens zwei Wochen und einen Tag vor Ablauf der Probezeit erfolgen, damit noch wirksam am letzten Tag der Probezeit eine Probezeitkündigung zugestellt werden kann.

Gemäß Art. 76 Abs. 1 Satz 1 Nr. 4 BayPVG hat der Personalrat darüber hinaus ein Mitwirkungsrecht bei der Verlängerung der Probezeit, wobei sich dieses Mitwirkungsrecht nur auf Beamte, nicht aber auf Arbeitnehmer bezieht. Im Übrigen kann eine Verlängerung der Probezeit bei Arbeitnehmern nur im Rahmen der tarifvertraglichen

Vorgaben bis zur Höchstgrenze von sechs Monaten erfolgen, was voraussetzt, dass zunächst eine geringere Probezeit als sechs Monate vereinbart wurde (vgl. zu dieser Möglichkeit § 2 Abs. 4 TV-L/TVöD).

Rationalisierung

Unter Rationalisierung versteht man in Anwendung des Tarifvertrags über den Rationalisierungsschutz für Angestellte (RatSchTV) vom Arbeitgeber veranlasste erhebliche Änderungen der Arbeitstechnik oder wesentliche Änderungen der Arbeitsorganisation mit dem Ziel einer rationelleren Arbeitsweise, wenn diese Maßnahmen für Angestellte zu einem Wechsel der Beschäftigung oder zur Beendigung des Arbeitsverhältnisses führen (§ 1 Abs. 1 RatSchTV).

Gemäß Art. 75 Abs. 4 Satz 1 Nr. 12 BayPVG hat der Personalrat ein Mitbestimmungsrecht bei der Aufstellung von Sozialplänen einschließlich Pläne für Umschulungen zum Ausgleich oder zur Milderung von wirtschaftlichen Nachteilen, die den Beschäftigten infolge von Rationalisierungsmaßnahmen entstehen. Mangels Verweises auf dieses Mitbestimmungsrecht in Art. 70a BayPVG hat der Personalrat keinen Anspruch auf Aufstellung eines solchen Sozialplans (anders als ein Betriebsrat nach § 111 ff. BetrVG), so dass der Tatbestand in der Praxis weitgehend leerläuft. Dem Personalrat stehen jedoch vor der Durchführung von Rationalisierungsmaßnahmen umfangreiche Informationsrechte zu (Art. 69 Abs. 2 BayPVG; § 2 Abs. 1 RatSchTV → Informationsrechte).

Mitbestimmungsrechte des Personalrats können sich außerdem nach Art. 75 Abs. 1 Nr. 2 bis 7 BayPVG sowie nach Art. 75 Abs. 4 Satz 1 Nr. 1 bis 3, 13 BayPVG, Mitwirkungsrechte können sich aus Art. 76 Abs. 2 Nr. 1 bis 4, insbesondere Nr. 4 BayPVG sowie nach Art. 77 Abs. 1 BayPVG ergeben.

Rechtsberatung

Der Personalrat ist bei der Wahl seiner Informationsquellen grundsätzlich frei. Er ist nicht nur auf die in der Dienststelle vorhandenen Informationsmaterialien beschränkt, sondern kann auch Dritte im Wege einer Auskunft in Anspruch nehmen, z. B. die Gewerkschaft oder einen Rechtsanwalt. Entstehende Kosten hat der Personalrat nach Grund und Höhe nachzuweisen unter Sparsamkeits- und Wirtschaftlichkeitsgesichtspunkten und unter Berücksichtigung der

Schwierigkeit der Sach- und Rechtslage. Er darf somit nicht mutwillig oder bei von vornherein aussichtslosen Fällen entsprechenden Aufwand generieren. Zudem hat er Art. 67 Abs. 3 BayPVG zu beachten, wonach außenstehende Stellen erst angerufen werden dürfen, nachdem keine Einigung in der Dienststelle erzielt worden ist. Der Personalrat kann hier verpflichtet sein, soweit in der Dienststelle sachkundige Auskunft erlangt werden kann, zunächst bei diesen Stellen (z. B. Justiziaren) nachzufragen. Im Übrigen bedarf die Auskunftseinholung bei Dritten, soweit mit ihr Kosten verbunden sind und es sich nicht lediglich um laufende Geschäfte handelt (z. B. Internetrecherche), stets eines vorherigen Personalratsbeschlusses (→ Kosten, Geschäftsbedarf).

Rückgruppierung

Der Personalrat hat bei Rückgruppierung und der Übertragung einer niedriger zu bewertenden Tätigkeit für eine Dauer von mehr als sechs Monaten ein Mitbestimmungsrecht gemäß Art. 75 Abs. 1 Satz 1 Nr. 5 BayPVG. Der Tatbestand gilt nur für Arbeitnehmer. Bei der Rückgruppierung müssen zwei Fälle unterschieden werden. Zum einen kann der Beschäftigte bewusst zu hoch eingruppiert worden sein, etwa weil ihm der Arbeitgeber aufgrund besonderer Umstände (z. B. hohe Arbeitsbelastung, Übertragung einer Leitungsfunktion) oder besonderer Leistungen arbeitsvertraglich eine an sich „übertarifliche" Entgeltgruppe zugewiesen hat. Zum anderen kann der Beschäftigte irrtümlich zu hoch eingruppiert worden sein, nämlich entweder von Beginn an oder weil die Voraussetzungen der Vergütungsgruppe nachträglich weggefallen sind (dies kann z. B. im Tarifvertrag Sozial- und Erziehungsdienst der Fall sein, wenn die Größe einer Einrichtung für eine bestimmte Entgeltgruppe maßgeblich ist).

Eine irrtümlich zu hohe Eingruppierung kann nur dann eine korrigierende Rückgruppierung begründen, wenn im Arbeitsvertrag lediglich deklaratorisch (erklärend) auf Tarifrecht bzw. eine Vergütungs- oder Entgeltgruppe verwiesen ist, wie dies in der Praxis regelmäßig der Fall sein dürfte. Die korrigierende Rückgruppierung kann dann durch einseitige Ausübung des Direktionsrechts auch rückwirkend, jedoch unter Beachtung etwaiger tariflicher Ausschlussfristen, vollzogen werden. Ist die zu hohe Eingruppierung bewusst, das heißt konstitutiv (statusbegründend) erfolgt, kann eine Rückgruppierung nur im Wege einer Änderungskündigung durchgeführt werden.

Verfahren bei Art. 75 Abs. 1 Nr. 5 BayPVG:

- korrigierende Rückgruppierung
  Art. 70 BayPVG, kein Initiativrecht, Zustimmungsverweigerung nur aus bestimmten Gründen,;Art. 75 Abs. 2 BayPVG
- Änderungskündigung
  Art. 70 BayPVG und Art. 77 Abs. 1 Bay PVG i. V. m. Art. 72 BayPVG, Einwände nur aus bestimmten Gründen; Art. 77 Abs. 1 Satz 2 BayPVG

Gleichzeitig betroffene Beteiligungstatbestände können sein: Art. 75 Abs. 1 Satz 1 Nr. 6 BayPVG; Art. 76 Abs. 2 Nr. 1, 2, 4 BayPVG

Ruhestand

Gemäß Art. 75 Abs. 1 Satz 1 Nr. 8 BayPVG hat der Personalrat ein eingeschränktes Mitbestimmungsrecht bei Hinausschieben des Eintritts in den Ruhestand wegen Erreichens der Altersgrenze. Beamte treten nach § 25 BeamtStG wegen Erreichens der Altersgrenze in den Ruhestand, wenn sie Beamte auf Lebenszeit sind und mindestens fünf Jahre Dienstzeit abgeleistet haben. Die Altersgrenzen sinf seit 01.01.2011 in Art. 62 und Art. 143 BayBG geregelt.

Die Hinausschiebung des Eintritts in den Ruhestand konnte und kann unter den Voraussetzungen des Art. 63 BayBG erfolgen, nämlich:

- wenn zwingende dienstliche Rücksichten im Einzelfall es erfordern, dass Dienstgeschäfte durch einen bestimmten Beamten fortgeführt werden
- nur für eine bestimmte Frist, die jeweils ein Jahr nicht übersteigen darf
- höchstens bis zum vollendeten 68. Lebensjahr (seit 01.01.2011 entfallen)
- nicht mehr als insgesamt drei Jahre (bis 31.12.2010 fünf Jahre)
- bei einzelnen Beamtengruppen kann eine andere Altersgrenze bestimmt sein, z. B. bei Polizeivollzugsbeamten und anderen Vollzugsbeamten (Art. 129 ff. BayBG)
- auf Antrag des Beamten

Ein Verwaltungsakt ist nicht erforderlich.

Für die Weiterbeschäftigung von Angestellten gilt spiegelbildlich das Mitbestimmungsrecht nach Art. 75 Abs. 1 Nr. 9 BayPVG, für die Altersgrenze gelten die tarifvertraglichen Regelungen des § 33 Abs. 1a TV-L/TVöD, die nach § 10 Satz 3 Nr. 5 AGG gerechtfertigt sind (→ Altersgrenze).

Verfahren in beiden Fällen nach Art. 70 BayPVG, eingeschränktes Initiativrecht des Personalrats bei Arbeitnehmern (Art. 75 Abs. 1 Nr. 9 BayPVG i. V. m. Art. 70a Abs. 2 BayPVG), Zustimmungsverweigerung nur aus bestimmten Gründen, Art. 75 Abs. 2 BayPVG.

Schulungen

Der Begriff der Schulung ist zum einen relevant für die Beteiligungsrechte des Personalrats nach Art. 75 Abs. 4 Satz 1 Nr. 6 BayPVG (Durchführung der Berufsausbildung bei Arbeitnehmern; → Ausbildung) und Art. 76 Abs. 1 Satz 1 Nr. 7 und 8 BayPVG (Allgemeine Fragen der Fortbildung der Beschäftigten; Aufstellung von Grundsätzen für die Teilnahme an Fortbildungsveranstaltungen; → Fortbildung), zum anderen für den Anspruch der Personalratsmitglieder gemäß Art. 46 Abs. 5 BayPVG auf Freistellung für die Teilnahme an Schulungs- und Bildungsveranstaltungen (vgl. Seite 39). Die Teilnahme eines Personalratsmitglieds an Schulungs- und Bildungsveranstaltungen setzt voraus, dass deren Inhalte unmittelbar erforderlich für die Tätigkeit im Personalrat sind.

Schulungsinhalte in diesem Sinne können sein:

- Grundkenntnisse des Personalvertretungsrechts
- Datenschutzrecht
- Mobbing
- Grundkenntnisse des öffentlichen Dienst- und Arbeitsrechts
- Kommunikationstechnologie (→ IuK)
- Bekämpfung von Suchtkrankheiten
- aktuelle Rechtsprechung zu Personalvertretungs- und öffentlichem Dienstrecht
- Unfallverhütung
- Arbeitssicherheit
- Gesundheitsschutz
- leistungsorientierte Bezahlung (→ LoB)

Schulungsinhalte sind in der Regel nicht:

- Grundkenntnisse des Sozial- und Sozialversicherungsrechts
- Grundzüge des Arbeitsgerichtsverfahrens
- Arbeitstagungen
- Messen
- Arbeitskampfrecht
- Rhetorikkurse
- Mediation
- Wahlordnung

Sind die Schulungen objektiv und subjektiv (auch für das konkrete Personalratsmitglied) sowie nach Art und Dauer erforderlich, trägt die Dienststelle die Schulungskosten (→ Kosten). Allerdings ist die Dienststelle nicht verpflichtet, Schulungen zu finanzieren, die vom „sozialen Gegenspieler“, das heißt einer Gewerkschaft oder einer gewerkschaftsnahen Einrichtung, veranstaltet werden, wenn mit der Veranstaltung der Schulung Gewinn erzielt wird. Die Dienststelle hat einen Anspruch auf Aufschlüsselung der Schulungskosten gegen den Personalrat, dieser wiederum muss beim Bildungsträger eine entsprechende Aufschlüsselung der Kosten verlangen. Zudem bedarf die Teilnahme an einer Schulung eines vorherigen Entsendungsbeschlusses des Personalratsgremiums; der Personalrat muss im Zweifel eine günstigere Schulungsveranstaltung bei gleichen Inhalten nach dem Gebot der Sparsamkeit bevorzugt berücksichtigen. Während der Schulung erhält das Personalratsmitglied seine Bezüge fortgezahlt, ein Anspruch auf Freizeitausgleich besteht nicht (auch nicht für teilzeitbeschäftigte Personalratsmitglieder).

Sozialeinrichtungen

Gemäß Art. 75 Abs. 4 Satz 1 Nr. 5 BayPVG hat der Personalrat ein Mitbestimmungsrecht bei Errichtung, Verwaltung und Auflösung von Sozialeinrichtungen ohne Rücksicht auf ihre Rechtsform. Sozialeinrichtungen sind von der Dienststelle verwaltete Einrichtungen, die die soziale Lage der Beschäftigten verbessern. Die Einrichtung kann auch Dritten (z. B. Bürgern) offenstehen, entscheidend ist lediglich, dass sie auch den Beschäftigten dient.

Sozialeinrichtungen können sein:

- Kantine/Mensa
- Kindergärten/Horte/Heime
- Büchereien
- Jugendwohnheime
- Essens- und Getränkeverkaufsstellen
- Parkhäuser
- Personalunterkünfte
- Sportanlagen
- Werkbusverkehr

Sozialeinrichtungen sind in der Regel keine Betriebsausflüge/-feiern oder Selbsthilfeeinrichtungen der Beschäftigten.

Von der Mitbestimmung umfasst sind nicht nur die Errichtung und die Auflösung von Sozialeinrichtungen, sondern auch die Gestaltung der Verwaltung, z. B. auch die Anschaffung von Sachausstattung und die Preiskalkulation.

Verfahren nach Art. 70 BayPVG, starkes Initiativrecht gemäß Art. 70a Abs. 1 BayPVG.

Gleichzeitig betroffene Beteiligungstatbestände können sein: Art. 75 Abs. 3 Nr. 2 BayPVG; Art. 75a BayPVG; Art. 76 Abs. 1 Satz 1 Nr. 1 und 2 BayPVG; Art. 76 Abs. 2 Nr. 4 BayPVG.

Teilzeitbeschäftigung

Gemäß Art. 75 Abs. 1 Satz 1 Nr. 12 BayPVG steht dem Personalrat ein Mitbestimmungsrecht bei der Ablehnung eines Antrags auf Teilzeitbeschäftigung, Ermäßigung der Arbeitszeit oder Widerruf einer genehmigten Teilzeitbeschäftigung zu. Der Mitbestimmungstatbestand gilt für Beamte und Arbeitnehmer.

Für Beamte gelten:

- § 43 BeamtStG i. V. m. Art. 88 BayBG (Antragsteilzeit, wenn keine dienstlichen Gründe entgegenstehen)
- Art. 89 BayBG (familienpolitische Teilzeit, bei Pflege oder Betreuung eines Kindes unter 18 Jahren oder eines sonstigen pflegebedürftigen Angehörigen)

- Art. 91 BayBG (Altersteilzeit)

Für Arbeitnehmer können sich folgende Teilzeitansprüche ergeben:

- § 8 TzBfG (grundsätzlicher Teilzeitanspruch)
- § 9a TzBfG (Brückenteilzeit)
- § 15 Abs. 5 BEEG (Teilzeitanspruch während der Elternzeit)
- § 3 Abs. 1 PflegeZG (→ Pflegezeit)
- § 2 Abs. 1 FPfZG (→ Pflegezeit)
- § 11 TV-L/TVöD (familienpolitische Teilzeit bei Pflege oder Betreuung eines Kindes unter 18 Jahren oder eines sonstigen pflegebedürftigen Angehörigen)
- TV-FlexAZ

Das Mitbestimmungsrecht besteht nur bei vollständiger oder teilweiser Ablehnung, nicht bei Genehmigung eines Teilzeitanspruchs.

Verfahren nach Art. 70 BayPVG, kein Initiativrecht. Zustimmungsverweigerung nur aus bestimmten Gründen, Art. 75 Abs. 2 BayPVG.

Umsetzung

Gemäß Art. 75 Abs. 1 Satz 1 Nr. 6 BayPVG hat der Personalrat ein unechtes Mitbestimmungsrecht bei einer Umsetzung innerhalb der Dienststelle, wenn sie mit einem Wechsel des Dienstorts verbunden ist. Zum Dienstort gehört hier das Einzugsgebiet im Sinne des Umzugskostenrechts (BayUKG, weniger als 30 Kilometer). Im Gegensatz zur früheren Rechtslage kommt es nicht mehr darauf an, ob der betroffene Beschäftigte mit der Umsetzung einverstanden ist. Die Umsetzung ist gesetzlich nicht geregelt. Sie ist kein Verwaltungsakt, sondern eine innerdienstliche Weisung, weil sie keine Außenwirkung entfaltet. Sie bedeutet den Wechsel eines Amts im konkret funktionellen Sinn innerhalb einer Behörde im organisationsrechtlichen Sinn und folgt der Organisationshoheit und dem Weisungsrecht des Dienstherrn gemäß § 35 BeamtStG.

Die Umsetzung ist nur dann mitbestimmungspflichtig, wenn der neue Dienstposten außerhalb des Dienstorts im Sinne des Art. 2 Abs. 6 BayUKG liegt. Im kommunalen Bereich ist z. B. eine kommunale Dienstkörperschaft immer eine Behörde.

Verfahren nach Art. 70 BayPVG, starkes Initiativrecht gemäß Art. 70a Abs. 1 BayPVG. Zustimmungsverweigerung nur aus bestimmten Gründen, Art. 75 Abs. 2 BayPVG.

Ein Personalratsmitglied darf gegen seinen Willen nur umgesetzt werden, wenn dies auch unter Berücksichtigung der Mitgliedschaft im Personalrat aus wichtigen dienstlichen Gründen unvermeidbar ist. Denn beim Tätigkeitsschutz von Personalratsmitgliedern gilt gemäß Art. 47 Abs. 3 Satz 2 BayPVG die Umsetzung als Versetzung (→ Versetzung). Die Umsetzung bedarf daher gemäß Art. 47 Abs. 3 Satz 3 BayPVG der Zustimmung des Personalrats. Sie kann, wenn sich der Personalrat nicht innerhalb von zwei (bzw. drei) Wochen äußert, vom Verwaltungsgericht ersetzt werden (Art. 47 Abs. 3 Satz 3 2. Halbsatz BayPVG).

Unfallverhütung/Arbeitsschutz

Unfallverhütung und Arbeitsschutz sind zentrale Aufgaben des Personalrats gemäß Art. 79 BayPVG i. V. m. Art. 69 Abs. 1 Buchst. a und b BayPVG (→ Gesundheitsschutz, Informationsrechte). Der Personalrat ist bei Besichtigungen, Fragen, Unfalluntersuchungen und Besprechungen mit Sicherheitsbeauftragten im Sinne des § 22 SGB VII gemäß Art. 79 Abs. 2 BayPVG hinzuzuziehen und nach Art. 79 Abs. 3 BayPVG zu beteiligen. Bei Dienstunfällen ist die Unfallanzeige gemäß § 193 Abs. 5 Satz 1 SGB VII vom Personalrat auszuhändigen und mit zu unterzeichnen, Art. 79 Abs. 5 BayPVG. Die Unterzeichnung erfolgt nicht in Erfüllung einer Dienstpflicht, so dass der Personalrat keine Haftung übernimmt.

Unterlagen

Dem Personalrat sind gemäß Art. 69 Abs. 2 Satz 2 BayPVG (→ Informationsrechte) generell von Amts wegen die für seine Aufgaben erforderlichen Unterlagen zur Verfügung zu stellen (vorzulegen, nicht zu überlassen).

Erforderliche Unterlagen sind:

- sämtliche Rechtsgrundlagen und Sachakten
- Beschäftigtenverzeichnis mit Name, Vorname, Amts-, Dienstbezeichnung, Besoldungs-, Vergütungs- und Lohngruppe, Eintrittsdatum, Funktion und Arbeitsgebiet des Beschäftigten, Schwerbehinderteneigenschaft, Geburtsdatum, Organisations-, Stellenverteilungsplan

- Bewerbungsunterlagen aller Bewerber bei Einstellungen, Beförderungen und Übertragung der Dienstaufgaben eines anderen Amts mit höherem Endgrundgehalt (vgl. Art. 69 Abs. 2 Satz 3 BayPVG); auch Gesundheitszeugnisse und Eignungstests
- Akten über Beförderungsmöglichkeiten im begründeten Einzelfall (nur bei Art. 75 Abs. 1 Nr. 3 BayPVG), Beförderungsrichtlinien
- Hardware und Softwarebeschreibungen bei Einrichtung oder Veränderung technischer Systeme, Datenschutzkonzepte (Art. 75a Abs. 1 und 2 BayPVG; → IuK)
- schriftliche Vorgaben von Sicherheitsbeauftragten und Sicherheitsfachkräften
- Listen über die Namen der Empfänger von Leistungsbezügen bzw. -entgelt bei Beamten und Arbeitnehmern einschließlich Höhe (effektive Bruttobezüge sowie Zulagen) und deren Verteilung (Art. 77a BayPVG)

2

Wichtig: Lohn- und Gehaltslisten einschließlich Zulagen dürfen nicht dem gesamten Personalrat zur Verfügung gestellt werden. Vielmehr ist einem vom Personalratsgremium beauftragten Personalratsmitglied Einsicht in diese Unterlagen zu gewähren (vgl. für den Bereich des BetrVG: BAG vom 07.05.2019, Az. 1 ABR 53/17).

Nicht erforderliche Unterlagen sind:

- Nachweisbögen für die im Rahmen eines Gleitzeitmodells geleistete Arbeitszeit einschließlich Urlaubs-/Krankheitstage
- Personalakten (hierfür gilt Art. 69 Abs. 2 Satz 6 BayPVG)
- generelle Listen zur Beförderungsreihenfolge
- Aufzeichnungen über Stellenbesetzung, Nachweise zur Stellenüberwachung
- Tätigkeitsbeschreibungen/Formblatt „Feststellung der Eingruppierung"
- Arbeits-, freie Mitarbeiter- oder Dienstverträge

Urlaub

Der Personalrat hat ein Mitbestimmungsrecht nach Art. 75 Abs. 4 Satz 1 Nr. 3 BayPVG bei der Aufstellung von Urlaubsplänen, soweit keine gesetzliche oder tarifliche Regelung besteht.

Zudem hat der Personalrat ein Mitbestimmungsrecht bei der Ablehnung eines Urlaubsantrags gemäß Art. 75 Abs. 1 Satz 1 Nr. 12 BayPVG. Dieser Mitbestimmungstatbestand erfasst aber nicht den individuellen Anspruch auf Erholungsurlaub oder andere Fälle der Beurlaubung unter Aufrechterhaltung der Bezüge, sondern nur die Ablehnung der Beurlaubung ohne Dienstbezüge für die Beamten und die Ablehnung des Sonderurlaubs ohne Bezüge für die Arbeitnehmer.

Der Urlaubsplan gilt in der Regel für ein Urlaubsjahr. Der Personalrat kann die zeitliche Lage des Urlaubs nicht mitgestalten; er ist auf eine Prüfung der Einhaltung der gesetzlichen und tariflichen Vorgaben sowie auf Gleichbehandlungsgesichtspunkte beschränkt.

Umfasst ist nicht nur der gesetzliche oder tarifliche Mindesturlaubsanspruch, sondern auch Zusatzurlaub, Sonderurlaub, Elternzeit, Pflegezeit sowie Urlaub zur Durchführung einer Heilkur bzw. eines Kur- oder Heilverfahrens und Wahlvorbereitungsurlaub gemäß Art. 99 Abs. 5 BayBG.

Verfahren nach Art. 70 BayPVG, Initiativrecht des Personalrats nach Art. 70a Abs. 1 BayPVG.

Gleichzeitig betroffene Beteiligungstatbestände können sein: Art. 75 Abs. 4 Satz 1 Nr. 1, Art. 76 Abs. 1 Nr. 2 und 10, Art. 76 Abs. 2 Nr. 1 bis 3 BayPVG

Der Abschluss einer Dienstvereinbarung ist möglich nach Art. 73 Abs. 1 BayPVG.

Verhalten der Beschäftigten

→ Ordnung im Betrieb

Versetzung

Gemäß Art. 75 Abs. 1 Satz 1 Nr. 6 BayPVG steht dem Personalrat ein unechtes Mitbestimmungsrecht bei der Versetzung eines Beschäftigten zu, unabhängig davon, ob der Beschäftigte damit einverstanden ist. Beamtenrechtlich versteht man unter der Versetzung die dauerhafte Übertragung eines anderen Amts im funktionellen Sinn bei einer anderen Behörde desselben oder eines anderen Dienstherren unter Fortsetzung des bestehenden Beamtenverhältnisses, § 15 BeamtStG, Art. 48 BayBG.

Im Arbeitsrecht des öffentlichen Dienstes versteht man unter Versetzung die vom Arbeitgeber veranlasste, auf Dauer bestimmte Beschäftigung bei einer anderen Dienststelle oder einem anderen Betrieb desselben Arbeitgebers unter Fortsetzung des bestehenden Arbeitsverhältnisses (vgl. Protokollerklärungen Nr. 2 zu § 4 Abs. 1 TV-L/TVöD).

Eine Versetzung kann grundsätzlich einseitig durch Ausübung des Direktionsrechts erfolgen. Der öffentliche Arbeitgeber ist aufgrund des weiten Versetzungsbegriffs wesentlich freier als der private Arbeitgeber, wo die Versetzung bereits die Zuweisung eines anderen Arbeitsbereichs, verbunden mit einer erheblichen Änderung der Arbeitsumstände bedeutet (§ 95 Abs. 3 BetrVG).

Dienststelle im Sinne des Art. 75 Abs. 1 Satz 1 Nr. 6 BayPVG meint nicht Dienststelle im personalvertretungsrechtlichen Sinn gemäß Art. 6 BayPVG. Vielmehr ist der sogenannte organisationsrechtliche Dienststellenbegriff maßgeblich, das heißt der Behördenbegriff. Behörde ist eine organisatorische Einheit von Personen und sachlichen Mitteln eines Trägers öffentlicher Verwaltung, die – mit einer gewissen Selbstständigkeit ausgestattet – dazu berufen ist, unter öffentlicher Autorität für die Erreichung der Zwecke des Staats oder von ihm geförderter Zwecke tätig zu sein (BAG, NZA 2005, 839). Eine einzelne Klinik einer Universitätsklinik ist nach dieser Definition z. B. keine eigene Dienststelle. Etwas anderes kann aber für Schulen gelten, deren Sachaufwandsträger eine Gemeinde ist.

Verfahren nach Art. 70 BayPVG, Initiativrecht gemäß Art. 70a Abs. 1 BayPVG. Zustimmungsverweigerung nur aus bestimmten Gründen, Art. 75 Abs. 2 BayPVG.

Ein Personalratsmitglied darf gegen seinen Willen nur versetzt werden, wenn dies auch unter Berücksichtigung der Mitgliedschaft im Personalrat aus wichtigen dienstlichen Gründen unvermeidbar ist. Die Versetzung bedarf gemäß Art. 47 Abs. 3 Satz 3 BayPVG der Zustimmung des Personalrats. Sie kann, wenn sich der Personalrat nicht innerhalb von zwei (bzw. drei) Wochen äußert, vom Verwaltungsgericht ersetzt werden (Art. 47 Abs. 3 Satz 3 2. Halbsatz BayPVG).

Vertrauensarzt

Gemäß Art. 75 Abs. 4 Satz 1 Nr. 7 BayPVG hat der Personalrat ein Mitbestimmungsrecht bei der Bestellung und Abberufung von Vertrauens- und Betriebsärzten. Da der Begriff des Vertrauensarztes durch die neuen tarifrechtlichen Regelungen des öffentlichen Dienstes abgeschafft ist, läuft das Mitbestimmungsrecht praktisch leer. Bedeutung erlangt es nur noch für den Begriff des Betriebsarztes. Dessen Bestellung oder Abberufung muss dauerhaft sein. Gemäß §§ 1 bis 4 ASiG hat der Arbeitgeber Betriebsärzte schriftlich zu bestellen und insbesondere Aufgaben des Arbeitsschutzes und der Unfallverhütung im Zusammenhang mit dem Gesundheitsschutz der Beschäftigten zu übertragen. Der Arzt im Sinne des § 3 Abs. 5 TV-L/§ 3 Abs. 6 TVöD, der durch ärztliche Bescheinigung im Auftrag des Arbeitgebers verpflichtet ist nachzuweisen, dass Beschäftigte zur Leistung der arbeitsvertraglich geschuldeten Tätigkeit in der Lage sind, ist weder Vertrauens- noch Betriebsarzt, so dass hier kein Mitbestimmungsrecht des Personalrats besteht. Allerdings kann der Dienstherr den Betriebsarzt diesbezüglich beauftragen.

Verfahren nach Art. 70 BayPVG, kein Initiativrecht.

Gleichzeitig betroffene Beteiligungstatbestände können sein: Art. 75 Abs. 4 Satz 1 Nr. 8 BayPVG

Vorschlagswesen

Gemäß Art. 75 Abs. 4 Satz 1 Nr. 9 BayPVG hat der Personalrat, soweit keine gesetzliche oder tarifliche Regelung besteht, bei der Aufstellung von Grundsätzen über die Bewertung von anerkannten Vorschlägen im Rahmen des betrieblichen Vorschlagswesen mitzubestimmen.

Nach Ziffer 3.1 der Innovationsrichtlinie Moderne Verwaltung (Bekanntmachung der Bayerischen Staatsregierung vom 30.09.2008, StAnz. Nr. 41; AllMBl. Nr. 13, S. 63) gilt als Verbesserungsvorschlag im weitesten Sinn jede konkretisierte Idee, die neuartig ist, spürbar etwas verbessert und damit zur Effizienz und Effektivität der Verwaltung beiträgt; was Verbesserungsvorschläge sein können, wird dort näher ausgeführt. Zudem enthält die Richtlinie Berechnungsmodelle und Bewertungsvorschläge. Das Mitbestimmungsrecht umfasst nur das „Wie" der Bewertungsgrundsätze, nicht aber das „Ob". Da die Innovationsrichtlinie nur für den staatlichen Bereich gilt, ist die Gestaltung von Bewertungsgrundsätzen im nicht staatlichen Bereich frei. Die Definition von Verbesserungsvorschlägen im Sinne der Innovationsrichtlinie gilt aber auch für den nichtstaatlichen Bereich.

Verbesserungsvorschläge können sich auf rationellere Arbeitsweise, Organisations- und strukturelle Fragen, die Arbeitszeit, Unfallverhütung und Gesundheitsschutz und die Vereinfachung von Arbeitsabläufen beziehen. Arbeitnehmererfindungen nach dem ArbNErfG sind nicht Bestandteil des betrieblichen Vorschlagswesens und daher nicht von der Mitbestimmung umfasst.

Verfahren nach Art. 70 BayPVG, starkes Initiativrecht gemäß Art. 70a Abs. 1 Bay PVG.

Der Abschluss einer Dienstvereinbarung ist möglich nach Art. 73 Abs. 1 BayPVG.

2

Wohnung

Gemäß Art. 75 Abs. 3 Satz 1 Nr. 2 BayPVG hat der Personalrat mitzubestimmen bei der Zuweisung und Kündigung von Wohnungen, über die die Dienststelle verfügt. Wohnungen im Sinne dieses Tatbestands sind alle Wohnräume nach § 549 ff. BGB, auf deren Besetzung die Dienststelle, gleich aus welchem Rechtsgrund, Einfluss hat. Wohnungszuweisung kann daher eine originäre Vermietung durch die Dienststelle oder durch die Dienststelle veranlasste Vergabe sein. Unberührt vom Mitbestimmungsrecht bleiben die gesonderten Vorschriften über Miet- und Nutzungsverhältnisse nach dem BGB. Da der Mitbestimmungstatbestand ausdrücklich nur die Kündigung erwähnt, ist die Beendigung eines Mietverhältnisses aufgrund Ablaufs einer Befristung oder eines Aufhebungsvertrags mitbestimmungsfrei.

Da Art. 75 Abs. 3 Satz 1 Nr. 2 BayPVG systematisch die Berücksichtigung sozialer Gesichtspunkte bei der Wohnungsvergabe erfordert, ist die Zuweisung von Dienstwohnungen und – bei nicht beamteten Beschäftigten – von Werkdienstwohnungen ohne Abschluss eines Mietvertrags grundsätzlich nicht mitbestimmungspflichtig, weil hier nur dienstliche, nicht aber soziale Gesichtspunkte für die Vergabe entscheidend sind. Etwas anderes kann nur gelten, wenn die Dienststelle Auswahlentscheidungen zwischen mehreren Beschäftigten trifft.

Verfahren nach Art. 70 BayPVG, kein Initiativrecht.

Gleichzeitig betroffene Beteiligungstatbestände können sein: Art. 75 Abs. 4 Satz 1 Nr. 5 BayPVG

Zuweisung

Gemäß Art. 75 Abs. 1 Satz 1 Nr. 14 BayPVG hat der Personalrat ein unechtes Mitbestimmungsrecht bei der Zuweisung von Beamten für eine Dauer von mehr als drei Monaten nach § 20 BeamtStG, unabhängig davon, ob der Beamte zustimmt oder nicht. Zuweisung meint beamtenrechtlich die Weiterbeschäftigung bei einer privaten Einrichtung oder einer öffentlich-rechtlichen Einrichtung ohne Dienstherrenfähigkeit. Sie unterscheidet sich von der Abordnung dadurch, dass der neue Tätigkeitsbereich des Beamten nicht bei demselben oder einem anderen Dienstherrn eingerichtet ist.

Mit Wirkung zum 01.08.2013 wurde das Mitbestimmungsrecht auf Arbeitnehmer erweitert. Es besteht nunmehr auch bei einer Zuweisung nach einer dem § 20 BeamtStG entsprechenden tarifrechtlichen Regelung. Eine solche Regelung findet sich beispielsweise in § 4 Abs. 2 TVöD/TV-L. Danach kann Beschäftigten im dienstlichen/betrieblichen oder öffentlichen Interesse mit ihrer Zustimmung vorübergehend eine mindestens gleich vergütete Tätigkeit bei einem Dritten zugewiesen werden. Die Zustimmung kann nur aus wichtigem Grund verweigert werden. Nach der Protokollerklärung zu Abs. 2 ist Zuweisung die vorübergehende Beschäftigung – unter Fortsetzung des bestehenden Arbeitsverhältnisses – bei einem Dritten im In- und Ausland, bei dem der Allgemeine Teil des TVöD bzw. der TV-L nicht zur Anwendung kommt.

Verfahren nach Art. 70 BayPVG, kein Initiativrecht.

Bayerisches Personalvertretungsgesetz (BayPVG)

in der Fassung der Bekanntmachung vom 11. November 1986 (GVBl. S. 349)

Zuletzt geändert durch
Gesetz zur besseren Vereinbarkeit von Familie und Beruf sowie zur Änderung weiterer dienstrechtlicher Vorschriften
vom 23. Dezember 2019 (GVBl. S. 724)

Inhaltsübersicht

3

3

3

Erster Teil
Allgemeine Vorschriften

Art. 1 Bildung von Personalvertretungen

In den Verwaltungen, Gerichten, Schulen und Betrieben des Staates, der Gemeinden, Gemeindeverbände und der sonstigen der Aufsicht des Staates unterliegenden oder nicht bundesunmittelbaren Körperschaften, Anstalten und Stiftungen des öffentlichen Rechts werden Personalvertretungen gebildet.

Art. 2 Zusammenarbeit; Gewerkschaften und Arbeitgeberverbände

(1) Dienststelle und Personalvertretung arbeiten im Rahmen der Gesetze und Tarifverträge vertrauensvoll und im Zusammenwirken mit den in der Dienststelle vertretenen Gewerkschaften und Arbeitgebervereinigungen zum Wohl der Beschäftigten und zur Erfüllung der dienstlichen Aufgaben zusammen.

(2) Zur Wahrnehmung der in diesem Gesetz genannten Aufgaben und Befugnisse der in der Dienststelle vertretenen Gewerkschaften ist deren Beauftragten nach Unterrichtung des Dienststellenleiters oder seines Vertreters Zugang zu der Dienststelle zu gewähren, soweit dem nicht unumgängliche Notwendigkeiten des Dienstablaufs, zwingende Sicherheitsvorschriften oder der Schutz von Dienstgeheimnissen entgegenstehen.

(3) Die Aufgaben der Gewerkschaften und der Vereinigungen der Arbeitgeber werden durch dieses Gesetz nicht berührt.

(4) Die Personalvertretung wird bei Maßnahmen, bei deren Vorbereitung eine Beteiligung nach Art. 16 des Bayerischen Beamtengesetzes (BayBG) oder nach Art. 3 Abs. 3 des Leistungslaufbahngesetzes (LlbG) vorgesehen ist, nicht beteiligt.

Art. 3 Verhältnis zum Tarifvertrag

Durch Tarifvertrag kann das Personalvertretungsrecht nicht abweichend von diesem Gesetz geregelt werden.

Art. 4 Beschäftigte

(1) [1]Beschäftigte im Sinn dieses Gesetzes sind die Beamten und Arbeitnehmer einschließlich der zu ihrer Berufsausbildung Beschäftigten. [2]Richter sind nicht Beschäftigte im Sinn dieses Gesetzes.

(2) [1]Wer Beamter ist, bestimmen die Beamtengesetze. [2]Dienstanfänger stehen den Beamten gleich.

(3) [1]Arbeitnehmer im Sinn dieses Gesetzes sind Beschäftigte, die auf Grund eines privatrechtlichen Vertrages im Dienst eines in Art. 1 genannten Rechtsträgers zu fremdbestimmter Arbeit in persönlicher Abhängigkeit verpflichtet sind. [2]Als Arbeitnehmer gelten auch Beschäftigte, die sich in einer beruflichen Ausbildung befinden.

(4) Als Beschäftigte im Sinn dieses Gesetzes gelten nicht

a) die in Art. 2 Abs. 1 Nrn. 1 und 2 sowie Abs. 2 Nrn. 1 bis 3 des Bayerischen Hochschulpersonalgesetzes (BayHSchPG) genannten Personen; Gleiches gilt für den Personenkreis nach Art. 22 Abs. 3 BayHSchPG,

b) in Lehre und Forschung tätige habilitierte Personen an Forschungsstätten, die nicht wissenschaftliche Hochschulen sind,

c) Personen, deren Beschäftigung vorwiegend durch Beweggründe karitativer oder religiöser Art bestimmt ist, ohne auf Grund eines Dienst- oder Arbeitsvertrags im Arbeitsverbund mit anderen Beschäftigten in einer Dienststelle tätig zu sein,

d) Personen, die vorwiegend zu ihrer Heilung, Wiedereingewöhnung, sittlichen Besserung oder Erziehung beschäftigt werden.

(5) Bei der Ermittlung der Zahl der in der Regel Beschäftigten im Sinn dieses Gesetzes sind Beschäftigte in der Freistellungsphase der Altersteilzeit, sofern die entsprechende Stelle künftig nachbesetzt werden soll, Beschäftigte in der Elternzeit sowie ohne Bezüge beurlaubte Beschäftigte mitzuzählen.

Art. 5 Gruppen

Die Beamten und Arbeitnehmer bilden je eine Gruppe.

Art. 6 Dienststellen

(1) Die einzelnen Behörden, Verwaltungsstellen, Gerichte, Schulen und Betriebe des Staates bilden je eine Dienststelle im Sinn dieses Gesetzes.

(2) [1]Die einer Mittelbehörde unmittelbar nachgeordnete Behörde bildet mit den ihr nachgeordneten Stellen eine Dienststelle; dies gilt nicht, soweit auch die weiter nachgeordneten Stellen im Verwaltungsaufbau nach Aufgabenbereich und

Organisation selbständig sind. ²Mittelbehörde im Sinn dieses Gesetzes ist die der obersten Dienstbehörde unmittelbar nachgeordnete Behörde, der andere Dienststellen nachgeordnet sind.

(3) ¹Nebenstellen und Teile einer staatlichen Dienststelle, die räumlich weit von dieser entfernt liegen oder durch Aufgabenbereich und Organisation eigenständig sind, gelten als selbständige Dienststellen, wenn die Mehrheit ihrer wahlberechtigten Beschäftigten dies in geheimer Abstimmung beschließt. ²Der Beschluß kann nur für den Ablauf der Amtszeit etwa bestehender Personalvertretungen gefaßt oder wieder aufgehoben werden, es sei denn, die Nebenstelle oder der Teil einer Dienststelle wird neu errichtet.

(4) Die Gesamtheit der Grundschulen und Mittelschulen innerhalb eines Bereichs eines Staatlichen Schulamts und die Gesamtheit der der Aufsicht einer Regierung unterstehenden Förderschulen und Schulen für Kranke bilden je eine Dienststelle im Sinn dieses Gesetzes; Abs. 3 findet keine Anwendung.

(5) ¹Die Gemeinden, Gemeindeverbände und die sonstigen Körperschaften, Anstalten und Stiftungen des öffentlichen Rechts bilden je eine Dienststelle im Sinn dieses Gesetzes. ²Absatz 3 gilt entsprechend, für Gemeinden jedoch mit der Maßgabe, daß nur durch Aufgabenbereich und Organisation eigenständige Nebenstellen und Teile der Dienststelle als selbständige Dienststellen gelten können. ³Bei Gemeinden und Gemeindeverbänden kann die Entscheidung nach Absatz 3 auch durch das in ihrer Verfassung vorgesehene oberste Organ getroffen werden; der Beschluß kann nur von der Seite aufgehoben werden, die ihn gefaßt hat.

(6) Gemeinsame Dienststellen verschiedener, in Art. 1 genannter Körperschaften, Anstalten und Stiftungen des öffentlichen Rechts gelten jeweils als eine Dienststelle im Sinn dieses Gesetzes.

(7) Absatz 3 findet auf Dienststellen der staatlichen Polizei keine Anwendung.

Art. 7 Vertretung der Dienststelle

(1) ¹Für die Dienststelle handelt ihr Leiter. ²Er kann sich bei Verhinderung durch seinen ständigen Vertreter, bei obersten Dienstbehörden auch durch den Ministerialdirektor oder den Leiter der Verwaltungs- oder Personalabteilung, bei Mittelbehörden auch durch den Leiter der Verwaltungs- oder Personalabteilung, bei Hochschulen auch durch den leitenden Beamten der Hochschulverwaltung, dessen ständigen Vertreter oder den Leiter der Personalabteilung vertreten lassen. ³Soweit der leitende Beamte der Hochschulverwaltung als Dienstvorgesetzter für Maßnahmen zuständig ist, handelt er für die Hochschule; er kann sich bei Verhinderung durch seinen ständigen Vertreter oder den Leiter der Personalabteilung vertreten lassen. ⁴Mit Zustimmung der Personalvertretung kann sich der Leiter der Dienststelle auch durch einen anderen Beschäftigten vertreten lassen, ohne dass ein Fall der Verhinderung vorliegt.

(2) Bei Gemeinden, Gemeindeverbänden und sonstigen Körperschaften, Anstalten und Stiftungen des öffentlichen Rechts richtet sich die Vertretung nach den hierfür geltenden Vorschriften.

(3) In Zweifelsfällen bestimmt die oberste Dienstbehörde oder, falls eine oberste Dienstbehörde nicht vorhanden ist oder nicht entscheidet, die Aufsichtsbehörde den Leiter der Dienststelle und seinen Vertreter.

Art. 8 Verbot der Behinderung, Benachteiligung und Begünstigung

Personen, die Aufgaben oder Befugnisse nach diesem Gesetz wahrnehmen, dürfen darin nicht behindert und wegen ihrer Tätigkeit nicht benachteiligt oder begünstigt werden; dies gilt auch für ihre berufliche Entwicklung.

Art. 9 Schutz der Auszubildenden als Mitglied der Personalvertretung

(1) Beabsichtigt der Arbeitgeber, einen in einem Berufsausbildungsverhältnis nach dem Berufsbildungsgesetz, dem Krankenpflegegesetz, dem Altenpflegegesetz, dem MTA-Gesetz oder dem Hebammengesetz stehenden Beschäftigten (Auszubildenden), der Mitglied einer Personalvertretung oder einer Jugend- und Auszubildendenvertretung ist, nach erfolgreicher Beendigung des Berufsausbildungsverhältnisses nicht in ein Arbeitsverhältnis auf unbestimmte Zeit zu übernehmen, so hat er dies drei Monate vor Beendigung des Berufsausbildungsverhältnisses dem Auszubildenden schriftlich mitzuteilen.

(2) Verlangt ein in Absatz 1 genannter Auszubildender innerhalb der letzten drei Monate vor Beendigung des Berufsausbildungsverhältnisses schriftlich vom Arbeitgeber seine Weiterbeschäftigung, so gilt zwischen dem Auszubildenden und dem Arbeitgeber im Anschluß an das erfolgreiche Berufsausbildungsverhältnis ein Arbeitsverhältnis auf unbestimmte Zeit als begründet.

(3) Die Absätze 1 und 2 gelten auch, wenn das Berufsausbildungsverhältnis vor Ablauf eines Jahres nach Beendigung der Amtszeit der Personalvertretung oder der Jugend- und Auszubildendenvertretung erfolgreich endet.

(4) [1]Der Arbeitgeber kann spätestens bis zum Ablauf von zwei Wochen nach Beendigung des Berufsausbildungsverhältnisses beim Verwaltungsgericht beantragen,

1. festzustellen, daß ein Arbeitsverhältnis nach den Absätzen 2 oder 3 nicht begründet wird, oder
2. das bereits nach den Absätzen 2 oder 3 begründete Arbeitsverhältnis aufzulösen,

wenn Tatsachen vorliegen, auf Grund derer dem Arbeitgeber unter Berücksichtigung aller Umstände die Weiterbeschäftigung nicht zugemutet werden kann. [2]In dem Verfahren vor dem Verwaltungsgericht ist die Personalvertretung, bei einem Mitglied der Jugend- und Auszubildendenvertretung auch diese beteiligt.

(5) Die Absätze 2 bis 4 sind unabhängig davon anzuwenden, ob der Arbeitgeber seiner Mitteilungspflicht nach Absatz 1 nachgekommen ist.

3

Art. 10 Schweigepflicht

(1) [1]Personen, die Aufgaben oder Befugnisse nach diesem Gesetz wahrgenommen haben oder wahrnehmen, haben über die ihnen dabei bekanntgewordenen Angelegenheiten und Tatsachen Stillschweigen zu bewahren. [2]Abgesehen von den Fällen des Art. 69 Abs. 2 Satz 6 und Art. 93 gilt die Schweigepflicht nicht für

1. die Mitglieder der Personalvertretung und der Jugend- und Auszubildendenvertretung gegenüber den übrigen Mitgliedern der Vertretung,
2. die in Satz 1 bezeichneten Personen gegenüber der zuständigen Personalvertretung sowie der zuständigen Jugend- und Auszubildendenvertretung,
3. den Personalrat gegenüber der vorgesetzten Dienststelle, gegenüber der bei ihr gebildeten Stufenvertretung und gegenüber dem Gesamtpersonalrat, wenn der Personalrat sie im Rahmen ihrer Befugnisse anruft,
4. die Stufenvertretung und den Gesamtpersonalrat gegenüber dem Personalrat, dem nach Art. 80 Abs. 2 Satz 2 oder Abs. 3 Satz 3 Gelegenheit zur Äußerung gegeben wird,
5. für die Anrufung der Einigungsstelle.

(2) Die Schweigepflicht besteht nicht für Angelegenheiten oder Tatsachen, die offenkundig sind, ihrer Bedeutung nach keiner Geheimhaltung bedürfen oder wenn der Leiter der Dienststelle in begründeten Einzelfällen von der Einhaltung der Schweigepflicht entbindet.

Art. 11 Unfallfürsorge

Erleidet ein Beamter anläßlich der Wahrnehmung von Rechten oder Erfüllung von Pflichten nach diesem Gesetz einen Unfall, der im Sinn der beamtenrechtlichen Unfallfürsorgevorschriften ein Dienstunfall wäre, so sind diese Vorschriften entsprechend anzuwenden.

Zweiter Teil
Personalrat, Stufenvertretung, Gesamtpersonalrat, Personalversammlung

Erster Abschnitt
Wahl und Zusammensetzung des Personalrats

Art. 12 Personalratsfähige Dienststellen; Kleindienststellen

(1) In allen Dienststellen, die in der Regel mindestens fünf Wahlberechtigte beschäftigen, von denen drei wählbar sind, werden Personalräte gebildet.

(2) Dienststellen, bei denen die Voraussetzungen des Absatzes 1 nicht gegeben sind, werden von der übergeordneten Dienststelle im Einvernehmen mit der Stufenvertretung einer benachbarten Dienststelle zugeteilt.

Art. 13 Wahlberechtigung

(1) [1]Wahlberechtigt sind alle Beschäftigten, es sei denn, daß ihnen infolge Richterspruchs das Recht aberkannt ist, in öffentlichen Angelegenheiten zu wählen oder zu stimmen. [2]Wahlberechtigt sind auch Beschäftigte, die einer gemeinsamen Einrichtung mit der Bezeichnung Jobcenter nach §§ 6d, 44b des Zweiten Buches Sozialgesetzbuch oder die einem privaten Arbeitgeber zur Arbeitsleistung überlassen werden; die Vorschriften des Betriebsverfassungsgesetzes bleiben unberührt. [3]Beschäftigte, die am Wahltag länger als sechs Monate unter Wegfall der Bezüge beurlaubt sind, sind nicht wahlberechtigt.

(2) [1]Wer zu einer Dienststelle abgeordnet, ihr nach § 20 Beamtenstatusgesetz (BeamtStG) zugewiesen oder auf Grund einer entsprechenden arbeitsvertraglichen Vereinbarung bei ihr eingesetzt ist, wird in ihr wahlberechtigt, sobald die Abordnung, die Zuweisung oder der Einsatz länger als drei Monate gedauert hat; im gleichen Zeitpunkt verliert er das Wahlrecht bei der alten Dienststelle. [2]Das gilt nicht für Beschäftigte, die als Mitglieder einer Stufenvertretung oder des Gesamtpersonalrats freigestellt sind, sowie für Abordnungen zur Teilnahme an Lehrgängen. [3]Satz 1 gilt ferner nicht, wenn feststeht, daß der Beschäftigte binnen weiterer sechs Monate in die alte Dienststelle zurückkehren wird.

(3) Nicht wahlberechtigt sind

a) Beschäftigte, die für die Erfüllung einer bestimmten Aufgabe für eine Dauer von höchstens sechs Monaten eingestellt sind, es sei denn, daß sie regelmäßig wiederkehrend beschäftigt werden,

b) Dienstanfänger, Beamte im Vorbereitungsdienst und Beschäftigte in entsprechender Berufsausbildung, die ausschließlich zum Zweck der Ausbildung ohne engere Bindung zur Dienststelle beschäftigt werden,

c) Beschäftigte mit Eintritt in die Freistellungsphase der Altersteilzeit.

Art. 14 Wählbarkeit

(1) [1]Wählbar sind alle Wahlberechtigten, die am Wahltag

a) seit sechs Monaten dem Geschäftsbereich ihrer obersten Dienstbehörde angehören und

b) seit einem Jahr in öffentlichen Verwaltungen oder von diesen geführten Betrieben beschäftigt sind.

[2]Wählbar sind auch Beschäftigte, die nach Art. 13 Abs. 1 Satz 2 wahlberechtigt sind. [3]Nicht wählbar ist, wer infolge Richterspruchs die Fähigkeit, öffentliche Ämter zu bekleiden und Rechte aus öffentlichen Wahlen zu erlangen, nicht besitzt.

(2) Nicht wählbar sind für die Personalvertretung ihrer Dienststelle die in Art. 7 Abs. 1 Sätze 1 bis 3, Abs. 2 und 3 genannten Personen sowie Beschäftigte, die

3

zu selbständigen Entscheidungen in Personalangelegenheiten der Dienststelle befugt sind.

(3) Nicht wählbar sind für die Personalvertretungen der Dienststellen von Gemeinden und Gemeindeverbänden Beschäftigte, die dem in ihrer Verfassung vorgesehenen obersten Organ angehören.

Art. 15 Wählbarkeit in besonderen Fällen

(1) Besteht die oberste Dienstbehörde oder die Dienststelle weniger als ein Jahr oder wird in ihr die Arbeit regelmäßig wiederkehrend unterbrochen, so bedarf es für die Wählbarkeit nicht der Voraussetzung des Art. 14 Abs. 1 Buchst. a.

(2) Die Voraussetzung des Art. 14 Abs. 1 Buchst. b entfällt, wenn nicht mindestens fünfmal soviel wählbare Beschäftigte jeder Gruppe vorhanden wären, als nach den Art. 16 und 17 zu wählen sind.

Art. 16 Größe des Personalrats

(1) [1]Der Personalrat besteht in den Dienststellen mit in der Regel

- 5 bis 20 wahlberechtigten Beschäftigten aus einer Person,
- 21 wahlberechtigten Beschäftigten bis 50 Beschäftigten aus drei Mitgliedern,
- 51 bis 150 Beschäftigten aus fünf Mitgliedern,
- 151 bis 300 Beschäftigten aus sieben Mitgliedern,
- 301 bis 600 Beschäftigten aus neun Mitgliedern,
- 601 bis 1000 Beschäftigten aus elf Mitgliedern.

[2]Die Zahl der Mitglieder erhöht sich in Dienststellen mit 1001 bis 5000 Beschäftigten um je zwei für je weitere angefangene 1000, mit 5001 und mehr Beschäftigten um je zwei für je weitere angefangene 2000.

(2) Die Höchstzahl der Mitglieder beträgt fünfundzwanzig.

Art. 17 Verteilung der Sitze auf die Gruppen

(1) [1]Sind in der Dienststelle Angehörige verschiedener Gruppen beschäftigt, so muß jede Gruppe entsprechend ihrer Stärke im Personalrat vertreten sein, wenn dieser aus mindestens drei Mitgliedern besteht. [2]Bei gleicher Stärke der Gruppen entscheidet das Los. [3]Macht eine Gruppe von ihrem Recht, im Personalrat vertreten zu sein, keinen Gebrauch, so verliert sie ihren Anspruch auf Vertretung.

(2) Der Wahlvorstand errechnet die Verteilung der Sitze auf die Gruppen nach den Grundsätzen der Verhältniswahl und stellt den Anteil an Frauen und Männern bei den wahlberechtigten Beschäftigten insgesamt und in den einzelnen Gruppen fest.

(3) Eine Gruppe erhält mindestens

- bei weniger als 51 Gruppenangehörigen einen Vertreter
- bei 51 bis 200 Gruppenangehörigen zwei Vertreter,
- bei 201 bis 600 Gruppenangehörigen drei Vertreter,
- bei 601 bis 1000 Gruppenangehörigen vier Vertreter,
- bei 1001 und mehr Gruppenangehörigen fünf Vertreter.

(4) [1]Eine Gruppe, der in der Regel nicht mehr als fünf Beschäftigte angehören, erhält nur dann eine Vertretung, wenn sie mindestens ein Zwanzigstel der Beschäftigten der Dienststelle umfaßt. [2]Erhält sie keine Vertretung und findet Gruppenwahl statt, so kann sich jeder Angehörige dieser Gruppe durch Erklärung gegenüber dem Wahlvorstand einer anderen Gruppe anschließen.

(5) Der Personalrat soll sich aus Vertretern der verschiedenen Beschäftigungsarten zusammensetzen.

(6) Frauen und Männer sollen bei der Bildung des Personalrats entsprechend ihrem Anteil an den wahlberechtigten Beschäftigten der Dienststelle berücksichtigt werden.

Art. 18 Abweichende Sitzverteilung

(1) Die Verteilung der Mitglieder des Personalrats auf die Gruppen kann abweichend von Art. 17 geordnet werden, wenn jede Gruppe dies vor der Neuwahl in getrennter geheimer Abstimmung beschließt.

(2) [1]Für jede Gruppe können auch Angehörige anderer Gruppen vorgeschlagen werden. [2]Die Gewählten gelten als Vertreter derjenigen Gruppe, für die sie vorgeschlagen worden sind.

Art. 19 Grundsätze des Wahlverfahrens

(1) Der Personalrat wird in geheimer und unmittelbarer Wahl gewählt.

(2) [1]Besteht der Personalrat aus mehr als einer Person, so wählen die Beamten und Arbeitnehmer ihre Vertreter (Art. 17) je in getrennten Wahlgängen, es sei denn, daß die wahlberechtigten Angehörigen jeder Gruppe vor der Neuwahl in getrennten geheimen Abstimmungen die gemeinsame Wahl beschließen. [2]Der Beschluß bedarf der Mehrheit der Stimmen aller Wahlberechtigten jeder Gruppe.

(3) [1]Die Wahl wird nach den Grundsätzen der Verhältniswahl durchgeführt. [2]Wird nur ein Wahlvorschlag eingereicht, so findet Personenwahl statt. [3]In Dienststellen, deren Personalrat aus einer Person besteht, wird dieser mit einfacher Stimmenmehrheit gewählt. [4]Das gleiche gilt für Gruppen, denen nur ein Vertreter im Personalrat zusteht.

(4) [1]Zur Wahl des Personalrats können die wahlberechtigten Beschäftigten und die in der Dienststelle vertretenen Gewerkschaften Wahlvorschläge machen. [2]Die Wahlvorschläge sollen mindestens soviele Bewerberinnen und Bewerber

enthalten wie erforderlich sind, um die anteilige Verteilung der Sitze im Personalrat auf Frauen und Männer zu erreichen. [3]Jeder Wahlvorschlag der Beschäftigten muß von mindestens einem Zwanzigstel der wahlberechtigten Gruppenangehörigen, jedoch von mindestens drei Wahlberechtigten unterzeichnet sein. [4]In jedem Fall genügt die Unterzeichnung durch 50 wahlberechtigte Gruppenangehörige. [5]Die nach Art. 14 Abs. 3 nicht wählbaren Beschäftigten dürfen keine Wahlvorschläge machen oder unterzeichnen.

(5) Ist gemeinsame Wahl beschlossen worden, so muß jeder Wahlvorschlag der Beschäftigten von mindestens einem Zwanzigstel der wahlberechtigten Beschäftigten unterzeichnet sein; Absatz 4 Sätze 3 bis 5 gelten entsprechend.

(6) [1]Werden bei gemeinsamer Wahl für eine Gruppe gruppenfremde Bewerber vorgeschlagen, muß der Wahlvorschlag von mindestens einem Zwanzigstel der wahlberechtigten Angehörigen der Gruppe unterzeichnet sein, für die sie vorgeschlagen sind. [2]Absatz 4 Sätze 4 und 5 gelten entsprechend.

(7) [1]Jeder Wahlvorschlag einer Gewerkschaft muss von zwei Beauftragten unterzeichnet sein. [2]Ein von mehreren Gewerkschaften eingereichter gemeinsamer Wahlvorschlag muss von je zwei Beauftragten jeder beteiligten Gewerkschaft unterzeichnet sein. [3]Die Beauftragten müssen Beschäftigte der Dienststelle sein und einer in der Dienststelle vertretenen Gewerkschaft angehören. [4]Bei Zweifeln an der Beauftragung kann der Wahlvorstand verlangen, dass die Gewerkschaft die Beauftragung bestätigt.

(8) Jeder Beschäftigte kann nur auf einem Wahlvorschlag benannt werden.

(9) [1]Findet Verhältniswahl statt, hat der Wahlberechtigte so viele Stimmen, wie bei getrennter Wahl Gruppenvertreter, bei gemeinsamer Wahl Personalratsmitglieder zu wählen sind. [2]Der Wahlberechtigte kann seine Stimme nur Bewerbern geben, deren Namen in demselben Wahlvorschlag enthalten sind. [3]Er kann durch Kennzeichnung eines Wahlvorschlags diesen unverändert annehmen. [4]Innerhalb der Gesamtzahl der für jede Gruppe zulässigen Stimmen kann er einem Bewerber bis zu drei Stimmen geben.

Art. 20 Bestellung oder Wahl des Wahlvorstands

(1) [1]Spätestens fünf Monate vor Ablauf seiner Amtszeit bestellt der Personalrat drei Wahlberechtigte als Wahlvorstand und einen von ihnen als Vorsitzenden. [2]Im Wahlvorstand sollen Frauen und Männer vertreten sein. [3]Die Mehrheit der Mitglieder des Wahlvorstands soll dem Geschlecht angehören, auf das die Mehrheit der in der Dienststelle Beschäftigten entfällt. [4]Sind in der Dienststelle Angehörige verschiedener Gruppen beschäftigt, so soll jede Gruppe im Wahlvorstand vertreten sein. [5]Beschäftigte im Sinn des Art. 13 Abs. 1 Satz 2 mit Ausnahme der nach den Art. 31 Abs. 5 und Art. 33 Abs. 2 des Bayerischen Schulfinanzierungsgesetzes privaten Grund-, Mittel- und Förderschulen zugeordneten staatlichen Lehrkräfte können nicht als Mitglieder des Wahlvorstands bestellt werden.

(2) [1]Besteht vier Monate vor Ablauf der Amtszeit des Personalrats kein Wahlvorstand, so beruft der Leiter der Dienststelle auf Antrag von mindestens drei Wahlberechtigten oder einer in der Dienststelle vertretenen Gewerkschaft eine Personalversammlung zur Wahl des Wahlvorstands ein. [2]Absatz 1 gilt entsprechend. [3]Die Personalversammlung wählt sich einen Versammlungsleiter.

Art. 21 Wahl des Wahlvorstands in personalratslosen Dienststellen

[1]Besteht in einer Dienststelle, die die Voraussetzungen des Art. 12 Abs. 1 erfüllt, kein Personalrat, so beruft der Leiter der Dienststelle eine Personalversammlung zur Wahl des Wahlvorstands ein. [2]Art. 20 Abs. 2 Satz 3 gilt entsprechend.

Art. 22 Bestellung des Wahlvorstands durch den Dienststellenleiter

3

[1]Findet eine Personalversammlung (Art. 20 Abs. 2, Art. 21) nicht statt oder wählt die Personalversammlung keinen Wahlvorstand, so bestellt ihn der Leiter der Dienststelle auf Antrag von mindestens drei Wahlberechtigten oder einer in der Dienststelle vertretenen Gewerkschaft. [2]Artikel 20 Abs. 1 gilt entsprechend.

Art. 23 Aufgaben des Wahlvorstands

(1) [1]Der Wahlvorstand hat die Wahl unverzüglich einzuleiten und sie durchzuführen. [2]Kommt der Wahlvorstand dieser Verpflichtung nicht nach, so beruft der Leiter der Dienststelle auf Antrag von mindestens drei Wahlberechtigten oder einer in der Dienststelle vertretenen Gewerkschaft eine Personalversammlung zur Wahl eines neuen Wahlvorstands ein. [3]Art. 20 Abs. 2 Satz 3 und Art. 22 gelten entsprechend.

(2) [1]Unverzüglich nach Abschluß der Wahl nimmt der Wahlvorstand öffentlich die Auszählung der Stimmen vor, stellt deren Ergebnis in einer Niederschrift fest und gibt es den Angehörigen der Dienststelle durch Aushang bekannt. [2]Dem Dienststellenleiter und den in der Dienststelle vertretenen Gewerkschaften ist eine Abschrift der Niederschrift zu übersenden.

Art. 24 Schutz und Kosten der Wahl

(1) [1]Niemand darf die Wahl des Personalrats behindern oder in einer gegen die guten Sitten verstoßenden Weise beeinflussen. [2]Insbesondere darf kein Wahlberechtigter in der Ausübung des aktiven und passiven Wahlrechts beschränkt werden. [3]Art. 47 Abs. 1, 2, 3 Sätze 1 und 2 gelten für Mitglieder des Wahlvorstands und Wahlbewerber entsprechend.

(2) [1]Die Kosten der Wahl trägt die Dienststelle. [2]Notwendige Versäumnis von Arbeitszeit infolge der Ausübung des Wahlrechts, der Teilnahme an den in den Art. 20 bis 23 genannten Personalversammlungen oder der Betätigung im Wahlvorstand hat keine Minderung der Besoldung oder des Arbeitsentgelts zur Folge. [3]Für die Mitglieder des Wahlvorstands gelten Art. 44 Abs. 1 Sätze 2 und 3 und Art. 46 Abs. 2 Sätze 2 und 3 und Abs. 5 Satz 1 entsprechend.

(3) Die Dienststelle erstattet dem Beschäftigten die notwendigen Fahrkosten für die Reise vom dienstlichen Wohnsitz zum Wahlort und zurück nach den Vorschriften über Reisekostenvergütung der Beamten.

Art. 25 Wahlanfechtung

(1) Mindestens drei Wahlberechtigte, jede in der Dienststelle vertretene Gewerkschaft oder der Leiter der Dienststelle können binnen einer Frist von 14 Tagen, vom Tag der Bekanntgabe des Wahlergebnisses an gerechnet, die Wahl beim Verwaltungsgericht anfechten, wenn gegen wesentliche Vorschriften über das Wahlrecht, die Wählbarkeit oder das Wahlverfahren verstoßen worden und eine Berichtigung nicht erfolgt ist, es sei denn, daß durch den Verstoß das Wahlergebnis nicht geändert oder beeinflußt werden konnte.

(2) [1]Bis zur rechtskräftigen Entscheidung des Verwaltungsgerichts und bis zur Feststellung des Wahlergebnisses bei der Wiederholungswahl führt der Personalrat die Geschäfte weiter. [2]Wird die Wahl für ungültig erklärt, so bleiben die vorher gefaßten Beschlüsse des Personalrats in Kraft.

Zweiter Abschnitt
Amtszeit des Personalrats

Art. 26 Beginn und Dauer der regelmäßigen Amtszeit

(1) [1]Die regelmäßige Amtszeit des Personalrats beträgt fünf Jahre. [2]Die Amtszeit beginnt mit dem Tag der Wahl oder, wenn zu diesem Zeitpunkt noch ein Personalrat besteht, mit dem Ablauf seiner Amtszeit.

(2) Die Amtszeit des Personalrats endet am 31. Juli des Jahres, in dem nach Absatz 3 die regelmäßigen Personalratswahlen stattfinden.

(3) Die regelmäßigen Personalratswahlen finden alle fünf Jahre in der Zeit vom 1. Mai bis 31. Juli statt.

(4) [1]Für die während der regelmäßigen Amtszeit gewählten Personalräte endet die Amtszeit am 31. Juli des Jahres, in dem die regelmäßigen Personalratswahlen stattfinden. [2]Art. 27 Abs. 5 bleibt unberührt.

Art. 27 Vorzeitige Neuwahl

(1) Der Personalrat ist neu zu wählen, wenn

a) mit Ablauf von 30 Monaten, vom Tag der Wahl gerechnet, die Zahl der regelmäßig Beschäftigten um die Hälfte, mindestens aber um 50 gestiegen oder gesunken ist oder

b) die Gesamtzahl der Mitglieder des Personalrats auch nach Eintreten sämtlicher Ersatzmitglieder um mehr als ein Viertel der vorgeschriebenen Zahl gesunken ist oder

c) der Personalrat mit der Mehrheit seiner Mitglieder seinen Rücktritt beschlossen hat oder

d) der Personalrat durch gerichtliche Entscheidung aufgelöst ist.

(2) In den Fällen des Abs. 1 Buchst. a bis c führt der Personalrat die Geschäfte weiter, bis der neue Personalrat gewählt ist.

(3) Ist eine in der Dienststelle vorhandene Gruppe, die bisher im Personalrat vertreten war, durch kein Mitglied des Personalrats mehr vertreten, so wählt diese Gruppe neue Mitglieder.

(4) Abs. 1 Buchst. a gilt nicht für jahreszeitlich oder durch die Witterung bedingte Änderungen der Zahl der regelmäßig Beschäftigten.

(5) Hat die Amtszeit des Personalrats zu Beginn des in Art. 26 Abs. 3 für die regelmäßigen Personalratswahlen festgelegten Zeitraums noch nicht ein Jahr betragen, so ist der Personalrat in dem übernächsten Zeitraum der regelmäßigen Personalratswahlen neu zu wählen.

Art. 27a Um- und Neubildungen von Dienststellen

(1) [1]Werden Dienststellen oder Teile von ihnen in andere Dienststellen eingegliedert oder Dienststellen oder Teile von ihnen zu einer neuen Dienststelle zusammengeschlossen oder bilden sie durch Ausgliederung eine neue Dienststelle, so ist der Personalrat bei der aufnehmenden oder neu gebildeten Dienststelle neu zu wählen. [2]Die Mitglieder der bis zum Zeitpunkt des Wirksamwerdens der Eingliederung oder der Neubildung bestehenden Personalräte, die der aufnehmenden oder neu gebildeten Dienststelle angehören, bestellen gemeinsam unverzüglich einen Wahlvorstand. [3]Sie führen die Geschäfte der Personalvertretung gemeinsam weiter (Übergangspersonalrat), bis sich der neue Personalrat konstituiert hat, längstens jedoch für die Dauer von zwölf Monaten. [4]Ist eine Gruppe im Übergangspersonalrat nicht vertreten, übernehmen die übrigen Mitglieder des Übergangspersonalrats die Vertretung. [5]Gehören der neu gebildeten Dienststelle keine Personalratsmitglieder an, tritt an die Stelle des Übergangspersonalrats die bei der übergeordneten Behörde gebildete Stufenvertretung. [6]Ist eine solche nicht vorhanden, nimmt der bei der neu gebildeten Dienststelle zu bildende Wahlvorstand bis zur Wahl des Personalrats die Geschäfte wahr. [7]Spätestens zwei Wochen nach Wirksamwerden der Eingliederung oder Neubildung sind die Mitglieder des Übergangspersonalrats durch die bisherigen Vorsitzenden zur Wahl des Vorstands und des Vorsitzenden sowie deren Stellvertreter einzuberufen und die Wahlen nach den Art. 32 und 33 durchzuführen. [8]Art. 20 Abs. 2 und Art. 28 bis 52 gelten für den Übergangspersonalrat entsprechend.

(2) [1]Eine Neuwahl gemäß Abs. 1 Satz 1 findet nicht statt, wenn sich die Zahl der Beschäftigten in der aufnehmenden Dienststelle um weniger als ein Fünftel geändert hat oder die Eingliederung oder die Neubildung weniger als zwölf Monate vor Beginn des für die nächsten regelmäßigen Personalratswahlen festgelegten Zeitraums wirksam werden. [2]In diesen Fällen nimmt der Übergangspersonalrat die Geschäfte der Personalvertretung bis zur konstituierenden Sitzung des auf Grund der nächsten regelmäßigen Wahl gebildeten Personalrats wahr.

(3) [1]Die Personalratswahlen bei der verbleibenden Dienststelle bestimmen sich nach Art. 26 und 27. [2]Gehören der verbleibenden Dienststelle keine Personalratsmitglieder oder Ersatzmitglieder mehr an, so nimmt der die Neuwahl durchführende Wahlvorstand bis zur Wahl des neuen Personalrats die Geschäfte der Personalvertretung wahr.

(4) [1]Die Staatsministerien werden ermächtigt, für ihren Geschäftsbereich im Einvernehmen mit dem Staatsministerium der Finanzen und für Heimat durch Rechtsverordnung die Folgen von Auflösung, Umbildung oder Neubildung von Dienststellen, die zu einer Änderung im Stufenaufbau der Staatsverwaltung führen, auf die Personalvertretungen abweichend von Abs. 1 bis 3 zu regeln, um Erschwernisse auszugleichen und eine ausreichende Interessenwahrnehmung der Beschäftigten sicherzustellen. [2]Dabei können insbesondere Bestimmungen getroffen werden über

1. die vorübergehende Fortführung der Geschäfte durch die bisherigen Personalräte,
2. die vorübergehende Wahrnehmung der Aufgaben neu zu wählender Personalräte durch die bisherigen oder deren Vorstände,
3. die Mitgliedschaft in Personalräten, wenn der Gewählte in Vollzug der Umbildung bei einer anderen Dienststelle verwendet wird,
4. besondere Beteiligungsrechte der Personalvertretungen an den durch die Umbildung veranlassten personellen Maßnahmen,
5. die Dauer der Wahlperiode und die Verlängerung der Amtszeit der Personalräte,
6. die Voraussetzungen und den Zeitpunkt für die Neuwahl der Personalräte,
7. die Bestellung der Wahlvorstände für Neuwahlen.

Art. 28 Ausschluss eines Mitglieds; Auflösung des Personalrats

(1) [1]Auf Antrag eines Viertels der Wahlberechtigten, des Leiters der Dienststelle oder einer in der Dienststelle vertretenen Gewerkschaft kann das Verwaltungsgericht den Ausschluß eines Mitglieds aus dem Personalrat oder die Auflösung des Personalrats wegen grober Vernachlässigung seiner gesetzlichen Befugnisse oder wegen grober Verletzung seiner gesetzlichen Pflichten beschließen. [2]Der Personalrat kann aus den gleichen Gründen den Ausschluß eines Mitglieds beantragen.

(2) [1]Ist der Personalrat aufgelöst, so setzt der Vorsitzende der Fachkammer des Verwaltungsgerichts einen Wahlvorstand ein. [2]Dieser hat unverzüglich eine Neuwahl einzuleiten. [3]Bis zur Neuwahl nimmt der Wahlvorstand die dem Personalrat nach diesem Gesetz zustehenden Befugnisse und Pflichten wahr.

Art. 29 Erlöschen der Mitgliedschaft

(1) Die Mitgliedschaft im Personalrat erlischt durch

a) Ablauf der Amtszeit,

b) Niederlegung des Amts,

c) Beendigung des Dienstverhältnisses,

d) Ausscheiden aus der Dienststelle,

e) Verlust der Wählbarkeit,

f) gerichtliche Entscheidung nach Art. 28,

g) Feststellung nach Ablauf der in Art. 25 bezeichneten Frist, daß der Gewählte nicht wählbar war.

(2) Die Mitgliedschaft im Personalrat wird durch einen Wechsel der Gruppenzugehörigkeit eines Mitglieds nicht berührt; dieses bleibt Vertreter der Gruppe, die es gewählt hat.

(3) Absatz 1 Buchst. c gilt nicht für betrieblich bedingte Unterbrechungen des Dienstverhältnisses.

Art. 30 Ruhen der Mitgliedschaft

Die Mitgliedschaft eines Beamten im Personalrat ruht, solange ihm die Führung der Dienstgeschäfte zeitweilig verboten oder er disziplinarrechtlich vorläufig des Dienstes enthoben ist.

Art. 31 Ersatzmitglieder

(1) [1]Scheidet ein Mitglied aus dem Personalrat aus, so tritt ein Ersatzmitglied ein. [2]Das gleiche gilt, wenn ein Mitglied des Personalrats zeitweilig verhindert ist, für die Dauer der Verhinderung.

(2) [1]Die Ersatzmitglieder werden der Reihe nach aus den nicht gewählten Beschäftigten derjenigen Vorschlagslisten entnommen, denen die zu ersetzenden Mitglieder angehören. [2]Ist das ausgeschiedene oder verhinderte Mitglied mit einfacher Stimmenmehrheit gewählt, so tritt der nichtgewählte Beschäftigte mit der nächsthöheren Stimmenzahl als Ersatzmitglied ein. [3]Bei gleicher Stimmenzahl entscheidet das Los.

(3) Art. 29 Abs. 2 gilt entsprechend bei einem Wechsel der Gruppenzugehörigkeit vor dem Eintritt des Ersatzmitgliedes in den Personalrat.

(4) Im Fall des Art. 27 Abs. 1 Buchst. d treten Ersatzmitglieder nicht ein.

Dritter Abschnitt
Geschäftsführung des Personalrates, Aufgaben der Schwerbehindertenvertretung

Art. 32 Vorstand; Vorsitzender

(1) [1]Der Personalrat bildet aus seiner Mitte den Vorstand. [2]Diesem gehört ein Mitglied jeder im Personalrat vertretenen Gruppe an. [3]Frauen und Männer sollen dabei gleichermaßen berücksichtigt werden. [4]Die Vertreter jeder Gruppe wählen das auf sie entfallende Vorstandsmitglied und ein stellvertretendes Vorstandsmitglied. [5]Bei Stimmengleichheit entscheidet das Los.

(2) [1]Der Personalrat wählt mit einfacher Stimmenmehrheit in geheimer Wahl aus den Mitgliedern des Vorstands einen Vorsitzenden und bis zu zwei stellvertretende Vorsitzende. [2]Dabei sind die Gruppen zu berücksichtigen, denen der Vorsitzende nicht angehört, es sei denn, daß die Vertreter dieser Gruppe darauf verzichten.

(3) [1]Der Vorsitzende führt die laufenden Geschäfte und vertritt den Personalrat im Rahmen der von diesem gefaßten Beschlüsse. [2]In Angelegenheiten, die nur eine Gruppe betreffen, vertritt ein der Gruppe angehörendes Vorstandsmitglied im Benehmen mit dem Vorsitzenden den Personalrat.

(4) [1]In Angelegenheiten, in denen der Personalrat zu beteiligen ist, kann durch einstimmigen Beschluss dem Vorsitzenden die Entscheidung im Einvernehmen mit den übrigen Vorstandsmitgliedern übertragen werden; in dem Beschluss sind die Angelegenheiten zu bestimmen. [2]In diesem Fall beteiligt der Vorsitzende in Angelegenheiten, die nur die Angehörigen einer Gruppe betreffen, nur die dieser Gruppe angehörenden Vorstandsmitglieder; dies gilt entsprechend für Angelegenheiten, die die Angehörigen nur zweier Gruppen betreffen. [3]Wird im Vorstand kein Einvernehmen erzielt, so entscheidet der Personalrat nach Maßgabe der Art. 37 bis 39. [4]Der Vorsitzende hat die Personalratsmitglieder regelmäßig über die getroffenen Entscheidungen zu unterrichten. [5]Sobald ein Personalratsmitglied einem Beschluss nach Satz 1 widerspricht, gilt dieser als aufgehoben.

Art. 33 Erweiterter Vorstand

[1]Hat der Personalrat drei oder mehr Mitglieder, ist von den Vertretern der stärksten Gruppe im Personalrat ein weiteres Mitglied als stellvertretender Vorsitzender in den Vorstand zu wählen; bei gleicher Stärke der Gruppen entscheidet das Los. [2]Hat der Personalrat elf oder mehr Mitglieder, so wählt er aus seiner Mitte mit einfacher Stimmenmehrheit daneben ein weiteres Mitglied in den Vorstand. [3]Sind Mitglieder des Personalrats aus Wahlvorschlagslisten mit verschiedenen Bezeichnungen gewählt worden und sind im Vorstand Mitglieder aus derjenigen Liste nicht vertreten, die die zweitgrößte Anzahl aller von den Angehörigen der Dienststelle abgegebenen Stimmen erhalten hat, so ist das weitere Vorstandsmitglied aus dieser Liste zu wählen.

Art. 34 Sitzungen; Teilnahmerecht

(1) [1]Spätestens zwei Wochen nach dem Wahltag sind die Mitglieder des Personalrats durch den Wahlvorstand zur Vornahme der nach Art. 32 oder 33 vorgeschriebenen Wahl einzuberufen und die Wahlen durchzuführen. [2]Der Wahlvorstand leitet die Sitzung, bis der Personalrat aus seiner Mitte einen Wahlleiter bestellt hat. [3]Für die Anfechtung dieser Wahlen gilt Art. 25 entsprechend mit der Maßgabe, daß anstelle der in Art. 25 Abs. 1 genannten drei Wahlberechtigten jedes Mitglied des Personalrats die Wahl anfechten kann.

(2) [1]Die weiteren Sitzungen beraumt der Vorsitzende des Personalrats an. [2]Er setzt die Tagesordnung fest und leitet die Verhandlung. [3]Er hat die Mitglieder

des Personalrates zu den Sitzungen rechtzeitig unter Mitteilung der Tagesordnung zu laden sowie der Jugend- und Auszubildendenvertretung und der Schwerbehindertenvertretung den Zeitpunkt und die Tagesordnung der Sitzung bekanntzugeben.

(3) Auf Antrag eines Viertels der Mitglieder des Personalrats, der Mehrheit der Vertreter einer Gruppe, des Leiters der Dienststelle, in Angelegenheiten, die besonders Schwerbehinderte betreffen, der Schwerbehindertenvertretung oder in Angelegenheiten, die besonders Beschäftigte im Sinn von Art. 58 Abs. 1 betreffen, der Mehrheit der Mitglieder der Jugend- und Auszubildendenvertretung hat der Vorsitzende eine Sitzung anzuberaumen und den Gegenstand, dessen Beratung beantragt ist, auf die Tagesordnung zu setzen.

(4) [1]Der Leiter der Dienststelle nimmt an den Sitzungen, die auf sein Verlangen anberaumt sind, und an den Sitzungen, zu denen er ausdrücklich eingeladen ist, teil. [2]Er kann einen Vertreter der für die Dienststelle zuständigen Arbeitgebervereinigung hinzuziehen; in diesem Fall ist je einem Vertreter der unter den Mitgliedern des Personalrats vertretenen Gewerkschaften die Teilnahme an den Sitzungen zu ermöglichen.

3

Art. 35 Nichtöffentlichkeit und Zeitpunkt der Sitzungen

[1]Die Sitzungen des Personalrats sind nicht öffentlich; sie finden in der Regel während der Arbeitszeit statt. [2]Der Personalrat hat bei der Anberaumung seiner Sitzungen auf die dienstlichen Erfordernisse Rücksicht zu nehmen. [3]Der Leiter der Dienststelle ist vom Zeitpunkt der Sitzung vorher zu verständigen.

Art. 36 Erweitertes Teilnahmerecht

(1) [1]Der Personalrat kann von Fall zu Fall beschließen, daß je ein Beauftragter der unter den Mitgliedern des Personalrats vertretenen Gewerkschaften berechtigt ist, an den Sitzungen mit beratender Stimme teilzunehmen. [2]Gleiches gilt hinsichtlich je eines Mitglieds der Stufenvertretungen, die bei den übergeordneten Dienststellen bestehen, oder eines Mitglieds des zugeordneten Gesamtpersonalrats.

(2) [1]Der Personalrat kann in der Personalangelegenheit eines einzelnen Beschäftigten dessen Anhörung in einer Personalratssitzung beschließen. [2]Bei Beratung und Beschlussfassung darf dieser Beschäftigte nicht anwesend sein. [3]Art. 43 Abs. 3 gilt entsprechend.

Art. 37 Beschlussfassung und Beschlussfähigkeit

(1) [1]Die Beschlüsse des Personalrats werden mit einfacher Stimmenmehrheit der anwesenden Mitglieder gefaßt. [2]Bei Stimmengleichheit ist ein Antrag abgelehnt.

(2) Der Personalrat ist nur beschlußfähig, wenn mindestens die Hälfte seiner Mitglieder anwesend ist; Stellvertretung durch Ersatzmitglieder ist zulässig.

(3) In einfachen Angelegenheiten kann der Vorsitzende im schriftlichen oder elektronischen Umlaufverfahren abstimmen lassen, wenn kein Mitglied des Personalrats diesem Verfahren widerspricht.

(4) [1]Bei der Beratung und Abstimmung über Angelegenheiten eines Mitglieds des Personalrats darf dieses Mitglied nicht anwesend sein. [2]Dasselbe gilt für Angelegenheiten, bei denen es auf seiten der Dienststelle mitgewirkt hat, sowie für Angelegenheiten von Angehörigen eines Mitglieds des Personalrats, hinsichtlich deren ihm nach § 383 Abs. 1 Nrn. 1 bis 3 der Zivilprozeßordnung ein Zeugnisverweigerungsrecht zusteht.

Art. 38 Gemeinsame Beschlüsse; Beschlüsse von Gruppen

3

(1) Über die gemeinsamen Angelegenheiten der Beamten und Arbeitnehmer wird vom Personalrat gemeinsam beraten und beschlossen.

(2) [1]In Angelegenheiten, die Angehörige nur einer Gruppe betreffen, sind allein die Vertreter dieser Gruppe zur Beratung und Beschlußfassung berufen, es sei denn, daß sie gemeinsame Beratung im Personalrat beschließen. [2]Dies gilt nicht für eine Gruppe, die im Personalrat nicht vertreten ist.

(3) Absatz 2 gilt entsprechend für Angelegenheiten, die lediglich die Angehörigen zweier Gruppen betreffen.

Art. 39 Aussetzung von Beschlüssen

(1) [1]Erachtet die Mehrheit der Vertreter einer Gruppe oder der Mitglieder der Jugend- und Auszubildendenvertretung einen Beschluß des Personalrats als eine erhebliche Beeinträchtigung wichtiger Interessen der durch sie vertretenen Beschäftigten, so ist auf ihren Antrag der Beschluß auf die Dauer von einer Woche vom Zeitpunkt der Beschlußfassung an auszusetzen. [2]In dieser Frist soll, gegebenenfalls mit Hilfe der unter den Mitgliedern des Personalrats oder der Jugend- und Auszubildendenvertretung vertretenen Gewerkschaften, eine Verständigung versucht werden. [3]Bei Aussetzung eines Beschlusses nach Satz 1 verlängern sich außer in den Fällen von Art. 47 Abs. 2 und 3, Art. 70 Abs. 2 Satz 4 und Art. 77 Abs. 3 Fristen nach diesem Gesetz um die Dauer der Aussetzung, wenn dem Leiter der Dienststelle eine Mitteilung über den Aussetzungsbeschluss innerhalb offener Frist zugeht.

(2) [1]Nach Ablauf der Frist ist über die Angelegenheit neu zu beschließen. [2]Wird der erste Beschluß bestätigt, so kann der Antrag auf Aussetzung nicht wiederholt werden.

(3) Die Absätze 1 und 2 gelten entsprechend, wenn die Schwerbehindertenvertretung einen Beschluß des Personalrats als eine erhebliche Beeinträchtigung wichtiger Interessen der Schwerbehinderten erachtet.

Art. 40 Teilnahmerecht von weiteren Vertretern; Stimmrecht

(1) [1]Ein Vertreter der Jugend- und Auszubildendenvertretung, der von dieser benannt wird, und die Schwerbehindertenvertretung sollen an allen Sitzungen des Personalrates beratend teilnehmen. [2]An der Behandlung von Angelegen-

heiten, die besonders Beschäftigte im Sinn von Art. 58 Abs 1 betreffen, kann die gesamte Jugend- und Auszubildendenvertretung beratend teilnehmen. [3]Die Vertrauensperson der Zivildienstleistenden kann an Sitzungen des Personalrats der Dienststelle beratend teilnehmen, wenn Angelegenheiten behandelt werden, die auch die Zivildienstleistenden betreffen.

(2) Bei Beschlüssen, die überwiegend Beschäftigte im Sinn von Art. 58 Abs. 1 betreffen, haben die Mitglieder der Jugend- und Auszubildendenvertretung Stimmrecht; dies gilt für die Schwerbehindertenvertretung entsprechend.

Art. 41 Niederschrift

(1) [1]Über jede Verhandlung des Personalrats ist eine Niederschrift aufzunehmen, die mindestens den Wortlaut der Beschlüsse und das Stimmenverhältnis, mit dem sie gefaßt sind, enthält. [2]Die Niederschrift ist vom Vorsitzenden und einem weiteren Mitglied zu unterzeichnen. [3]Der Niederschrift ist eine Anwesenheitsliste beizufügen, in die sich jeder Teilnehmer eigenhändig einzutragen hat.

3

(2) [1]Die Mitglieder des Personalrats erhalten einen Abdruck der Niederschrift. [2]Haben der Leiter der Dienststelle, Beauftragte von Gewerkschaften und Arbeitgebervereinigungen, die Mitglieder der Jugend- und Auszubildendenvertretung, die Schwerbehindertenvertretung oder die Vertrauensperson der Zivildienstleistenden an der Sitzung teilgenommen, so ist ihnen der entsprechende Teil der Niederschrift im Abdruck zuzuleiten. [3]Einwendungen gegen die Niederschrift sind unverzüglich schriftlich zu erheben und der Niederschrift beizufügen.

Art. 42 Geschäftsordnung

Sonstige Bestimmungen über die Geschäftsführung können in einer Geschäftsordnung getroffen werden, die der Personalrat mit der Mehrheit der Stimmen seiner Mitglieder beschließt.

Art. 43 Sprechstunden

(1) [1]Der Personalrat kann Sprechstunden während der Arbeitszeit einrichten. [2]Zeit und Ort bestimmt er im Einvernehmen mit dem Leiter der Dienststelle.

(2) An Sprechstunden des Personalrates kann ein Mitglied der Jugend- und Auszubildendenvertretung zur Beratung von Beschäftigten im Sinn von Art. 58 Abs. 1 teilnehmen, sofern die Jugend- und Auszubildendenvertretung keine eigenen Sprechstunden einrichtet; dies gilt entsprechend für die Schwerbehindertenvertretung.

(3) Notwendige Versäumnis von Arbeitszeit wegen des Besuchs der Sprechstunden oder sonstiger Inanspruchnahme des Personalrats hat keine Minderung der Besoldung oder des Arbeitsentgelts zur Folge.

Art. 44 Kostentragung; Geschäftsbedarf; Bekanntmachungen

(1) [1]Die durch die Tätigkeit des Personalrats entstehenden Kosten trägt die Dienststelle. [2]Mitglieder des Personalrats erhalten bei Reisen, die zur Erfüllung

ihrer Aufgaben notwendig sind, Reisekostenvergütung nach den Vorschriften über die Reisekostenvergütung der Beamten mit der Maßgabe, daß die Reisekostenvergütung nach den für Beamte der Besoldungsgruppe A 15 geltenden Bestimmungen zu bemessen ist. [3]Sie erhalten bei Reisen, die zur Erfüllung ihrer Aufgaben notwendig sind, auch Ersatz der Sachschäden an ihren privateigenen Kraftfahrzeugen in dem Umfang und bis zu der Höhe, wie er Beamten des Dienstherren gewährt wird.

(2) Für die Sitzungen, die Sprechstunden und die laufende Geschäftsführung hat die Dienststelle in erforderlichem Umfang Räume, den Geschäftsbedarf und, soweit erforderlich, Büropersonal zur Verfügung zu stellen.

(3) Dem Personalrat werden in allen Dienststellen geeignete Plätze für Bekanntmachungen und Anschläge zur Verfügung gestellt und er kann sie in einem von der Dienststelle bereits eingerichteten Intranet veröffentlichen lassen.

Art. 45 Verbot der Erhebung von Beiträgen

Der Personalrat darf für seine Zwecke von den Beschäftigten keine Beiträge erheben oder annehmen.

Vierter Abschnitt
Rechtsstellung der Personalratsmitglieder

Art. 46 Ehrenamt; Arbeitszeitversäumnis; Freistellung; Fortbildung

(1) Die Mitglieder des Personalrats führen ihr Amt unentgeltlich als Ehrenamt.

(2) [1]Versäumnis von Arbeitszeit, die zur ordnungsgemäßen Durchführung der Aufgaben des Personalrats erforderlich ist, hat keine Minderung der Besoldung oder des Arbeitsentgelts zur Folge. [2]Werden Personalratsmitglieder durch die Erfüllung ihrer Aufgaben über die regelmäßige Arbeitszeit hinaus erheblich mehr beansprucht, so ist ihnen Dienstbefreiung in entsprechender Anwendung des Art. 87 Abs. 2 Satz 2 BayBG zu gewähren. [3]Bei Reisen, die zur Erfüllung ihrer Aufgaben notwendig sind, erhalten sie Freizeitausgleich entsprechend den für Beamte geltenden Regelungen.

(3) [1]Mitglieder des Personalrats sind auf Antrag des Personalrats von ihrer dienstlichen Tätigkeit freizustellen, wenn und soweit es nach Umfang und Art der Dienststelle zur ordnungsgemäßen Durchführung ihrer Aufgaben erforderlich ist. [2]Bei der Auswahl der freizustellenden Mitglieder hat der Personalrat zunächst die nach Art. 32 Abs. 2 gewählten Vorstandsmitglieder, sodann die übrigen Vorstandsmitglieder zu berücksichtigen. [3]Bei weiteren Freistellungen sind die im Personalrat vertretenen Wahlvorschlagslisten nach den Grundsätzen der Verhältniswahl zu berücksichtigen. [4]Dabei sind die nach Satz 2 freigestellten Vorstandsmitglieder von den auf jede Wahlvorschlagsliste entfallenden Freistellungen abzurechnen. [5]Die Freistellung darf nicht zur Beeinträchtigung des beruflichen Werdegangs führen.

(4) [1]Auf Antrag des Personalrats sind mindestens freizustellen in Dienststellen mit in der Regel

- 400 bis 800 Beschäftigten ein Personalratsmitglied,
- 801 bis 1600 Beschäftigten zwei Personalratsmitglieder,
- 1601 bis 2400 Beschäftigten drei Personalratsmitglieder.

[2]In Dienststellen mit über 2400 Beschäftigten ist für je angefangene 1500 Beschäftigte ein weiteres Personalratsmitglied ganz freizustellen. [3]Eine entsprechende teilweise Freistellung mehrerer Mitglieder ist möglich.

(5) [1]Die Mitglieder des Personalrats und das jeweils erste Ersatzmitglied sind unter Fortzahlung der Bezüge für die Teilnahme an Schulungs- und Bildungsveranstaltungen vom Dienst freizustellen, soweit diese Kenntnisse vermitteln, die unmittelbar für die Tätigkeit im Personalrat erforderlich sind; dabei sind die dienstlichen Interessen angemessen zu berücksichtigen. [2]In der Regel umfaßt die Freistellung nach Satz 1

1. bei erstmals in den Personalrat gewählten Mitgliedern fünf Kalendertage,
2. darüber hinaus bis zu fünf Kalendertage für Mitglieder des Personalrats, denen innerhalb ihrer Personalvertretung besondere in der Schulung zu behandelnde Aufgaben zugewiesen sind.

Art. 47 Besonderer Schutz bei Kündigung, Versetzung oder Abordnung

(1) Für die Mitglieder des Personalrats, die in einem Arbeitsverhältnis stehen, gelten die §§ 15 und 16 des Kündigungsschutzgesetzes entsprechend.

(2) [1]Die außerordentliche Kündigung von Mitgliedern des Personalrats, die in einem Arbeitsverhältnis stehen, bedarf der Zustimmung des Personalrats. [2]Verweigert der Personalrat seine Zustimmung oder äußert er sich nicht innerhalb von drei Tagen nach Eingang des Antrags, so kann das Verwaltungsgericht sie auf Antrag des Dienststellenleiters ersetzen, wenn die außerordentliche Kündigung unter Berücksichtigung aller Umstände gerechtfertigt ist. [3]In dem Verfahren vor dem Verwaltungsgericht ist der betroffene Arbeitnehmer Beteiligter.

(3) [1]Mitglieder des Personalrats dürfen gegen ihren Willen nur versetzt oder abgeordnet werden, wenn dies auch unter Berücksichtigung der Mitgliedschaft im Personalrat aus wichtigen dienstlichen Gründen unvermeidbar ist. [2]Als Versetzung im Sinn des Satzes 1 gilt auch die mit einem Wechsel des Dienstorts verbundene Umsetzung in derselben Dienststelle; das Einzugsgebiet im Sinn des Umzugskostenrechts gehört zum Dienstort. [3]Die Versetzung oder Abordnung von Mitgliedern des Personalrats bedarf der Zustimmung des Personalrats; Absatz 2 Sätze 2 und 3 gelten entsprechend mit der Maßgabe, daß für die Frist Art. 70 Abs. 2 Sätze 3 und 4 gelten.

(4) [1]Für Dienstanfänger, Beamte im Vorbereitungsdienst und Beschäftigte in entsprechender Berufausbildung gelten die Absätze 1 bis 3 nicht. [2]Die Absätze 2 und 3 gelten ferner nicht bei der Versetzung oder Abordnung dieser Beschäftigten zu einer anderen Dienststelle im Anschluß an das Ausbildungsverhältnis.

[3]Die Mitgliedschaft der in Satz 1 bezeichneten Beschäftigten im Personalrat ruht unbeschadet des Art. 29, solange sie entsprechend den Erfordernissen ihrer Ausbildung zu einer anderen Dienststelle versetzt oder abgeordnet sind.

Fünfter Abschnitt Personalversammlung

Art. 48 Zusammensetzung und Leitung; Teilversammlung

(1) [1]Die Personalversammlung besteht aus den Beschäftigten der Dienststelle. [2]Sie wird vom Vorsitzenden des Personalrats geleitet. [3]Sie ist nicht öffentlich. [4]Die für Beschäftigte im Sinn des Art. 13 Abs. 1 Satz 2 geltenden arbeitsrechtlichen Regelungen bleiben unberührt.

(2) [1]Kann nach den dienstlichen Verhältnissen eine gemeinsame Versammlung aller Beschäftigten nicht stattfinden, so sind Teilversammlungen abzuhalten. [2]Das Teilnahmerecht an den Teilversammlungen steht allen Mitgliedern des Personalrats sowie den Beschäftigten zu, für die sie abgehalten werden.

Art. 49 Ordentliche und außerordentliche Personalversammlung

(1) Der Personalrat hat einmal in jedem Kalenderhalbjahr in einer Personalversammlung einen Tätigkeitsbericht zu erstatten.

(2) Der Personalrat ist berechtigt und auf Wunsch des Leiters der Dienststelle oder eines Viertels der wahlberechtigten Beschäftigten verpflichtet, eine Personalversammlung einzuberufen und den Gegenstand, dessen Beratung beantragt ist, auf die Tagesordnung zu setzen.

Art. 50 Zeitpunkt

(1) [1]Die in den Art. 20 bis 23 und in Art. 49 Abs. 1 bezeichneten und die auf Wunsch des Leiters der Dienststelle einberufenen Personalversammlungen finden während der Arbeitszeit statt, soweit nicht die dienstlichen Verhältnisse zwingend eine andere Regelung erfordern. [2]Die Teilnahme an der Personalversammlung hat keine Minderung der Besoldung oder des Arbeitsentgelts zur Folge. [3]Notwendige Fahrkosten werden nach den Vorschriften über Reisekostenvergütung der Beamten erstattet. [4]Soweit in den Fällen des Satzes 1 Personalversammlungen aus dienstlichen Gründen außerhalb der Arbeitszeit stattfinden müssen, ist den Teilnehmern Dienstbefreiung in entsprechender Anwendung des Art. 87 Abs. 2 Satz 2 BayBG zu gewähren.

(2) [1]Andere Personalversammlungen finden außerhalb der Arbeitszeit statt. [2]Hiervon kann im Einvernehmen mit dem Leiter der Dienststelle abgewichen werden.

Art. 51 Befugnisse und Zuständigkeiten

[1]Die Personalversammlung kann dem Personalrat Anträge unterbreiten und zu seinen Beschlüssen Stellung nehmen. [2]Sie kann alle Angelegenheiten behandeln, die die Dienststelle oder ihre Beschäftigten unmittelbar betreffen,

einschließlich Fragen des Beamten-, Tarif-, Arbeits- und Sozialrechts. [3]Die Erörterung parteipolitischer Angelegenheiten ist unzulässig; Art. 67 Abs. 2 und Art. 68 Abs. 1 Satz 2 gelten für die Personalversammlung entsprechend.

Art. 52 Erweitertes Teilnahmerecht

(1) [1]Der Personalrat oder die Personalversammlung kann von Fall zu Fall beschließen, daß je ein Beauftragter der in der Dienststelle vertretenen Gewerkschaften und ein Beauftragter der zuständigen Arbeitgebervereinigung berechtigt sind, mit beratender Stimme an der Personalversammlung teilzunehmen. [2]Gleiches gilt hinsichtlich je eines Mitglieds der Stufenvertretungen, die bei den übergeordneten Dienststellen bestehen, oder eines Mitglieds des zugeordneten Gesamtpersonalrats. [3]Der Personalrat hat gegebenenfalls die Einberufung der Personalversammlung den in Satz 1 genannten Gewerkschaften, der Arbeitgebervereinigung bzw. der Stufenvertretung oder dem Gesamtpersonalrat mitzuteilen.

(2) [1]Der Leiter der Dienststelle kann an den Personalversammlungen teilnehmen. [2]An den Versammlungen, die auf seinen Wunsch einberufen sind oder zu denen er ausdrücklich eingeladen ist, hat er teilzunehmen. [3]Er kann einen Vertreter der zuständigen Arbeitgebervereinigung hinzuziehen; in diesem Fall kann auch je ein Beauftragter der in der Dienststelle vertretenen Gewerkschaften an der Personalversammlung teilnehmen.

Sechster Abschnitt
Stufenvertretungen und Gesamtpersonalrat

Art. 53 Bildung von Stufenvertretungen

(1) [1]Für den Geschäftsbereich mehrstufiger Verwaltungen des Staates werden bei den Mittelbehörden Bezirkspersonalräte, bei den obersten Dienstbehörden Hauptpersonalräte gebildet. [2]Mittelbehörde im Sinn dieser Vorschrift sind auch der Standort Nürnberg des Bayerischen Landesamts für Steuern und die Regionalabteilungen Nord und Ost im Landesamt für Digitalisierung, Breitband und Vermessung. [3]Für die Gesamtheit der der Aufsicht einer Regierung unterstehenden Förderschulen und Schulen für Kranke ist die Regierung nicht Mittelbehörde im Sinn dieser Vorschrift. [4]Das Landesamt für Schule ist Mittelbehörde im Sinn dieser Vorschrift, soweit es für die Personalverwaltung der Beschäftigten an den Schulen zuständig ist.

(2) [1]Die Mitglieder des Bezirkspersonalrats werden von den zum Geschäftsbereich der Mittelbehörde, die Mitglieder des Hauptpersonalrats von den zum Geschäftsbereich der obersten Dienstbehörde gehörenden Beschäftigten gewählt.

[2]Bei weniger als 1501 Beschäftigten bestehen die Stufenvertretungen aus sieben,

- bei 1 501 bis 3 000 Beschäftigten aus neun,
- bei 3 001 bis 5 000 Beschäftigten aus elf,
- bei 5 001 bis 7 000 Beschäftigten aus dreizehn,

- bei 7 001 bis 10 000 Beschäftigten aus fünfzehn,
- bei 10 001 und mehr Beschäftigten aus siebzehn Mitgliedern.

[3]Für den Hauptpersonalrat beim Staatsministerium für Unterricht und Kultus und für den Hauptpersonalrat beim Staatsministerium des Innern, für Sport und Integration erhöht sich bei 10 001 und mehr Beschäftigten die Zahl der Mitglieder um je zwei für je weitere angefangene 5000 Beschäftigte bis zu insgesamt fünfundzwanzig Mitgliedern.

(3) [1]Die Art. 13 bis 15, 17 Abs. 1, 2, 5 und 6, Art. 18 bis 21, 23 und 24 gelten entsprechend. [2]Art. 14 Abs. 3 gilt nur für die Beschäftigten der Dienststelle, bei der die Stufenvertretung zu errichten ist. [3]Eine Personalversammlung zur Bestellung des Bezirks- oder Hauptwahlvorstands findet nicht statt. [4]An ihrer Stelle übt der Leiter der Dienststelle, bei der die Stufenvertretung zu errichten ist, die Befugnis zur Bestellung des Wahlvorstands nach den Art. 20 Abs. 2, Art. 21 und 23 aus. [5]In den Fällen des Absatzes 6 erhöht sich die Zahl der Mitglieder der Bezirks- und Hauptwahlvorstände entsprechend.

(4) Werden in einer Verwaltung die Personalräte und Stufenvertretungen gleichzeitig gewählt, so führen die bei den Dienststellen bestehenden Wahlvorstände die Wahlen der Stufenvertretungen im Auftrag des Bezirks- oder Hauptwahlvorstands durch; andernfalls bestellen auf sein Ersuchen die Personalräte oder, wenn solche nicht bestehen, die Leiter der Dienststellen die örtlichen Wahlvorstände für die Wahl der Stufenvertretungen.

(5) [1]In den Stufenvertretungen erhält jede Gruppe mindestens einen Vertreter. [2]Besteht die Stufenvertretung aus mehr als neun Mitgliedern, erhält jede Gruppe mindestens zwei Vertreter. [3]Art. 17 Abs. 4 gilt entsprechend.

(6) Als besondere Gruppen gelten:

1. für die Bildung der Bezirkspersonalräte bei den Regierungen die Lehrer an Grundschulen und Mittelschulen und die Lehrer an beruflichen Schulen mit Ausnahme der Beruflichen Oberschulen,
2. für die Bildung des Bezirkspersonalrats beim Landesamt für Schule jeweils die Lehrer an Gymnasien, Realschulen und beruflichen Schulen,
3. für die Bildung des Hauptpersonalrats beim Staatsministerium für Unterricht und Kultus jeweils die Lehrer an Gymnasien, Realschulen, beruflichen Schulen, Förderschulen samt Schulen für Kranke, Grundschulen und Mittelschulen,
4. für die Bildung des Hauptpersonalrats beim Staatsministerium des Innern, für Sport und Integration

   a) die Beamten der Landespolizei und

   b) der Bereitschaftspolizei;

   hierbei sind die Beamten des Landeskriminalamts, des Polizeiverwaltungsamts und des Landesamts für Verfassungsschutz der Gruppe der Beamten der Landespolizei zuzurechnen.

Art. 53a (Anfechtung der Wahl der Stufenvertretungen)

(1) Art. 25 gilt für die Wahl der Stufenvertretungen entsprechend.

(2) [1]Bezieht sich ein Verstoß der in Art. 25 genannten Art nur auf einzelne Dienststellen, so ist sie nur für diesen Bereich für ungültig zu erklären und nach Maßgabe der Entscheidung zu wiederholen. [2]Die Wiederholungswahl findet nach denselben Vorschriften, denselben Wahlvorschlägen und auf Grund derselben Wählerverzeichnisse statt, soweit nicht die Entscheidung hinsichtlich der Wahlvorschläge und Wählerverzeichnisse Abweichungen vorschreibt. [3]Die Wahl soll binnen sechzig Tagen nach Rechtskraft der Entscheidung stattfinden.

(3) [1]Bis zur Feststellung des Wahlergebnisses auf Grund der Wiederholungswahl führt die Stufenvertretung die Geschäfte weiter. [2]Die vorher gefaßten Beschlüsse bleiben in Kraft.

3

Art. 54 Entsprechende Anwendung von Vorschriften

(1) [1]Für die Stufenvertretungen gelten die Art. 26 bis 42, 44, 45, 46 Abs. 1, 2, 3 und 5, Art. 47 entsprechend. [2]Bei der entsprechenden Anwendung von Art. 34 Abs. 1 tritt an die Stelle der Frist von zwei Wochen die Frist von drei Wochen. [3]Bei Fahrten von Mitgliedern einer staatlichen Stufenvertretung, die von ihrer dienstlichen Tätigkeit voll oder überwiegend freigestellt sind und bei denen der Freistellungsbeschluss zu einem Wechsel des Dienstortes geführt hat, zwischen dem Dienstort, bei dem die Stufenvertretung gebildet ist, und ihrem Wohnort finden die Bestimmungen des Art. 3 Abs. 5, Art. 5 Abs. 1, Art. 6 Abs. 1 bis 3, 5 und 6, Art. 8 Abs. 1 und Art. 9 Abs. 1, 2 und 4 des Bayerischen Reisekostengesetzes entsprechende Anwendung.

(2) Auf Antrag der Stufenvertretung sind mindestens freizustellen bei einer Stufenvertretung mit

- 9 bis 11 Mitgliedern ein Vorstandsmitglied,
- 13 bis 15 Mitgliedern zwei Vorstandsmitglieder,
- 17 und mehr Mitgliedern drei Vorstandsmitglieder.

(3) Art. 32 Abs. 4 und Art. 38 Abs. 2 und 3 gelten entsprechend für die Angelegenheiten, die Angehörige der in Art. 53 Abs. 6 genannten Gruppen betreffen.

Art. 55 Bildung von Gesamtpersonalräten

[1]Soweit gemäß Art. 6 Abs. 3 und 5 Sätze 2 und 3 einzelne Dienststellen gebildet werden, wird neben den einzelnen Personalräten ein Gesamtpersonalrat errichtet. [2]Bei Gemeinden wird ein Gesamtpersonalrat auch für den Bereich einer Nebenstelle oder eines Dienststellenteils errichtet, die gemäß Art. 6 Abs. 5 Sätze 2 und 3 als selbständige Dienststelle gelten, wenn in diesem Bereich weitere Nebenstellen oder Dienststellenteile gemäß Art. 6 Abs. 5 Sätze 2 und 3 verselbständigt werden.

Art. 56 Entsprechende Anwendung von Vorschriften

[1]Für den Gesamtpersonalrat gelten Art. 53 Abs. 2 bis 5, Art. 53a und Art. 54 Abs. 1 und 2 entsprechend. [2]Bei entsprechender Anwendung von Art. 54 Abs. 1 Satz 1 in Verbindung mit Art. 27a Abs. 1 gehören auch die Mitglieder der bis zum Zeitpunkt des Wirksamwerdens der Eingliederung oder der Neubildung bestehenden Gesamtpersonalräte, die der aufnehmenden oder neu gebildeten Dienststelle angehören, dem Übergangspersonalrat an.

Dritter Teil
Jugend- und Auszubildendenvertretung

Art. 57 Bildung von Jugend- und Auszubildendenvertretungen; Allgemeine Aufgaben

(1) In Dienststellen, bei denen Personalvertretungen gebildet sind und in denen in der Regel mindestens fünf zur Jugend- und Auszubildendenvertretung wahlberechtigte Beschäftigte tätig sind, werden Jugend- und Auszubildendenvertretungen gebildet.

(2) Die Jugend- und Auszubildendenvertretung hat folgende allgemeine Aufgaben:

1. Maßnahmen, die den Beschäftigten im Sinn von Art. 58 Abs. 1 dienen, insbesondere in Fragen der Berufsbildung, beim Personalrat zu beantragen,
2. Maßnahmen, die der Gleichbehandlung von weiblichen und männlichen Jugendlichen und Auszubildenden dienen, zu beantragen,
3. darüber zu wachen, daß die zugunsten der Beschäftigten im Sinn von Art. 58 Abs. 1 geltenden Gesetze, Verordnungen, Unfallverhütungsvorschriften, Tarifverträge, Dienstvereinbarungen und Verwaltungsanordnungen durchgeführt werden,
4. Anregungen und Beschwerden von Beschäftigten im Sinn von Art. 58 Abs. 1, insbesondere in Fragen der Berufsbildung, entgegenzunehmen und, falls sie berechtigt erscheinen, beim Personalrat auf eine Erledigung hinzuwirken; die Jugend- und Auszubildendenvertretung hat die betroffenen Beschäftigten im Sinn von Art. 58 Abs. 1 über den Stand und das Ergebnis der Verhandlungen zu informieren.

(3) [1]Die Jugend- und Auszubildendenvertretung nimmt ihre Aufgaben in Zusammenarbeit mit der Personalvertretung wahr. [2]Sie ist zur Durchführung ihrer Aufgaben von der Personalvertretung rechtzeitig und umfassend zu unterrichten. [3]Die Jugend- und Auszubildendenvertretung kann verlangen, daß ihr der Personalrat die zur Durchführung ihrer Aufgaben erforderlichen Unterlagen zur Verfügung stellt.

Art. 58 Wahlberechtigung und Wählbarkeit

(1) [1]Wahlberechtigt sind alle Beschäftigten, die

1. das 18. Lebensjahr noch nicht vollendet haben (jugendliche Beschäftigte) oder
2. Dienstanfänger, Beamte im Vorbereitungsdienst oder Auszubildende sind.

[2]Art. 13 gilt entsprechend.

(2) [1]Wählbar sind die wahlberechtigten Beschäftigten im Sinn von Absatz 1 und die nach Art. 13 wahlberechtigten Beschäftigten, die am Wahltag noch nicht das 27. Lebensjahr vollendet haben. [2]Art. 14 Abs. 1 Satz 1 Buchst. a, Sätze 2 und 3, Abs. 2 und 3 gelten entsprechend. [3]Die Mitglieder der Personalvertretung können nicht zu Mitgliedern der Jugend- und Auszubildendenvertretung gewählt werden.

3

Art. 59 Größe und Zusammensetzung

(1) Die Jugend- und Auszubildendenvertretung besteht in Dienststellen mit in der Regel

- 5 bis 20 Beschäftigten im Sinn von Art. 58 Abs. 1 aus einem Mitglied,
- 21 bis 50 Beschäftigten im Sinn von Art. 58 Abs. 1 aus drei Mitgliedern,
- 51 bis 200 Beschäftigten im Sinn von Art. 58 Abs. 1 aus fünf Mitgliedern,
- mehr als 200 Beschäftigten im Sinn von Art. 58 Abs. 1 aus sieben Mitgliedern.

(2) Die Jugend- und Auszubildendenvertretung soll sich aus Vertretern der verschiedenen Beschäftigungsarten der der Dienststelle angehörenden Beschäftigten im Sinn von Art. 58 Abs. 1 zusammensetzen.

(3) Frauen und Männer sollen bei der Jugend- und Auszubildendenvertretung entsprechend ihrem Anteil an den nach Art. 58 Wahlberechtigten berücksichtigt werden.

Art. 60 Wahlvorstand; Wahl; Amtszeit; Vorsitz

(1) [1]Der Personalrat bestellt den Wahlvorstand und seinen Vorsitzenden. [2]Art. 19 Abs. 1, 3, 4 Sätze 1 und 2, Abs. 5, 7, 8 und 9, Art. 24 Abs. 1 und 2 und Art. 25 gelten entsprechend.

(2) [1]Die regelmäßige Amtszeit der Jugend- und Auszubildendenvertretung beträgt zwei Jahre und sechs Monate. [2]Die regelmäßige Wahl der Jugend- und Auszubildendenvertretung findet alle zwei Jahre sechs Monate in der Zeit vom 1. Mai bis 31. Juli des Jahres, in dem regelmäßige Personalratswahlen nach Art. 26 Abs. 3 stattfinden, bzw. in der Zeit vom 1. November des Jahres, in dem zwei Jahre der Amtszeit der regelmäßig auf fünf Jahre gewählten Personalräte verstrichen sind, bis 31. Januar des Folgejahres (Zwischentermin) statt. [3]Die Amtszeit der Jugend- und Auszubildendenvertretung endet am 31. Juli des Jahres, in dem nach Art. 26 Abs. 3 regelmäßige Personalratswahlen stattfinden,

bzw. bei Wahlen der Jugend- und Auszubildendenvertretung zu einem Zwischentermin am 31. Januar des Jahres, in dem drei Jahre der Amtszeit der regelmäßig auf fünf Jahre gewählten Personalräte verstrichen sind. [4]Für eine außerhalb des regelmäßigen Wahlzeitraums gewählte Jugend- und Auszubildendenvertretung endet die Amtszeit zum nächsten regelmäßigen Ende der Amtszeit der Jugend- und Auszubildendenvertretungen nach Maßgabe von Satz 3. [5]Art. 26 Abs. 1 Satz 2, Art. 27 Abs. 1 Buchst. b bis d, Abs. 2, Abs. 5, Art. 27a bis 29 Abs. 1 Buchst. d und f bis Art. 31 gelten sinngemäß.

(3) [1]Besteht die Jugend- und Auszubildendenvertretung aus drei oder mehr Mitgliedern, so wählt sie aus ihrer Mitte einen Vorsitzenden und dessen Stellvertreter. [2]Frauen und Männer sollen dabei gleichermaßen berücksichtigt werden.

Art. 61 Befugnisse

(1) Die Befugnisse der Jugend- und Auszubildendenvertretung gegenüber dem Personalrat bestimmen sich nach Art. 34 Abs. 3, Art. 39 und 40.

(2) [1]Die Jugend- und Auszubildendenvertretung kann nach Verständigung des Personalrats Sitzungen abhalten; Art. 34 Abs. 1 und 2, Art. 35 Sätze 1 und 2 und Art. 37 gelten sinngemäß. [2]Der Leiter der Dienststelle ist durch den Personalrat vom Zeitpunkt der Sitzung vorher zu verständigen. [3]An den Sitzungen kann ein vom Personalrat beauftragtes Personalratsmitglied teilnehmen.

Art. 62 Entsprechende Anwendung von Vorschriften

[1]Für die Jugend- und Auszubildendenvertretung gelten Art. 32 Abs. 3 Satz 1, Art. 43 bis 45, Art. 46 Abs. 1, 2 und 3 Sätze 1 und 5, Abs. 5, Art. 47 Abs. 1 und Art. 68 Abs. 1 Satz 2 sinngemäß. [2]Art. 47 gilt entsprechend mit der Maßgabe, daß die außerordentliche Kündigung, die Versetzung und Abordnung von Mitgliedern der Jugend- und Auszubildendenvertretung der Zustimmung des Personalrats bedürfen. [3]Für Mitglieder des Wahlvorstands und Wahlbewerber gelten Art. 47 Abs. 1, 2, 3 Sätze 1 und 2 entsprechend.

Art. 63 Jugend- und Auszubildendenversammlung

[1]Die Jugend- und Auszubildendenvertretung hat einmal in jedem Kalenderjahr eine Jugend- und Auszubildendenversammlung durchzuführen. [2]Diese soll möglichst unmittelbar vor oder nach einer ordentlichen Personalversammlung stattfinden. [3]Sie wird vom Vorsitzenden der Jugend- und Auszubildendenvertretung geleitet. [4]Der Personalratsvorsitzende oder ein vom Personalrat beauftragtes anderes Mitglied soll an der Jugend- und Auszubildendenversammlung teilnehmen. [5]Die für die Personalversammlung geltenden Vorschriften sind sinngemäß anzuwenden.

Art. 64 Jugend- und Auszubildendenstufenvertretungen; Gesamt-Jugend- und Auszubildendenvertretung

(1) [1]Für den Geschäftsbereich mehrstufiger Verwaltungen werden, soweit Stufenvertretungen bestehen, bei den Behörden der Mittelstufe Bezirksjugend- und Auszubildendenvertretungen und bei den obersten Dienstbehörden Haupt-

jugend- und Auszubildendenvertretungen gebildet; Art. 43 findet keine Anwendung. [2]Für die Jugend- und Auszubildendenstufenvertretungen gelten Art. 53 Abs. 2 Satz 1 und Abs. 4, Art. 53a, Art. 54 Abs. 1 Satz 2, Art. 57 bis 62 entsprechend.

(2) [1]Soweit gemäß Art. 6 Abs. 3 und Abs. 5 Sätze 2 und 3 einzelne Dienststellen gebildet werden, wird neben den einzelnen Jugend- und Auszubildendenvertretungen eine Gesamtjugend- und Auszubildendenvertretung gebildet. [2]Absatz 1 Satz 2 gilt entsprechend.

Vierter Teil
Beteiligung der Personalvertretung

Erster Abschnitt
Allgemeines

Art. 65 und 66 (weggefallen)

Art. 67 Grundsätze für die Zusammenarbeit

(1) [1]Der Leiter der Dienststelle und die Personalvertretung sollen einmal im Monat, bei Bedarf auch öfter, zu gemeinschaftlichen Besprechungen zusammentreten. [2]In ihnen soll auch die Gestaltung des Dienstbetriebs behandelt werden, insbesondere alle Vorgänge, die die Beschäftigten wesentlich berühren. [3]Sie haben über strittige Fragen mit dem ernsten Willen zur Einigung zu verhandeln und Vorschläge für die Beilegung von Meinungsverschiedenheiten zu machen. [4]Der Personalrat hat zur gemeinschaftlichen Besprechung

1. die Schwerbehindertenvertretung,
2. die Jugend- und Auszubildendenvertretung, wenn Angelegenheiten behandelt werden, die besonders Beschäftigte im Sinn vom Art. 58 Abs. 1 betreffen,

beizuziehen.

(2) [1]Dienststelle und Personalvertretung haben alles zu unterlassen, was geeignet ist, die Arbeit und den Frieden der Dienststelle zu gefährden. [2]Insbesondere dürfen Dienststellen und Personalvertretung keine Maßnahmen des Arbeitskampfes gegeneinander durchführen. [3]Arbeitskämpfe tariffähiger Parteien werden hierdurch nicht berührt.

(3) Außenstehende Stellen dürfen erst angerufen werden, nachdem eine Einigung in der Dienststelle nicht erzielt worden ist.

Art. 68 Diskriminierungsverbot und Neutralitätsgebot

(1) [1]Dienststelle und Personalvertretung haben dafür zu sorgen, daß alle in der Dienststelle tätigen Personen nach Recht und Billigkeit behandelt werden, insbesondere, daß jede unterschiedliche Behandlung von Personen wegen ihrer Abstammung, Religion, Nationalität, Herkunft, politischen oder gewerkschaft-

3

lichen Betätigung oder Einstellung oder wegen ihres Geschlechtes unterbleibt. [2]Der Leiter der Dienststelle und die Personalvertretung dürfen sich in der Dienststelle nicht parteipolitisch betätigen; die Behandlung von Tarif-, Besoldungs- und Sozialangelegenheiten wird dadurch nicht berührt.

(2) Soweit sich Beschäftigte, die Aufgaben nach diesem Gesetz wahrnehmen, auch in der Dienststelle für ihre Gewerkschaft betätigen, müssen sie sich so verhalten, daß das Vertrauen der Verwaltungsangehörigen in die Objektivität und Neutralität ihrer Amtsführung nicht beeinträchtigt wird.

(3) Die Personalvertretung hat sich für die Wahrung der Vereinigungsfreiheit der Beschäftigten einzusetzen.

Art. 69 Allgemeine Aufgaben; Informationsrecht; Teilnahme an Prüfungen

(1) Der Personalrat hat folgende allgemeine Aufgaben:

a) Maßnahmen, die der Dienststelle und ihren Angehörigen dienen, zu beantragen,

b) dafür zu sorgen, daß die zugunsten der Beschäftigten geltenden Gesetze, Verordnungen, Tarifverträge, Dienstvereinbarungen und Verwaltungsanordnungen durchgeführt werden,

c) Anregungen und Beschwerden von Beschäftigten entgegenzunehmen und, falls sie berechtigt erscheinen, durch Verhandlung mit dem Leiter der Dienststelle auf ihre Erledigung hinzuwirken,

d) die Eingliederung Schwerbehinderter und sonstiger schutzbedürftiger, insbesondere älterer Personen in die Dienststelle zu fördern und für eine ihren Fähigkeiten und Kenntnissen entsprechende Beschäftigung zu sorgen; die Schwerbehindertenvertretung ist vor einer Entscheidung zu hören,

e) Maßnahmen zur beruflichen Förderung Schwerbehinderter zu beantragen; die Schwerbehindertenvertretung ist vor einer Entscheidung zu hören,

f) die Eingliederung ausländischer Beschäftigter in die Dienststelle und das Verständnis zwischen ihnen und den deutschen Beschäftigten zu fördern,

g) mit der Jugend- und Auszubildendenvertretung zur Förderung der Belange der Beschäftigten im Sinn von Art. 58 Abs. 1 eng zusammenzuarbeiten,

h) bei Einstellung, Beschäftigung, Aus-, Fort- und Weiterbildung und beim beruflichen Fortkommen auf die Gleichbehandlung von Frauen und Männern zu achten und entsprechende Maßnahmen zu beantragen.

(2) [1]Der Personalrat ist zur Durchführung seiner Aufgaben rechtzeitig und umfassend zu unterrichten. [2]Ihm sind die hierfür erforderlichen Unterlagen zur Verfügung zu stellen. [3]Bei einer Einstellung, Beförderung und Übertragung der Dienstaufgaben eines anderen Amtes mit höherem Endgrundgehalt oder höherer Amtszulage für eine Dauer von mehr als sechs Monaten kann der Personalrat auch die zur Erfüllung seiner Aufgaben erforderliche Vorlage von Bewerbungsunterlagen verlangen. [4]Von dienstlichen Beurteilungen ist nur die

abschließende Bewertung bekanntzugeben. [5]Sofern für eine Auswahlentscheidung eine Binnendifferenzierung nach Art. 16 Abs. 2, Art. 17 Abs. 7 LlbG vorzunehmen ist, sind auch die Bewertungen der wesentlichen Beurteilungskriterien mitzuteilen. [6]Personalakten dürfen nur mit schriftlicher Zustimmung des Beschäftigten und nur von einem von ihm bestimmten Mitglied des Personalrats eingesehen werden.

(3) [1]Zu Anträgen und Vorschlägen des Personalrats soll der Dienststellenleiter innerhalb von vier Wochen Stellung nehmen. [2]Entspricht die Dienststelle einem Antrag des Personalrats nicht, so ist die Ablehnung auf einem dauerhaften Datenträger zu begründen.

(4) [1]Bei Prüfungen, die eine Dienststelle von den Beschäftigten ihres Bereichs abnimmt, kann ein Mitglied der für diesen Bereich zuständigen Personalvertretung, das von dieser benannt ist, mit beratender Stimme teilnehmen. [2]Dies gilt nicht für Prüfungen an Hochschulen sowie für die Teilnahme an der Beratung des Prüfungsergebnisses. [3]Satz 1 gilt auch für Prüfungen, die oberste Dienstbehörden für ihren Geschäftsbereich und gleichzeitig für andere Dienststellen abhalten.

3

Zweiter Abschnitt
Formen und Verfahren der Mitbestimmung und Mitwirkung

Art. 70 Mitbestimmungsverfahren

(1) [1]Soweit eine Maßnahme der Mitbestimmung des Personalrats unterliegt (Art. 75, 75a Abs. 1), kann sie nur mit seiner Zustimmung getroffen werden. [2]Das gilt, ausgenommen in den Fällen des Art. 75 Abs. 1, auch, soweit eine Maßnahme nur als Versuch oder zur Erprobung durchgeführt werden soll. [3]Die beabsichtigte Maßnahme ist auf Antrag des Personalrats vor der Durchführung mit dem Ziel einer Verständigung eingehend mit ihm zu erörtern. [4]Bei Gemeinden und Gemeindeverbänden, sonstigen Körperschaften, Anstalten und Stiftungen des öffentlichen Rechts soll die Mitbestimmung des Personalrats erfolgen, bevor das zuständige Organ endgültig entscheidet. [5]Der Beschluß des Personalrats ist dem zuständigen Organ zur Kenntnis zu bringen.

(2) [1]Der Leiter der Dienststelle unterrichtet den Personalrat auf einem dauerhaften Datenträger von der beabsichtigten Maßnahme und beantragt seine Zustimmung. [2]Die Gründe für die beabsichtigte Maßnahme sind anzugeben, es sei denn, sie sind offenkundig, der Personalrat verzichtet darauf oder der Unterrichtungsanspruch ist rechtlich begrenzt. [3]Der Beschluß des Personalrats über die beantragte Zustimmung ist dem Leiter der Dienststelle innerhalb von zwei Wochen bzw. bei einem Beschluss des bei einem nicht als Mittelbehörde geltenden Polizeipräsidium gebildeten Personalrats innerhalb von drei Wochen mitzuteilen. [4]In dringenden Fällen kann der Leiter der Dienststelle diese Frist auf eine Woche abkürzen. [5]Die Maßnahme gilt als gebilligt, wenn nicht der Personalrat innerhalb der genannten Frist die Zustimmung unter Angabe der Gründe auf einem dauerhaften Datenträger verweigert. [6]Soweit der Personal-

rat dabei Beschwerden oder Behauptungen tatsächlicher Art vorträgt, die für einen Beschäftigten ungünstig sind oder ihm nachteilig werden können, hat der Leiter der Dienststelle dem Beschäftigten Gelegenheit zur Äußerung zu geben; die Äußerung ist aktenkundig zu machen.

(3) Der Leiter der Dienststelle teilt dem Personalrat auf einem dauerhaften Datenträger mit, wenn die Dienststelle eine Maßnahme, die der Personalrat gebilligt hat oder die nach Absatz 2 Satz 5 als gebilligt gilt, nicht durchführt.

(4) [1]Kommt eine Einigung nicht zustande, so kann der Leiter der Dienststelle oder der Personalrat die Angelegenheit binnen zwei Wochen auf dem Dienstweg den übergeordneten Dienststellen, bei denen Stufenvertretungen bestehen, vorlegen. [2]Bei Gemeinden und Gemeindeverbänden, sonstigen Körperschaften, Anstalten und Stiftungen des öffentlichen Rechts mit einem Gesamtpersonalrat ist die Angelegenheit der Dienststelle vorzulegen, bei der der Gesamtpersonalrat besteht. [3]In Zweifelsfällen bestimmt die Aufsichtsbehörde die anzurufende Stelle. [4]Absatz 2 gilt entsprechend. [5]Legt der Leiter der Dienststelle die Angelegenheit nach Satz 1 der übergeordneten Dienststelle vor, teilt er dies dem Personalrat mit. [6]Legt der Personalrat die Angelegenheit der übergeordneten Dienststelle vor, unterrichtet er den Leiter der Dienststelle.

(5) [1]Ergibt sich zwischen der obersten Dienstbehörde und der bei ihr bestehenden zuständigen Personalvertretung keine Einigung, so entscheidet die Einigungsstelle (Art. 71). [2]Die Einigungsstelle soll binnen zwei Monaten nach der Erklärung eines der Beteiligten, die Entscheidung der Einigungsstelle herbeiführen zu wollen, entscheiden. [3]Die oberste Dienstbehörde kann einen Beschluss der Einigungsstelle gemäß Satz 1, der wegen seiner Auswirkungen auf das Gemeinwesen wesentlicher Bestandteil der Regierungsgewalt ist, innerhalb von vier Wochen nach dessen Zugang aufheben und endgültig entscheiden. [4]Die Aufhebung ist den Beteiligten bekannt zu geben und auf einem dauerhaften Datenträger zu begründen.

(6) [1]In den Fällen des Art. 75 Abs. 1 und 4 Satz 1 Nrn. 7, 10, 11 und 13 sowie Art. 75a Abs. 1 beschließt die Einigungsstelle abweichend von Abs. 5 Satz 1 eine Empfehlung an die oberste Dienstbehörde, wenn sie sich deren Auffassung nicht anschließt. [2]Die oberste Dienstbehörde entscheidet sodann endgültig.

(7) [1]Der Leiter der Dienststelle kann bei Maßnahmen, die der Natur der Sache nach keinen Aufschub dulden, bis zur endgültigen Entscheidung vorläufige Regelungen treffen. [2]Er hat dem Personalrat die vorläufige Regelung mitzuteilen und zu begründen und unverzüglich das Verfahren nach den Absätzen 2, 4 und 5 einzuleiten oder fortzusetzen.

Art. 70a Initiativrecht

(1) [1]Beantragt der Personalrat eine Maßnahme, die nach Art. 75 Abs. 4 Satz 1 Nrn. 1 bis 6, 8 und 9 seiner Mitbestimmung unterliegt, so hat er sie auf einem dauerhaften Datenträger dem Leiter der Dienststelle vorzuschlagen. [2]Entspricht der Leiter der Dienststelle dem Antrag nicht oder nicht in vollem Umfang, so

teilt er dem Personalrat seine unverzüglich zu treffende Entscheidung unter Angabe der Gründe auf einem dauerhaften Datenträger mit. [3]Das weitere Verfahren bestimmt sich nach Art. 70 Abs. 4 und 5.

(2) [1]Beantragt der Personalrat eine Maßnahme, die nach Art. 75 Abs. 1 Satz 1 Nrn. 2, 4 und 9, Abs. 4 Satz 1 Nr. 7 oder nach Art. 75a Abs. 1 seiner Mitbestimmung unterliegt, so gelten Absatz 1 Sätze 1 und 2 entsprechend. [2]Entspricht der Leiter der Dienststelle dem Antrag nicht, so bestimmt sich das weitere Verfahren nach Art. 70 Abs. 4; die oberste Dienstbehörde entscheidet endgültig.

(3) [1]Beantragt der Personalrat eine Maßnahme, die nach Art. 76 Abs. 2 Nrn. 1 bis 3 seiner Mitwirkung unterliegt, so hat er sie auf einem dauerhaften Datenträger dem Leiter der Dienststelle vorzuschlagen. [2]Absatz 1 Satz 2 gilt entsprechend. [3]Das weitere Verfahren bestimmt sich nach Art. 72 Abs. 4.

Art. 71 Einigungsstelle

(1) [1]Die Einigungsstelle wird von Fall zu Fall bei der obersten Dienstbehörde gebildet. [2]Sie besteht aus je drei Beisitzern, die von der obersten Dienstbehörde und der bei ihr bestehenden zuständigen Personalvertretung bestellt werden, und einem unparteiischen Vorsitzenden, auf dessen Person sich beide Seiten einigen. [3]Die Beisitzer sind unverzüglich zu bestellen, sobald einer der Beteiligten erklärt hat, die Entscheidung der Einigungsstelle herbeiführen zu wollen. [4]Der Einigungsstelle sollen Frauen und Männer angehören. [5]Der Vorsitzende muß die Befähigung zum Richteramt besitzen oder die Voraussetzungen des § 110 Satz 1 des Deutschen Richtergesetzes erfüllen. [6]Die Beisitzer müssen als Beamte oder Arbeitnehmer dem öffentlichen Dienst angehören. [7]Unter den Beisitzern, die von der Personalvertretung bestellt werden, muß sich je ein Beamter und ein Arbeitnehmer befinden; betrifft die Angelegenheit nur die Beamten oder die im Arbeitsverhältnis stehenden Beschäftigten, kann die Personalvertretung die drei Beisitzer aus der betroffenen Gruppe bestellen. [8]Kommt eine Einigung über die Person des Vorsitzenden nicht zustande, so bestellt ihn der Präsident des Verwaltungsgerichtshofs.

(2) [1]Die Verhandlung ist nicht öffentlich. [2]Der obersten Dienstbehörde und der zuständigen Personalvertretung ist Gelegenheit zur mündlichen Äußerung zu geben. [3]Im Einvernehmen mit den Beteiligten kann die Äußerung auf einem dauerhaften Datenträger erfolgen.

(3) [1]Die Einigungsstelle entscheidet durch Beschluß. [2]Sie kann den Anträgen der Beteiligten auch teilweise entsprechen. [3]Der Beschluß wird mit Stimmenmehrheit gefaßt. [4]Er muß sich im Rahmen der geltenden Rechtsvorschriften, insbesondere des Haushaltsrechts, halten.

(4) Bestellt die oberste Dienstbehörde oder der zuständige Personalrat keine Beisitzer oder bleiben die von einer Seite bestellten Beisitzer trotz rechtzeitiger Einladung der Sitzung fern, so entscheiden der Vorsitzende und die erschienenen Beisitzer nach Maßgabe des Absatzes 3 allein.

(5) [1]Der Beschluß ist den Beteiligten zuzustellen. [2]Er bindet, abgesehen von den Fällen des Art. 70 Abs. 6, die Beteiligten, soweit er eine Entscheidung im Sinn des Absatzes 3 enthält.

(6) Art. 44 Abs. 1 und 2 und Art. 46 Abs. 2 gelten entsprechend.

Art. 72 Mitwirkungsverfahren

(1) [1]Soweit der Personalrat an Entscheidungen mitwirkt (Art. 76 Abs. 1 und 2, Art. 77 Abs. 1), ist die beabsichtigte Maßnahme vor der Durchführung mit dem Ziel einer Verständigung rechtzeitig und eingehend mit ihm zu erörtern. [2]Dies gilt auch, soweit eine Maßnahme nur als Versuch oder zur Erprobung durchgeführt werden soll. [3]Art. 70 Abs. 1 Sätze 4 und 5 gelten entsprechend.

(2) [1]Äußert sich der Personalrat nicht innerhalb von zwei Wochen bzw. äußert sich der bei einem nicht als Mittelbehörde geltenden Polizeipräsidium gebildete Personalrat nicht innerhalb von drei Wochen oder hält er bei Erörterungen seine Einwendungen oder Vorschläge nicht aufrecht, so gilt die beabsichtigte Maßnahme als gebilligt. [2]Erhebt der Personalrat Einwendungen, so hat er dem Leiter der Dienststelle die Gründe mitzuteilen. [3]Art. 70 Abs. 2 Satz 6 gilt entsprechend.

(3) [1]Entspricht die Dienststelle den Einwendungen des Personalrats nicht oder nicht in vollem Umfang, so teilt sie dem Personalrat ihre Entscheidung unter Angabe der Gründe auf einem dauerhaften Datenträger mit. [2]Eine Mitteilung auf einem dauerhaften Datenträger erfolgt auch dann, wenn die Dienststelle eine Maßnahme, die der Personalrat gebilligt hat oder die nach Absatz 2 Satz 1 als gebilligt gilt, nicht durchführt.

(4) [1]Der Personalrat einer nachgeordneten Dienststelle kann die Angelegenheit innerhalb von zwei Wochen, in den Fällen des Art. 77 Abs. 1 binnen einer Woche nach Zugang der Mitteilung auf dem Dienstweg den übergeordneten Dienststellen, bei denen Stufenvertretungen bestehen, mit dem Antrag auf Entscheidung vorlegen. [2]Diese entscheiden nach Verhandlung mit der bei ihnen bestehenden Stufenvertretung. [3]Art. 70 Abs. 4 Sätze 2 und 3 gelten entsprechend.

(5) Ist ein Antrag gemäß Absatz 4 gestellt, so ist die beabsichtigte Maßnahme bis zur Entscheidung der angerufenen Dienststelle auszusetzen.

(6) Art. 70 Abs. 7 gilt entsprechend.

Art. 73 Dienstvereinbarungen

(1) [1]Dienstvereinbarungen sind, soweit eine gesetzliche oder tarifliche Regelung nicht besteht, in den Fällen der Art. 75 Abs. 4, Art. 75a Abs. 1 und Art. 76 Abs. 1 Satz 1 Nr. 2, 7, 8 und 10 und Abs. 2 Nrn. 1 bis 3 zulässig. [2]Arbeitsentgelte und sonstige Arbeitsbedingungen, die üblicherweise durch Tarifvertrag geregelt werden, können nicht Gegenstand einer Dienstvereinbarung sein; dies gilt nicht, wenn ein Tarifvertrag den Abschluß ergänzender Dienstvereinbarungen ausdrücklich zuläßt. [3]Dienstvereinbarungen sind ferner zulässig für Regelungen

zur Umsetzung des § 167 Abs. 2 SGB IX, des betrieblichen Gesundheitsmanagements und für Regelungen nach §§ 7 und 12 des Arbeitszeitgesetzes, soweit ein Tarifvertrag dies vorsieht.

(2) [1]Dienstvereinbarungen werden durch Dienststelle und Personalrat gemeinsam beschlossen. [2]Sie sind von beiden Seiten zu unterzeichnen und in geeigneter Weise bekanntzumachen.

(3) Dienstvereinbarungen, die für einen größeren Bereich gelten, gehen den Dienstvereinbarungen für einen kleineren Bereich vor.

(4) [1]Dienstvereinbarungen können, soweit nichts anderes vereinbart ist, mit einer Frist von drei Monaten gekündigt werden. [2]Nach Ablauf einer Dienstvereinbarung gelten ihre Regelungen weiter, wenn und soweit dies ausdrücklich vereinbart worden ist.

Art. 74 Durchführung von Entscheidungen

(1) Entscheidungen, an denen der Personalrat beteiligt war, führt die Dienststelle durch, es sei denn, daß im Einzelfall etwas anderes vereinbart ist.

(2) Der Personalrat darf nicht durch einseitige Handlungen in den Dienstbereich eingreifen.

Dritter Abschnitt
Angelegenheiten, in denen der Personalrat zu beteiligen ist

Art. 75 Mitbestimmung in Personal- und Sozialangelegenheiten

(1) [1]Der Personalrat hat mitzubestimmen in Personalangelegenheiten bei

1. Einstellung – mit Ausnahme der Fälle, in denen das Beamtenverhältnis nach Ablegung der Qualifikationsprüfung auf Grund von Rechtsvorschriften endet (§ 22 Abs. 4 des Beamtenstatusgesetzes – BeamtStG –, Art. 29 Abs. 1 LlbG) und der Vorbereitungsdienst eine allgemeine Ausbildungsstätte im Sinn des Art. 12 Abs. 1 Satz 1 des Grundgesetzes ist –, Ablehnung der Ernennung zum Beamten auf Lebenszeit;
2. Beförderung im Sinn des Art. 2 Abs. 2 LlbG, Übertragung eines Amtes im Wege der Ausbildungsqualifizierung (Art. 37 LlbG);
3. Übertragung der Dienstaufgaben eines anderen Amtes mit höherem oder niedrigerem Endgrundgehalt oder höherer oder niedrigerer Amtszulage für eine Dauer von mehr als sechs Monaten, Zulassung zur Ausbildungsqualifizierung (Art. 37 LlbG), Teilnahme an der modularen Qualifizierung (Art. 20 LlbG);

3a. Eingruppierung;

4. Höhergruppierung, Übertragung einer höher zu bewertenden Tätigkeit für eine Dauer von mehr als sechs Monaten;
5. Rückgruppierung, Übertragung einer niedriger zu bewertenden Tätigkeit für eine Dauer von mehr als sechs Monaten;

6. Versetzung, Umsetzung innerhalb der Dienststelle, wenn sie mit einem Wechsel des Dienstorts verbunden ist (das Einzugsgebiet im Sinn des Umzugskostenrechts gehört zum Dienstort);
7. Abordnung für eine Dauer von mehr als drei Monaten, es sei denn, daß der Beschäftigte mit der Abordnung einverstanden ist;
8. Hinausschiebung des Eintritts in den Ruhestand wegen Erreichens der Altersgrenze;
9. Weiterbeschäftigung von Arbeitnehmern über die Altersgrenze hinaus;
10. Anordnungen, welche die Freiheit in der Wahl der Wohnung beschränken;
11. Versagung oder Widerruf der Genehmigung einer Nebentätigkeit, soweit es sich nicht um Beschäftigte handelt, bei deren Einstellung das Mitbestimmungsrecht des Personalrats nach Nummer 1 ausgeschlossen ist;
12. Ablehnung eines Antrags auf Teilzeitbeschäftigung, Ermäßigung der Arbeitszeit oder Urlaub oder Widerruf einer genehmigten Teilzeitbeschäftigung;
13. Geltendmachung von Ersatzansprüchen gegen einen Beschäftigten;
14. Zuweisung nach § 20 BeamtStG oder einer entsprechenden tarifrechtlichen Regelung für eine Dauer von mehr als drei Monaten

[2]Bei der Geltendmachung von Ersatzansprüchen gegen einen Beschäftigten (Satz 1 Nr. 13) wird der Personalrat nur auf Antrag des Beschäftigten beteiligt; dieser ist von der beabsichtigten Maßnahme rechtzeitig vorher in Kenntnis zu setzen.

(2) Der Personalrat kann die Zustimmung zu einer Maßnahme nach Absatz 1 nur verweigern, wenn

1. die Maßnahme gegen ein Gesetz, eine Verordnung, eine Bestimmung in einem Tarifvertrag, eine gerichtliche Entscheidung oder eine Verwaltungsanordnung oder gegen eine Richtlinie im Sinn des Absatzes 4 Satz 1 Nr. 13 verstößt oder
2. die durch Tatsachen begründete Besorgnis besteht, daß durch die Maßnahme der betroffene Beschäftigte oder andere Beschäftigte benachteiligt werden, ohne daß dies aus dienstlichen oder persönlichen Gründen gerechtfertigt ist oder
3. die durch Tatsachen begründete Besorgnis besteht, daß der Beschäftigte oder Bewerber den Frieden in der Dienststelle durch unsoziales oder gesetzwidriges Verhalten stören werde.

(3) [1]Der Personalrat hat mitzubestimmen in sozialen Angelegenheiten bei

1. Gewährung von Unterstützungen, Vorschüssen, Darlehen und entsprechenden sozialen Zuwendungen, wenn der Beschäftigte es beantragt;
2. Zuweisung und Kündigung von Wohnungen, über die die Dienststelle verfügt;
3. Zuweisung von Dienst- und Pachtland und Festsetzung der Nutzungsbedingungen.

[2]In den Fällen des Satzes 1 Nr. 1 bestimmt auf Verlangen des Antragstellers nur der Vorstand des Personalrats mit. [3]Die Dienststelle hat dem Personalrat nach Abschluß jedes Kalenderjahres einen Überblick über die Unterstützungen und entsprechenden sozialen Zuwendungen zu geben. [4]Dabei sind die Anträge und die Leistungen gegenüberzustellen. [5]Auskunft über die von den Antragstellern angeführten Gründe wird hierbei nicht erteilt.

(4) [1]Der Personalrat hat, soweit eine gesetzliche oder tarifliche Regelung nicht besteht, ferner mitzubestimmen über

1. Beginn und Ende der täglichen Arbeitszeit und der Pausen sowie die Verteilung der Arbeitszeit auf die einzelnen Wochentage;
2. Zeit, Ort und Art der Auszahlung der Besoldung und Arbeitsentgelte;
3. Aufstellung des Urlaubsplans;
4. Fragen der Lohngestaltung innerhalb der Dienststelle, insbesondere die Aufstellung von Entlohnungsgrundsätzen, die Einführung und Anwendung von neuen Entlohnungsmethoden und deren Änderung sowie die Festsetzung der Akkord- und Prämiensätze und vergleichbarer leistungsbezogener Entgelte, einschließlich der Geldfaktoren;
5. Errichtung, Verwaltung und Auflösung von Sozialeinrichtungen ohne Rücksicht auf ihre Rechtsform;
6. Durchführung der Berufsausbildung bei Arbeitnehmern;
7. Bestellung und Abberufung von Vertrauens- und Betriebsärzten, Fachkräften für Arbeitssicherheit und Sicherheitsbeauftragten;
8. Maßnahmen zur Verhütung von Dienst- und Arbeitsunfällen und sonstigen Gesundheitsschädigungen;
9. Grundsätze über die Bewertung von anerkannten Vorschlägen im Rahmen des betrieblichen Vorschlagswesens;
10. Inhalt von Personalfragebogen;
11. Beurteilungsrichtlinien;
12. Aufstellung von Sozialplänen einschließlich Plänen für Umschulungen zum Ausgleich oder zur Milderung von wirtschaftlichen Nachteilen, die dem Beschäftigten infolge von Rationalisierungsmaßnahmen entstehen;
13. Erlaß von Richtlinien über die personelle Auswahl bei Einstellungen, Versetzungen, Umgruppierungen und Kündigungen.

[2]Muß für Gruppen von Beschäftigten die tägliche Arbeitszeit (Satz 1 Nr. 1) nach Erfordernissen, die die Dienststelle nicht voraussehen kann, unregelmäßig und kurzfristig festgesetzt werden, so beschränkt sich die Mitbestimmung auf die Grundsätze für die Aufstellung der Dienstpläne.

Art. 75a Mitbestimmung bei technischen Einrichtungen und automatisierten Verfahren

(1) Der Personalrat hat, soweit eine gesetzliche oder tarifliche Regelung nicht besteht, mitzubestimmen bei

1. Einführung, Anwendung und erheblicher Änderung technischer Einrichtungen zur Überwachung des Verhaltens oder der Leistung der Beschäftigten,
2. Einführung, Anwendung und erheblicher Änderung von automatisierten Verfahren zur Personalverwaltung.

(2) [1]Der Personalrat ist von der Erteilung von Aufträgen für Organisationsuntersuchungen, die Maßnahmen nach Absatz 1 vorausgehen, rechtzeitig und umfassend zu unterrichten. [2]Das Ergebnis dieser Organisationsuntersuchungen ist mit ihm zu erörtern.

3

Art. 76 Mitwirkung in Personal-, Sozial- und Organisationsangelegenheiten

(1) [1]Der Personalrat wirkt mit in sozialen und persönlichen Angelegenheiten bei

1. Vorbereitung von Verwaltungsanordnungen einer Dienststelle für die innerdienstlichen sozialen oder persönlichen Angelegenheiten der Beschäftigten ihres Geschäftsbereichs;
2. Regelung der Ordnung in der Dienststelle und des Verhaltens der Beschäftigten;
3. Erlaß von Disziplinarverfügungen und bei Erhebung der Disziplinarklage gegen einen Beamten, wenn dem Disziplinarverfahren eine auf den gleichen Tatbestand gestützte Disziplinarverfügung nicht vorausgegangen ist;
4. Verlängerung der Probezeit;
5. Entlassung von Beamten auf Probe oder auf Widerruf oder bei Entlassung aus einem öffentlich-rechtlichen Ausbildungsverhältnis, wenn die Entlassung nicht vom Beschäftigten selbst beantragt wurde;
6. vorzeitiger Versetzung in den Ruhestand, Versagung der vorzeitigen Versetzung in den Ruhestand und bei Feststellung der begrenzten Dienstfähigkeit;
7. allgemeinen Fragen der Fortbildung der Beschäftigten;
8. Aufstellung von Grundsätzen für die Auswahl von Teilnehmern an Fortbildungsveranstaltungen;
9. Bestellung und Abberufung von Beauftragten nach § 98 des Neunten Buches Sozialgesetzbuch und von Gleichstellungsbeauftragten sowie Ansprechpartnern;
10. Maßnahmen zur Förderung der Familienfreundlichkeit der Arbeitsbedingungen.

²Satz 1 Nr. 2 gilt nicht für Polizei, Berufsfeuerwehr und Strafvollzug im Fall eines Notstands. ³In den Fällen von Satz 1 Nrn. 3 bis 6 wird der Personalrat nur auf Antrag des Beschäftigten beteiligt; in diesen Fällen ist der Beschäftigte von der beabsichtigten Maßnahme rechtzeitig vorher in Kenntnis zu setzen. ⁴Im Fall des Satzes 1 Nr. 3 kann der Beschäftigte die Beteiligung desjenigen Personalrats beantragen, der an der Dienststelle, der der betroffene Beschäftigte angehört, gebildet ist; in den Fällen des Art. 80 Abs. 2 und 3 kann der Beschäftigte stattdessen die Beteiligung der danach bestimmten Personalvertretung beantragen. ⁵Der Personalrat kann bei der Mitwirkung nach Satz 1 Nr. 3 Einwendungen auf die in Art. 75 Abs. 2 Nrn. 1 und 2 bezeichneten Gründe stützen.

(2) Der Personalrat wirkt mit bei

1. Einführung grundlegend neuer Arbeitsmethoden;
2. Maßnahmen zur Hebung der Arbeitsleistung und zur Erleichterung des Arbeitsablaufs;
3. Gestaltung der Arbeitsplätze;
4. Auflösung, Verlegung und Zusammenlegung von Dienststellen oder wesentlichen Teilen von ihnen;
5. Aufstellung von Grundsätzen für die Personalbedarfsberechnung.

(3) ¹Vor der Weiterleitung von Personalanforderungen zum Haushaltsvoranschlag ist der Personalrat anzuhören. ²Gibt der Personalrat einer nachgeordneten Dienststelle zu den Personalanforderungen eine Stellungnahme ab, so ist diese mit den Personalanforderungen der übergeordneten Dienststelle vorzulegen. ³Das gilt entsprechend für Neu-, Um- und Erweiterungsbauten von Diensträumen.

Art. 77 Beteiligung bei Kündigungen und Entlassungen

(1) ¹Der Personalrat wirkt bei der ordentlichen Kündigung durch den Arbeitgeber mit. ²Der Personalrat kann gegen die Kündigung Einwendungen nur erheben, wenn nach seiner Ansicht

1. bei der Auswahl des zu kündigenden Arbeitnehmers soziale Gesichtspunkte nicht oder nicht ausreichend berücksichtigt worden sind,
2. die Kündigung gegen eine Richtlinie im Sinn des Art. 75 Abs. 4 Satz 1 Nr. 13 verstößt,
3. der zu kündigende Arbeitnehmer an einem anderen Arbeitsplatz in derselben Dienststelle oder in einer anderen Dienststelle desselben Verwaltungszweigs an demselben Dienstort einschließlich seines Einzugsgebiets weiterbeschäftigt werden kann,
4. die Weiterbeschäftigung des Arbeitnehmers nach zumutbaren Umschulungs- oder Fortbildungsmaßnahmen möglich ist oder

5. eine Weiterbeschäftigung des Arbeitnehmers unter geänderten Vertragsbedingungen möglich ist und der Arbeitnehmer sein Einverständnis hiermit erklärt.

[3]Wird dem Arbeitnehmer gekündigt, obwohl der Personalrat nach Satz 2 Einwendungen gegen die Kündigung erhoben hat, so ist dem Arbeitnehmer mit der Kündigung eine Abschrift der Stellungnahme des Personalrats zuzuleiten, es sei denn, daß die Stufenvertretung in der Verhandlung nach Art. 72 Abs. 4 Satz 2 die Einwendungen nicht aufrechterhalten hat.

(2) [1]Hat der Arbeitnehmer im Fall des Absatzes 1 Satz 3 nach dem Kündigungsschutzgesetz Klage auf Feststellung erhoben, daß das Arbeitsverhältnis durch die Kündigung nicht aufgelöst ist, so muß der Arbeitgeber auf Verlangen des Arbeitnehmers diesen nach Ablauf der Kündigungsfrist bis zum rechtskräftigen Abschluß des Rechtsstreits bei unveränderten Arbeitsbedingungen weiterbeschäftigen. [2]Auf Antrag des Arbeitgebers kann das Arbeitsgericht ihn durch einstweilige Verfügung von der Verpflichtung zur Weiterbeschäftigung nach Satz 1 entbinden, wenn

1. die Klage des Arbeitnehmers keine hinreichende Aussicht auf Erfolg bietet oder mutwillig erscheint oder
2. die Weiterbeschäftigung des Arbeitnehmers zu einer unzumutbaren wirtschaftlichen Belastung des Arbeitgebers führen würde oder
3. der Widerspruch des Personalrats offensichtlich unbegründet war.

(3) [1]Vor fristlosen Entlassungen, außerordentlichen Kündigungen und vor der Beendigung des Arbeitsverhältnisses während der Probezeit ist der Personalrat anzuhören. [2]Der Dienststellenleiter hat die beabsichtigte Maßnahme zu begründen. [3]Hat der Personalrat Bedenken, so hat er sie unter Angabe der Gründe dem Dienststellenleiter unverzüglich, spätestens jedoch innerhalb von drei Arbeitstagen, bei Beendigung des Arbeitsverhältnisses während der Probezeit spätestens innerhalb von zwei Wochen, auf einem dauerhaften Datenträger mitzuteilen.

(4) Eine Kündigung ist unwirksam, wenn der Personalrat nicht beteiligt worden ist.

Art. 77a Erörterung bei leistungsbezogenen Maßnahmen

[1]Die Gewährung von Leistungsbezügen bzw. Leistungsentgelt und die Ablehnung des leistungsbezogenen Stufenaufstiegs bzw. die leistungsbezogene Verkürzung oder Verlängerung des Stufenaufstiegs sind vor der Durchführung mit dem Personalrat zu erörtern. [2]Hierfür ist er rechtzeitig und auf einem dauerhaften Datenträger unter Beifügung der erforderlichen Unterlagen über die betroffenen Beschäftigten sowie die Höhe und die Dauer der zu gewährenden Beträge zu unterrichten.

Art. 78 Ausnahmen von der Beteiligung

(1) Art. 69 Abs. 2 Sätze 3 bis 5, Art. 70a Abs. 2, Art. 75 Abs. 1, Art. 76 Abs. 1 Satz 1 Nrn. 3, 4, 5 und 6, Art. 77 und 77a gelten nicht für

1. die Beamten und Beamtenstellen der Besoldungsgruppe A 16 und höher sowie die Arbeitnehmer in entsprechender Stellung;
2. Lehrpersonen an Einrichtungen der Lehrer-, Fachlehrer- und Förderlehrerausbildung;
3. das nicht zu den habilitierten Personen zählende wissenschaftliche Personal an Forschungsstätten, die keine wissenschaftlichen Hochschulen sind;
4. durch Bühnendienstvertrag oder Gastspielvertrag verpflichtete Mitglieder von Theatern sowie durch Sondervertrag verpflichtete Personen in leitender Stellung an Theatern;
5. Leiter sowie Mitglieder von Orchestern mit Ausnahme der technischen Beschäftigten;
6. sonstige Beschäftigte mit vorwiegend wissenschaftlicher oder künstlerischer Tätigkeit sowie wissenschaftliche und künstlerische Mitarbeiter und Lehrkräfte für besondere Aufgaben (Art. 2 Abs. 1 Satz 1 Nrn. 3 und 4 und Abs. 2 Nr. 4 BayHSchPG);
7. leitende Arbeitnehmer, wenn sie nach Dienststellung und Dienstvertrag
   a) zur selbständigen Einstellung und Entlassung von in der Dienststelle oder in ihrer Abteilung beschäftigten Arbeitnehmern berechtigt sind oder
   b) Generalvollmacht oder Prokura haben oder
   c) im wesentlichen eigenverantwortlich Aufgaben wahrnehmen, die ihnen regelmäßig wegen deren Bedeutung für den Bestand und die Entwicklung der Dienststelle im Hinblick auf besondere Erfahrungen und Kenntnisse übertragen werden.

(2) Art. 69 Abs. 2 Sätze 3 bis 5, Art. 75 Abs. 1 und Art. 76 Abs. 1 Satz 1 Nrn. 3, 4, 5 und 6, Art. 77 und 77a gelten für die in Art. 14 Abs. 3 und 4 bezeichneten Beschäftigten und für die Beamten auf Zeit nur, wenn sie es beantragen.

(3) Von Einstellungen und vor Versetzungen und Kündigungen soll der Personalrat in den Fällen des Abs. 1 Nr. 4 bis 7 eine Mitteilung erhalten.

Art. 79 Beteiligung bei Arbeitsschutz und Unfallverhütung

(1) Der Personalrat hat bei der Bekämpfung von Unfall- und Gesundheitsgefahren die für den Arbeitsschutz zuständigen Behörden, die Träger der gesetzlichen Unfallversicherung und die übrigen in Betracht kommenden Stellen durch Anregung, Beratung und Auskunft zu unterstützen und sich für die Durchführung der Vorschriften über den Arbeitsschutz und die Unfallverhütung in der Dienststelle einzusetzen.

(2) [1]Der Dienststellenleiter und die in Absatz 1 genannten Stellen sind verpflichtet, bei allen im Zusammenhang mit dem Arbeitsschutz oder der Unfallverhütung stehenden Besichtigungen und Fragen und bei Unfalluntersuchungen den Personalrat oder die von ihm bestimmten Personalratsmitglieder derjenigen Dienststelle hinzuzuziehen, in der die Besichtigung oder Untersuchung stattfindet. [2]Der Dienststellenleiter hat dem Personalrat unverzüglich die den Arbeitsschutz und die Unfallverhütung betreffenden Auflagen und Anordnungen der in Absatz 1 genannten Stellen mitzuteilen.

(3) An den Besprechungen des Dienststellenleiters mit den Sicherheitsbeauftragten nach § 22 Abs. 2 des Siebten Buches Sozialgesetzbuch (SGB VII) nehmen vom Personalrat beauftragte Personalratsmitglieder teil.

(4) Der Personalrat erhält die Niederschriften über Untersuchungen, Besichtigungen und Besprechungen, zu denen er nach den Absätzen 2 und 3 hinzuzuziehen ist.

(5) Der Dienststellenleiter hat dem Personalrat eine Durchschrift der nach § 193 Abs. 5 SGB VII vom Personalrat zu unterschreibenden Unfallanzeige oder des nach beamtenrechtlichen Vorschriften zu erstattenden Berichts auszuhändigen.

Vierter Abschnitt
Beteiligung der Stufenvertretungen und des Gesamtpersonalrats

Art. 80 Zuständigkeit

(1) In Angelegenheiten, in denen die Dienststelle zur Entscheidung befugt ist, ist der bei ihr gebildete Personalrat zu beteiligen.

(2) [1]In Angelegenheiten, in denen die übergeordnete Dienststelle zur Entscheidung befugt ist, ist an Stelle des Personalrats die bei der zuständigen Dienststelle gebildete Stufenvertretung zu beteiligen. [2]Vor einem Beschluß in Angelegenheiten, die einzelne Beschäftigte oder Dienststellen betreffen, gibt die Stufenvertretung dem Personalrat Gelegenheit zur Äußerung. [3]In diesem Fall verlängern sich die Fristen der Art. 70 und 72 um eine Woche.

(3) [1]Absatz 2 gilt entsprechend für die Verteilung der Zuständigkeit zwischen Personalrat und Gesamtpersonalrat. [2]Der Personalrat kann Angelegenheiten, die in seiner Zuständigkeit liegen, allgemein oder im Einzelfall dem Gesamtpersonalrat mit dessen Zustimmung übertragen. [3]Sind Angelegenheiten dem Gesamtpersonalrat übertragen, so gibt dieser vor einem Beschluß dem Personalrat Gelegenheit zur Äußerung.

(4) [1]In Angelegenheiten, in denen eine andere als die Körperschaft, der die Dienststelle angehört, zur Entscheidung berufen ist, ist der Personalrat der Dienststelle zu beteiligen, auf die oder deren Beschäftigte sich die Maßnahme erstreckt. [2]Dies gilt entsprechend, wenn innerhalb des Geschäftsbereichs einer obersten Dienstbehörde die Dienststelle des Beschäftigten zwar nicht zur Entscheidung befugt ist, die zur Entscheidung berufene Dienststelle der

Beschäftigungsbehörde aber nicht übergeordnet ist. [3]Ist ein Gesamtpersonalrat gebildet, so tritt dieser an die Stelle des Personalrats.

(5) Für die Befugnisse und Pflichten der Stufenvertretungen und des Gesamtpersonalrats gelten die Art. 67 bis 79 mit Ausnahme des Art. 67 Abs. 1 Satz 1 entsprechend.

(6) [1]Ist der bei der Dienststelle gebildete Personalrat oder Gesamtpersonalrat zeitweilig an der Wahrnehmung der Beteiligungsrechte gemäß Absatz 1 verhindert, wird die bei der übergeordneten Dienststelle gebildete Stufenvertretung beteiligt. [2]Dies gilt auch in den Fällen des Art. 47 Abs. 2 und 3.

(7) Ist eine Dienststelle neu errichtet und ist bei ihr ein Personalrat noch nicht gebildet worden, wird bis auf die Dauer von längstens 6 Monaten die bei der übergeordneten Dienststelle gebildete Stufenvertretung beteiligt.

3

Fünfter Teil
Arbeitsgemeinschaft der Hauptpersonalräte

Art. 81 Bildung und Aufgaben

(1) [1]Die Hauptpersonalräte bei den obersten Dienstbehörden bilden die Arbeitsgemeinschaft der Hauptpersonalräte. [2]Die Personalräte der obersten Dienstbehörden, bei denen kein Hauptpersonalrat gebildet wird, gelten insoweit als Hauptpersonalräte. [3]Die Amtszeit der Arbeitsgemeinschaft beträgt fünf Jahre. [4]Sie beginnt mit dem Ablauf der vorangegangenen Amtszeit der Arbeitsgemeinschaft. [5]Die Amtszeit endet am 31. Juli des Jahres, in dem die regelmäßigen Personalratswahlen nach Art. 26 Abs. 3 stattfinden. [6]Jeder Hauptpersonalrat entsendet ein Mitglied und bestimmt bis zu zwei stellvertretende Mitglieder.

(2) [1]Die Arbeitsgemeinschaft wählt mit einfacher Mehrheit einen Vorsitzenden und bis zu zwei stellvertretende Vorsitzende aus dem Kreis ihrer Mitglieder. [2]Die Arbeitsgemeinschaft kann aus dem Kreis der Hauptpersonalräte eine Person wählen, die den Vorsitzenden bei der Führung der laufenden Geschäfte unterstützt und mit beratender Stimme an den Sitzungen der Arbeitsgemeinschaft teilnimmt.

(3) [1]Die Arbeitsgemeinschaft der Hauptpersonalräte ist anzuhören bei Entscheidungen

1. der Staatsregierung, die für Geschäftsbereiche der obersten Dienstbehörden unmittelbar verbindliche Regelungen enthalten,
2. von obersten Dienstbehörden, die den Geschäftsbereich anderer oberster Dienstbehörden betreffen,

wenn diese Maßnahmen nach Art. 75 Abs. 4 Satz 1 Nrn. 5, 12, 13, Art. 75a Abs. 1, Art. 76 Abs. 1 Satz 1 Nr. 10 oder Abs. 2 Nrn. 1 bis 4 zum Gegenstand haben.

[2]Dies gilt nicht, wenn nach gesetzlichen Vorschriften die Spitzenorganisationen der zuständigen Gewerkschaften und Berufsverbände zu beteiligen sind.

(4) [1]Die nach der Verordnung über die Geschäftsverteilung der Bayerischen Staatsregierung für die Entscheidung bzw. die Vorbereitung der Entscheidung zuständige oberste Dienstbehörde unterrichtet die Arbeitsgemeinschaft der Hauptpersonalräte rechtzeitig und umfassend von der beabsichtigten Maßnahme. [2]Die Stellungnahme der Arbeitsgemeinschaft der Hauptpersonalräte ist der nach Satz 1 zuständigen obersten Dienstbehörde innerhalb von vier Wochen mitzuteilen. [3]Die Befugnisse und Pflichten der Personalvertretungen werden durch diese Regelung nicht berührt.

(5) Die oberste Dienstbehörde, deren Geschäftsbereich der Vorsitzende der Arbeitsgemeinschaft der Hauptpersonalräte angehört, hat die durch die Tätigkeit der Arbeitsgemeinschaft der Hauptpersonalräte entstehenden Kosten zu tragen sowie für die Sitzungen und die laufende Geschäftsführung im erforderlichen Umfang Räume, Geschäftsbedarf und Büropersonal zur Verfügung zu stellen.

(6) [1]Die Arbeitsgemeinschaft der Schwerbehindertenvertretungen der obersten Landesbehörden bestimmt aus dem Kreis der Hauptschwerbehindertenvertretungen und der Schwerbehindertenvertretungen der obersten Dienstbehörden, bei denen keine Hauptschwerbehindertenvertretung gebildet ist, einen Vertreter. [2]Die Hauptjugend- und Auszubildendenvertretungen bestimmen aus ihrem Kreis einen Vertreter. [3]Die nach den Sätzen 1 und 2 bestimmten Vertreter sollen an den Sitzungen der Arbeitsgemeinschaft beratend teilnehmen.

(7) Art. 8, 10, 11, 29 Abs. 1, Art. 30, 31 Abs. 1, Art. 35, 44 Abs. 1 Sätze 2 und 3, Abs. 3 und Art. 46 Abs. 1 und 2 finden auf die rechtliche Stellung der Mitglieder bzw. die Sitzungen der Arbeitsgemeinschaft der Hauptpersonalräte entsprechende Anwendung.

(8) Die Arbeitsgemeinschaft der Hauptpersonalräte gibt sich mit der Mehrheit der Stimmen ihrer Mitglieder eine Geschäftsordnung.

Sechster Teil
Gerichtliche Entscheidungen

Art. 82 Zuständigkeit und Verfahren

(1) Die Verwaltungsgerichte entscheiden außer in den Fällen der Art. 9 Abs. 4, Art. 25, 28, 47 Abs. 2 sowie Art. 53a und 56 über

1. Wahlberechtigung und Wählbarkeit;
2. Wahl, Amtszeit und Zusammensetzung der Personalvertretungen und der in Art. 57 genannten Vertreter;
3. Zuständigkeit, Geschäftsführung und Rechtsstellung der Personalvertretungen und der in Art. 57 genannten Vertreter;
4. Bestehen oder Nichtbestehen von Dienstvereinbarungen;
5. Streitigkeiten nach Art. 71 Abs. 3 Satz 4.

(2) [1]§ 2 Abs. 2 des Gerichtskostengesetzes sowie die Vorschriften des Arbeitsgerichtsgesetzes über das Beschlußverfahren mit Ausnahme des § 89 Abs. 1 und der §§ 92 bis 96a des Arbeitsgerichtsgesetzes gelten entsprechend. [2]Die Entscheidung des Verwaltungsgerichtshofs ist endgültig.

Art. 83 Bildung und Besetzung der Fachkammern und des Fachsenats

(1) [1]Für die nach diesem Gesetz zu treffenden Entscheidungen sind bei den Verwaltungsgerichten Fachkammern und beim Verwaltungsgerichtshof ein Fachsenat zu bilden. [2]Die Zuständigkeit einer Fachkammer kann auf die Bezirke anderer Gerichte oder Teile von ihnen erstreckt werden.

(2) [1]Die Fachkammer besteht aus einem Vorsitzenden und ehrenamtlichen Beisitzern, der Fachsenat aus einem Vorsitzenden und richterlichen und ehrenamtlichen Beisitzern. [2]Die ehrenamtlichen Beisitzer müssen Beschäftigte der in Art. 1 genannten Körperschaften sein. [3]Sie werden je zur Hälfte von

1. den unter den Beschäftigten vertretenen Gewerkschaften und
2. den Staatsministerien und den kommunalen Spitzenverbänden

vorgeschlagen und durch den Verwaltungsgerichtshof berufen. [4]Hierbei sind Frauen und Männer gleichermaßen zu berücksichtigen. [5]Für die Berufung und Stellung der Beisitzer und ihre Heranziehung zu den Sitzungen gelten die Vorschriften des Arbeitsgerichtsgesetzes über die ehrenamtlichen Richter bei den Arbeitsgerichten und Landesarbeitsgerichten entsprechend.

(3) Die Fachkammer wird tätig in der Besetzung mit einem Vorsitzenden und je zwei nach Absatz 2 Nrn. 1 und 2 berufenen Beisitzern.

(4) Der Fachsenat wird tätig in der Besetzung mit einem Vorsitzenden, zwei richterlichen und je einem nach Absatz 2 Nrn. 1 und 2 berufenen Beisitzer.

Siebter Teil
Vorschriften für besondere Verwaltungszweige und die Behandlung von Verschlußsachen

Erster Abschnitt
Vorschriften für besondere Verwaltungszweige und für den Bayerischen Rundfunk

Art. 84 Bayerischer Rundfunk

Für Beschäftigte des Bayerischen Rundfunks gilt dieses Gesetz mit folgenden Abweichungen:

1. Beschäftigte des Bayerischen Rundfunks im Sinn dieses Gesetzes sind die durch Arbeitsvertrag unbefristet oder auf Zeit festangestellten Mitarbeiter des Bayerischen Rundfunks einschließlich der zu ihrer Berufsausbildung Beschäftigten.

3

2. Die Dienststelle im Sinn dieses Gesetzes ist der Bayerische Rundfunk; Art. 6 Abs. 3 gilt entsprechend.
3. Für den Bayerischen Rundfunk handelt der Intendant.
4. Wählbar sind alle Wahlberechtigten, die am Wahltag seit mindestens zwölf Monaten dem Bayerischen Rundfunk angehören.

   Nicht wählbar ist, wer infolge Richterspruchs die Fähigkeit, öffentliche Ämter zu bekleiden und Rechte aus öffentlichen Wahlen zu erlangen, nicht besitzt.
5. a) Art. 14 Abs. 2 gilt entsprechend.

   b) Nicht wählbar zum Personalrat sind der Intendant, sein ständiger Vertreter, die Direktoren, die Studioleiter, der Leiter der Personalabteilung und Beschäftigte, die zu selbständigen Entscheidungen in Personalangelegenheiten des Bayerischen Rundfunks befugt sind.
6. Die Einigungsstelle gemäß Art. 70 Abs. 5 wird beim Bayerischen Rundfunk errichtet. Kommt eine Einigung über die Person des Vorsitzenden nicht zustande, so bestimmt ihn das Verwaltungsgericht München.
7. Soweit es sich in den Fällen des Art. 75 Abs. 1 um Angelegenheiten von Redakteuren, Programmgestaltern, Leitern sowie Mitarbeitern von Orchestern mit Ausnahme der technischen Beschäftigten handelt, beschließt die Einigungsstelle, wenn sie sich nicht der Auffassung des Intendanten anschließt, eine Empfehlung an diesen; der Intendant entscheidet sodann endgültig.
8. Art. 70a Abs. 2, Art. 75 Abs. 1, Art. 76 Abs. 1 Satz 1 Nrn. 3 bis 6 und Art. 77 gelten nicht für den Intendanten, die Direktoren, die Hauptabteilungsleiter und andere Beschäftigte, zu deren Einstellung der Verwaltungsrat gemäß der Satzung des Bayerischen Rundfunks seine Zustimmung zu erteilen hat.
9. Von Einstellungen und vor Versetzungen und Kündigungen soll der Personalrat in den Fällen der Nummer 8 eine Mitteilung erhalten.

Art. 85 Bayerischer Jugendring; Bayerisches Rotes Kreuz

(1) [1]Für die Beschäftigten des Bayerischen Jugendrings gilt dieses Gesetz mit der Maßgabe, daß die Untergliederungen des Bayerischen Jugendrings (Art. 32 Abs. 2 des Gesetzes zur Ausführung der Sozialgesetze) als selbständige Dienststellen gelten. [2]Art. 55 findet keine Anwendung.

(2) [1]Für die Beschäftigten des Bayerischen Roten Kreuzes gilt dieses Gesetz mit der Maßgabe, dass die Kreis- und Bezirksverbände und die Landesgeschäftsstelle jeweils als selbstständige Dienststellen gelten und bei der Landesgeschäftsstelle ein Gesamtpersonalrat gebildet wird. [2]Art. 6 Abs. 3 findet mit der Maßgabe Anwendung, dass nur durch Aufgabenbereich und Organisation eigenständige Nebenstellen und Teile der Dienststelle als selbstständige Dienststellen gelten können. [3]Art. 55 findet keine Anwendung. [4]Art. 1 Satz 2 des BRK-Gesetzes bleibt unberührt.

Art. 86 Allgemeine Ortskrankenkasse Bayern (AOK Bayern)

Für die Beschäftigten der AOK Bayern gilt dieses Gesetz mit der Maßgabe, daß

1. die Direktionen und die Zentrale der AOK Bayern als selbständige Dienststellen gelten und
2. bei den Direktionen und der Zentrale Gesamtpersonalräte gebildet werden, wenn in deren Bereich Geschäftsstellen oder andere Einrichtungen gemäß Art. 6 Abs. 5 Satz 2 verselbständigt werden.

Art. 87 Deutsche Rentenversicherung

[1]Der Gesamtpersonalrat, falls ein solcher nicht gebildet, der Personalrat jedes landesunmittelbaren Trägers der Rentenversicherung wählt aus seiner Mitte mit einfacher Mehrheit in geheimer Wahl das gemäß § 140 Abs. 2 Nr. 2 des Sechsten Buches Sozialgesetzbuch in die Arbeitsgruppe Personalvertretung der Deutschen Rentenversicherung Bund zu entsendende Mitglied sowie ein stellvertretendes Mitglied. [2]Bei Stimmengleichheit entscheidet das Los.

3

Art. 88 Gemeinsame Angelegenheiten von Richtern, Staatsanwälten und anderen Beschäftigten

In Angelegenheiten, die sowohl Richter oder Staatsanwälte als auch andere Beschäftigte des Gerichts bzw. der Staatsanwaltschaft betreffen (gemeinsame Angelegenheiten im Sinn des Art. 27 Abs. 5 und Art. 37 Abs. 1 des Bayerischen Richter- und Staatsanwaltsgesetzes – BayRiStAG), gilt Art. 34 mit folgender Maßgabe:

1. Sind an einer Angelegenheit sowohl der Personalrat als auch der Richterrat (Staatsanwaltsrat) beteiligt, so teilt der Vorsitzende dem Richterrat (Staatsanwaltsrat) den entsprechenden Teil der Tagesordnung mit und gibt ihm Gelegenheit, Mitglieder in die Sitzung des Personalrats zu entsenden (Art. 32 Abs. 1 und 2 BayRiStAG).
2. Der Vorsitzende des Personalrats hat auf Antrag des Richterrats (des Staatsanwaltsrats) oder des aufsichtführenden Richters des Gerichts (des Leiters der Staatsanwaltschaft) eine Sitzung des Personalrats anzuberaumen und die gemeinsame Angelegenheit, deren Beratung beantragt ist, auf die Tagesordnung zu setzen.

Art. 89 Bayerische Bereitschaftspolizei

(1) Für die Beschäftigten der Bayerischen Bereitschaftspolizei gilt dieses Gesetz mit folgenden Abweichungen:

1. Personalvertretungen sind auch die Vertrauenspersonen der Beamten in Ausbildung und der nicht zum Stammpersonal gehörenden Beamten der Einsatzstufen.
2. Nicht wählbar ist ein Beamter auch, wenn gegen ihn im letzten Jahr vor dem Tag der Wahl wegen eines Verstoßes gegen die Pflicht zur Verfassungstreue (§ 33 Abs. 1 BeamtStG), gegen die Gehorsamspflicht (§ 35 Sätze 2 und 3 BeamtStG) oder gegen das Streikverbot eine Disziplinarmaßnahme

verhängt worden ist, die nur im gerichtlichen Disziplinarverfahren ausgesprochen werden kann. Die Mitgliedschaft im Personalrat erlischt außer in den Fällen des Art. 29, wenn gegen den Beamten eine in Satz 1 bezeichnete Disziplinarmaßnahme verhängt wird.

3. Bei der Einstellung von Beamten in Ausbildung oder von nicht zum Stammpersonal gehörenden Beamten der Einsatzstufe ist der Personalrat nicht zu beteiligen; Art. 75 Abs. 1 Satz 1 Nr. 1 ist in diesen Fällen nicht anwendbar. In den Fällen des Art. 76 Abs. 2 Nr. 4 wird der Personalrat nicht beteiligt. Art. 75 Abs. 4 Satz 1 Nr. 1 gilt mit Ausnahme für die Polizeihubschrauberstaffel und das Fortbildungsinstitut der Bayerischen Polizei nicht bei Beamten. In den Fällen des Art. 75 Abs. 1 Satz 1 Nr. 10 tritt bei Beamten in Ausbildung sowie bei den nicht zum Stammpersonal gehörenden Beamten der Einsatzstufen an die Stelle der Mitbestimmung die Mitwirkung des Personalrats. Art. 75 Abs. 1 Satz 1 Nrn. 6 und 7 gelten nicht für die Beamten in Ausbildung; nach Abschluss der Ausbildung tritt für die Beamten auf Probe in diesen Fällen an Stelle der Mitbestimmung die Mitwirkung.

4. Die Vorschriften über die Jugend- und Auszubildendenvertretung gelten nicht für die Polizeivollzugsbeamten.

(2) Für die Stufenvertretungen gelten die Vorschriften von Abs. 1 Nrn. 2 und 3 entsprechend.

(3) [1]Die Beamten in Ausbildung und die nicht zum Stammpersonal gehörenden Beamten der Einsatzstufen sind für die Personalvertretung nicht wählbar; sie wählen in jeder Hundertschaft eine Vertrauensperson und zwei Stellvertreter. [2]Für die Wahl, die Amtszeit und die Rechte und Pflichten der Vertrauensperson gilt folgendes:

1. a) Wahlberechtigt und wählbar in der jeweiligen Hundertschaft sind alle Beamten, die sich in Ausbildung befinden und der Hundertschaft angehören oder zu ihr abgeordnet sind und die nicht zum Stammpersonal gehörenden Beamten der Einsatzstufen.

   b) Die Wahl der Vertrauensperson und ihrer Stellvertreter ist geheim und unmittelbar. Gewählt ist, wer mehr als die Hälfte der abgegebenen gültigen Stimmen erhalten hat. Wird diese Mehrheit im ersten Wahlgang von keinem Bewerber erreicht, so ist eine Stichwahl unter den beiden Bewerbern mit der höchsten Stimmenzahl vorzunehmen. Bei Stimmengleichheit in der Stichwahl entscheidet das Los.

   c) Zur Wahl der Vertrauensperson können die wahlberechtigten Beamten in Ausbildung Wahlvorschläge machen. Jeder Wahlvorschlag darf nur einen Bewerber enthalten und muß von mindestens zehn Wahlberechtigten unterzeichnet sein. Jeder Bewerber kann nur auf einem Wahlvorschlag benannt werden.

   d) Spätestens vier Wochen vor Ablauf der Amtszeit der Vertrauensperson benennt der für die Hundertschaft zuständige Personalrat drei Wahlberechtigte als Wahlvorstand und einen von ihnen als Vorsitzenden. Dem Wahlvorstand obliegt die Durchführung der Wahl. Art. 24 Abs. 1 Sätze 1 und 2 sind entsprechend anzuwenden.

2. a) Die Amtszeit der Vertrauensperson beträgt ein Jahr. Für ihren Beginn gilt Art. 26 Abs. 1 Satz 2 entsprechend.

   b) Das Amt der Vertrauensperson endet vor Ablauf der Amtszeit durch Niederlegung des Amts, Beendigung des Dienstverhältnisses oder Versetzung und Abordnung von länger als drei Monaten.

   c) Die Vertrauensperson ist neu zu wählen, wenn ihr Amt vorzeitig endet und kein Stellvertreter vorhanden ist oder wenn seit dem Tag der Wahl in der Hundertschaft mehr als die Hälfte der Beamten in Ausbildung gewechselt hat.

3. a) Die Vertrauensperson nimmt Anregungen, Anträge und Beschwerden der Beschäftigten in innerdienstlichen Angelegenheiten und der Fürsorge entgegen und vertritt sie gegenüber dem Führer der Hundertschaft und dem Personalrat. Sie soll zur vertrauensvollen Zusammenarbeit zwischen dem Führer der Hundertschaft und den Beschäftigten innerhalb der Hundertschaft beitragen. Für die Vertrauensperson gelten die Bestimmungen der Art. 34 Abs. 2 Satz 3 und Abs. 3, Art. 39 Abs. 1 und 2, Art. 40 Abs. 1 und Art. 62 Satz 1 sinngemäß.

   b) Der Führer der Hundertschaft hat der Vertrauensperson mit Vorschlägen in Fragen des inneren Dienstbetriebs und der Fürsorge zu hören, soweit nicht die Angelegenheit über den Bereich hinausgeht, für den die Vertrauensperson gewählt ist. Er hat die Vorschläge sorgfältig zu prüfen und, soweit sie ihm geeignet erscheinen, zu berücksichtigen.

   c) Bei Beschlüssen des Personalrats, die die Personalangelegenheiten, die sozialen oder persönlichen Angelegenheiten der Beamten in Ausbildung und der nicht zum Stammpersonal gehörenden Beamten der Einsatzstufen betreffen, hat die jeweilige Vertrauensperson ein Stimmrecht.

   d) Die Vertrauensperson darf gegen ihren Willen nur versetzt oder abgeordnet werden, wenn es auch unter Berücksichtigung ihres Amts aus wichtigen dienstlichen Gründen unvermeidbar ist. Für den Führer der Hundertschaft und die Vertrauensperson gelten im übrigen Art. 8, 10, 11, 67, 68, 74, 76 Abs. 1 Nr. 1 und Abs. 2 Nr. 2 sinngemäß.

(4) [1]Die Mitglieder der Personalvertretungen sind, sofern sie nicht völlig von ihrer dienstlichen Tätigkeit freigestellt sind, von der Teilnahme an einem Einsatz und an einer Übung, die außerhalb des Dienstorts durchgeführt wird, nicht befreit; während dieser Zeit ruhen ihre Befugnisse. [2]Kann eine Personalvertretung deshalb ihre Befugnisse nicht wahrnehmen, so ist der Lauf der Fristen nach Art. 70, 72 und 80 solange gehemmt. [3]In diesem Fall dürfen Entscheidungen, an denen die Personalvertretung zu beteiligen ist, nur getroffen werden, wenn sie keinen Aufschub dulden.

Art. 90 Landesamt für Verfassungsschutz

Für das Landesamt für Verfassungsschutz gilt dieses Gesetz mit folgenden Abweichungen:

1. Der Leiter des Landesamts für Verfassungsschutz kann nach Anhörung des Personalrats bestimmen, daß Beschäftigte, bei denen dies wegen ihrer dienstlichen Aufgaben dringend geboten ist, nicht an Personalversammlungen teilnehmen.
2. Die Vorschriften über eine Beteiligung von Vertretern oder Beauftragten der Gewerkschaften und Arbeitgebervereinigungen sowie Stufenvertretungs- oder Gesamtpersonalratsmitgliedern (Art. 34 Abs. 4 Satz 2, Art. 36 Abs. 1, Art. 39 Abs. 1, Art. 52) sind nicht anzuwenden.
3. Bei der Beteiligung der Stufenvertretung und der Einigungsstelle sind Angelegenheiten, die lediglich Beschäftigte des Landesamts für Verfassungsschutz betreffen, wie Verschlußsachen des Geheimhaltungsgrades „VS-vertraulich" zu behandeln (Art. 93), soweit nicht das Staatsministerium des Innern, für Sport und Integration etwas anderes bestimmt.

Art. 91 Personalvertretung der Staatsanwälte

Für die Personalvertretung der Staatsanwälte gelten die besonderen Vorschriften des Teils 3 des Bayerischen Richter- und Staatsanwaltsgesetzes; die Bestimmungen dieses Gesetzes finden nur Anwendung, soweit im Bayerischen Richter- und Staatsanwaltsgesetz darauf verwiesen wird.

Art. 92 Dienststellen im Ausland

Für Dienststellen im Ausland gilt dieses Gesetz mit folgenden Abweichungen:

1. Ortskräfte sind nicht Beschäftigte im Sinn des Art. 4;
2. für gerichtliche Entscheidungen nach Art. 82 ist das Verwaltungsgericht zuständig, in dessen Bezirk die oberste Dienstbehörde ihren Sitz hat.

Zweiter Abschnitt
Vorschriften für die Behandlung von Verschlußsachen

Art. 93 Behandlung von Verschlusssachen

(1) [1]Soweit eine Angelegenheit, an der eine Personalvertretung zu beteiligen ist, als Verschlußsache mindestens des Geheimhaltungsgrades „VS-vertraulich" eingestuft ist, tritt an die Stelle der Personalvertretung ein Ausschuß. [2]Dem Ausschuß gehört höchstens je ein in entsprechender Anwendung des Art. 32 Abs. 1 gewählter Vertreter der im Personalrat vertretenen Gruppen an. [3]Die Mitglieder des Ausschusses müssen nach den dafür geltenden Bestimmungen ermächtigt sein, Kenntnis von Verschlußsachen des in Betracht kommenden Geheimhaltungsgrades zu erhalten. [4]Personalvertretungen bei Dienststellen, die Behörden der Mittelstufe nachgeordnet sind, bilden keinen Ausschuß; an ihre Stelle tritt der Ausschuß des Bezirkspersonalrats.

(2) Wird der zuständige Ausschuß nicht rechtzeitig gebildet, ist der Ausschuß der bei der Dienststelle bestehenden Stufenvertretung oder, wenn dieser nicht rechtzeitig gebildet wird, der Ausschuß der bei der obersten Dienstbehörde bestehenden Stufenvertretung zu beteiligen.

(3) Die Einigungsstelle (Art. 71) besteht in den in Absatz 1 Satz 1 bezeichneten Fällen aus je einem Beisitzer, der von der obersten Dienstbehörde und der bei ihr bestehenden zuständigen Personalvertretung bestellt wird, und einem unparteiischen Vorsitzenden, die nach den dafür geltenden Bestimmungen ermächtigt sind, von Verschlußsachen des in Betracht kommenden Geheimhaltungsgrades Kenntnis zu erhalten.

(4) [1]Die Art. 39, 40, 80 Abs. 2 Sätze 2 und 3 und die Vorschriften über die Beteiligung der Gewerkschaften und Arbeitgebervereinigungen sowie der Stufenvertretungs- oder Gesamtpersonalratsmitglieder in den Art. 34 Abs. 4 Satz 2 und Art. 36 Abs. 1 sind nicht anzuwenden. [2]Angelegenheiten, die als Verschlußsachen mindestens des Geheimhaltungsgrades „VS-vertraulich" eingestuft sind, werden in der Personalversammlung nicht behandelt.

(5) [1]Die oberste Dienstbehörde kann anordnen, daß in den Fällen des Absatzes 1 Satz 1 dem Ausschuß und der Einigungsstelle Unterlagen nicht vorgelegt und Auskünfte nicht erteilt werden dürfen, soweit dies zur Vermeidung von Nachteilen für das Wohl der Bundesrepublik Deutschland oder eines ihrer Länder oder auf Grund internationaler Verpflichtungen geboten ist. [2]Im Verfahren nach Art. 82 sind die gesetzlichen Voraussetzungen für die Anordnung glaubhaft zu machen.

Achter Teil
Ergänzende Vorschriften

Art. 94 Erlass von Vorschriften

(1) Die Staatsregierung erläßt die zur Durchführung dieses Gesetzes erforderlichen Rechts- und Verwaltungsvorschriften.

(2) Zur Regelung der in den Art. 12 bis 24, 53, 55 bis 59, 64 bis 66 und 89 Abs. 3 bezeichneten Wahlen erläßt die Staatsregierung durch Rechtsverordnung Vorschriften über

a) die Vorbereitung der Wahl, insbesondere die Aufstellung der Wählerlisten und die Errechnung der Vertreterzahl,

b) die Frist für die Einsichtnahme in die Wählerlisten und die Erhebung von Einsprüchen,

c) die Vorschlagslisten und die Frist für ihre Einreichung,

d) das Wahlausschreiben und die Fristen für seine Bekanntmachung,

e) die Stimmabgabe,

f) die Feststellung des Wahlergebnisses und die Fristen für seine Bekanntmachung,

g) die Aufbewahrung der Wahlakten,

h) die Durchführung von Teilwiederholungswahlen (Art. 53a).

Art. 95 Religionsgemeinschaften

Dieses Gesetz findet keine Anwendung auf Religionsgemeinschaften und ihre karitativen und erzieherischen Einrichtungen ohne Rücksicht auf ihre Rechtsform; ihnen bleibt die selbständige Ordnung eines Personalvertretungsrechts überlassen.

Neunter Teil Schlußvorschriften

Art. 96 Übergangsregelung für das Landesamt für Schule

[1]Solange dem Landesamt für Schule die Zuständigkeit für Beschäftigte eines Gymnasiums, einer Realschule oder einer Beruflichen Oberschule nicht übertragen ist, ist die jeweilige Regierung Mittelbehörde im Sinn des Art. 53 für die Arbeitnehmer dieser Schule. [2]Der Bezirkspersonalrat beim Landesamt für Schule ist erstmals bei den regelmäßigen Personalratswahlen 2021 zu wählen. [3]Ab Zuständigkeitsübertragung und bis zum Tag vor der Wahl, beteiligt das Landesamt für Schule in Angelegenheiten der Beschäftigten nach Satz 1 den Bezirkspersonalrat bei der jeweiligen Regierung, im Übrigen den Personalrat der jeweiligen Schule.

Art. 97 Inkrafttreten

[1]Dieses Gesetz ist dringlich. [2]Es tritt am 1. Mai 1974 in Kraft. Diese Vorschrift betrifft das Inkrafttreten des Gesetzes in der ursprünglichen Fassung vom 29. April 1974 (GVBl. S. 157). Der Zeitpunkt des Inkrafttretens der späteren Änderungen ergibt sich aus den jeweiligen Änderungsgesetzen.

Stichwortverzeichnis

4

4